基于积极心理学范式的职业院校课程思政实践研究

李泽虹　刘　勇◎著

西南财经大学出版社
中国·成都

图书在版编目(CIP)数据

基于积极心理学范式的职业院校课程思政实践研究/
李泽虹,刘勇著.--成都:西南财经大学出版社,
2025.7.--ISBN 978-7-5504-6703-3

Ⅰ.G711

中国国家版本馆 CIP 数据核字第 2025D3Q784 号

基于积极心理学范式的职业院校课程思政实践研究

JIYU JIJI XINLIXUE FANSHI DE ZHIYE YUANXIAO KECHENG SIZHENG SHIJIAN YANJIU

李泽虹　刘勇　著

策划编辑:余尧
责任编辑:乔雷
责任校对:余尧
封面设计:墨创文化
责任印制:朱曼丽

出版发行	西南财经大学出版社(四川省成都市光华村街 55 号)
网　　址	http://cbs.swufe.edu.cn
电子邮件	bookcj@swufe.edu.cn
邮政编码	610074
电　　话	028-87353785
照　　排	四川胜翔数码印务设计有限公司
印　　刷	成都市新都华兴印务有限公司
成品尺寸	170 mm×240 mm
印　　张	18.25
字　　数	318 千字
版　　次	2025 年 7 月第 1 版
印　　次	2025 年 7 月第 1 次印刷
书　　号	ISBN 978-7-5504-6703-3
定　　价	98.00 元

前言

当今时代，教育的内涵与外延不断拓展，但其核心目标始终聚焦培养全面发展的人才。职业院校作为培养高素质技术技能人才的重要阵地，肩负着为社会输送既具备专业技能又具备良好思想道德素养的复合型人才的重任。而积极心理学与思政教育的融合，为这一目标的实现提供了全新的视角与路径。本书正是基于这样的时代背景与教育需求，深入探讨在职业院校的课程思政实践中有效融入积极心理学的理念与方法，以期为职业院校的教育教学改革与发展提供有益的参考与借鉴。

在全球经济一体化加速发展的背景下，社会对人才的需求不再局限于专业知识与技能，更强调个体的综合素质、心理素质以及社会责任感。职业院校的学生，作为未来社会建设的主力军，不仅需要掌握扎实的专业知识与技能，更需要具备积极的心态、健康的心理品质、强烈的社会责任感，以应对复杂多变的社会环境与职业挑战。积极心理学作为一门新兴的心理学分支，关注个体的积极心理品质、优势与潜能，强调通过积极的教育方式促进学生的全面发展。积极心理学的研究范围广泛，涵盖了积极情绪、积极品质、积极关系、积极投入以及积极的生活与工作等多个领域，其核心理念与职业院校课程思政的目标高度契合，将积极心理学的理念与方法融入职业院校的课程思政实践，可以为课程思政实践提供丰富的理论资源与实践指导，有助于创新思政教育模式，提升思政教育的实效性，培养具有积极心态、健康心理品质和社会责任感的高素质技术技能人才。

本书一共六章，主要内容如下：第一章，积极心理学与职业教育。本章深入探讨积极心理学的理论基础、发展历程以及在职业教育中的应用价值，分析职业教育的特点与需求，阐述积极心理学与职业教育的契合点与融合路径。第二章，职业院校课程思政实践研究的意义与价值。本章系统研究职业院校课程思政的概念、实践意义与价值，分析职业院校课程思政的现状与问题，探讨课程思政与思政课程的关系以及中华优秀传统文化在课程思政中的融合途径，提出教师课程思政能力的提升策略与课程思政实施效果的评价体系构建思路。第三章，职业院校课程思政的基本原则和路径研究。本章研究职业院校课程思政的实践教学改革探索，提出课程思政实践教学改革的基本方针、方法、实现条件、基本原则与路径，探讨“五情”教育在职业院校课程思政实践教学改革中的应用，优化职业院校课程思政实践教学的操作规范与形式，强化职业院校课程思政实践教学机制的建设。第四章，积极心理学在职业院校课程思政实践中的应用。本章深入分析积极心理学在职业院校课程思政中的重要性和价值，探讨积极心理学与课程思政教育目标的一致性、积极心理学对提升课程思政育人效果的作用以及积极心理学促进课程思政与心理健康教育融合的路径，构建基于积极心理学的职业院校课程思政实践框架，提出完善教学评价、融入积极考核元素、营造积极校园文化等策略，以提升职业院校课程思政的实践效果。第五章和第六章分别以成都工业职业技术学院为例，深入研究积极心理学视域下的课程思政实践案例，探讨积极心理学与专业类课程、通识类课程在课程思政上的融合点，并以大学生心理健康教育、建筑法规、钢轨伤损检测、物流信息与物联网技术等代表性课程积极心理学融入课程思政的实践为例，进行积极心理学在课程思政应用中的实践研究，提出积极心理学范式下职业院校课程思政建设方案和路径探索，为实际教学提供参考。

本书的撰写过程中，得到了学校领导的充分重视和各二级学院的鼎力支持，在此特别鸣谢：马克思主义学院（积极心理体验中心）的苏海老师、刘绪老师；建筑工程学院的魏玉兰老师、张芳副教授；轨道交通学院的亓伟副教授和陈爽高级工程师；财经商贸学院的周建军副教授，以及学院宣传统战部的唐璐老师。感谢各位老师为本书的撰写提供思路和相关支撑材料。本书的最后成稿，离不开团队的力量，再次感谢！

编写组

2025 年 4 月

目录

第一章　积极心理学与职业教育

第一节　积极心理学概述

一、积极心理学的前世今生

积极心理学是人本主义心理学的产物和衍生。在了解积极心理学之前，首先要了解一下什么是人本主义心理学？人本主义心理学本质上是对当时各种心理学派系的不同意见，也被称为心理学“第三势力”。为什么是“第三势力”，因为第一势力是行为主义，代表人物有斯金纳、华生、桑代克；第二势力是精神分析学，创建者包括弗洛伊德、荣格以及阿德勒；人本主义心理学是对第一势力和第二势力的异议，所以被称为“第三势力”。

人本主义心理学特别强调人的正面本质和价值，而并非集中研究人的问题行为，人本主义心理学强调人的成长和发展，称为自我实现。首先，人本主义心理学是对行为主义的异议。行为主义认为，人是一个行为集合，就像一个被击打而四处滚动的台球，由奖励和惩罚驱动。而人本主义心理学认为，我们不只是被击打的台球，我们有精神，有灵魂，我们有重要的认知与思想。其次，人本主义心理学是对精神分析学的异议。精神分析学主要通过潜意识分析，它决定你的理解，决定如何改善生活，还有防卫机制，人类本能论，神经症，如果你理解这些黑暗势力，就能更好地处理生活，了解并改善生活质量。人本主义心理学认为人类不止如此，不仅仅是生理本能，不仅仅是神经症，不仅仅是牛顿学说世界里的台球，我们要重视人的本质，给予人更多的自尊和自由。

但人本主义心理学缺少严谨的方法论，它引入了许多精彩的理念，对幸福感的研究，对乐观主义、善良、道德、美德、爱、两性关系、巅峰体验、自我实现、移情等的研究，但其认识论并不严谨，所以在很多方面，人本主义心理学的大部分成为自助运动。心理自助运动主张，通过有意识的自我调节和训练以获得心理提升的活动。狭义的心理自助主要指借助自助书籍、互助小组或专家指导，改善情绪和心理问题。由于人本主义心理学缺乏学术的严谨性，所以在学术上影响很小。但正是在人本主义心理学的发展下，孕育出了今日的积极心理学。

亚伯拉罕·马斯洛既是人本主义的主要发起人也是第三代心理学的开创者。他曾是美国心理学会主席，布兰迪斯大学教授，于1954年提出了人本主义心理学，写下了《为了积极心理学》一书。书中提到：我们需要研究善良、美德、快乐与乐观，可以说这是超前于时代的理念。除了马斯洛，积极心理学的先驱还包括卡伦·霍妮和安东诺斯基。

马丁·塞利格曼被称为积极心理学之父，于1998年与一群学者确立了这一领域。和马斯洛一样，塞利格曼也是美国心理协会会长。2000年1月，塞利格曼等发表《积极心理学导论》一文，标志着积极心理学的兴起。该文摒弃了以往心理学研究中对于人的病态心理的片面关注，首次将科学的研究方法引入对幸福的研究，而关注的重点也从人类的本能或生理机制转向人类的积极潜能与对健康幸福的追求，着重研究人类积极的心理品质，这对人类社会的进步而言是一座新的里程碑。除了塞利格曼，积极心理学的著名学者还包括：艾伦·兰格、菲利普·斯通、泰勒·本·沙哈尔。

彭凯平，中国积极心理学发起人，清华大学心理与认知科学系教授，清华大学社会科学学院前院长。1983年毕业于北京大学心理学系后留校任教。1997年获得美国密歇根大学心理学博士学位，后任教于美国加州大学伯克利分校心理学系。2008年彭凯平教授回国，积极推动积极心理学，受聘清华大学心理学系教授和首任系主任，引入“福流”这个概念。彭凯平在他的著作《活出心花怒放的人生》中提到：“米哈里所提倡的‘心流’与我想表达的‘福流’虽然有很多相通之处，但也存在些微差异。可以这样认为，‘flow’体现的是一种人对一件事情全情投入的幸福状态，我将之翻译成‘福流’，是希望在此基础上补充一种‘当下’与‘持续’的含义。‘心流’是动态的，但其表述方式是静态的。而‘福流’本身就是一种流动的境界，这样一种流动着的幸福能长久地存在。”“福流”遵从于

“flow”的音译，更符合中国人的理解，具有中国文化特色，音近、意近、神更近。

二、积极心理学的概念及缘起

积极心理学是20世纪90年代在美国兴起的一门新兴心理学分支，是一门研究幸福和优势的科学。积极心理学在西方国家又被称为幸福心理学或优势心理学，在有些国家也叫快乐心理学。积极心理学在中国大陆被称为积极心理学，在中国台湾被称为正向心理学，在中国香港被称为正面心理学。积极心理学在心理学上被称为心理学第四次浪潮（第一次浪潮称为行为主义学派；第二次浪潮称为精神分析学派，第三次浪潮称为以马斯洛为代表的人本主义心理学，但它缺乏严谨实证方法，积极心理学就是这种过程中孕育发展起来的）。积极心理学采用科学的原则和方法来研究幸福。积极心理学倡导心理学的积极取向，研究人类的积极心理品质，关注人类的健康幸福与和谐发展，致力于研究每个人的积极的力量、发展潜力和美德等积极品质。

积极心理学的缘起可以追溯到多个方面，但主要产生于心理学自身发展的需要和社会发展的需求。

首先，从心理学自身发展的角度来看，积极心理学的产生有其深刻的背景。心理学起源于哲学，至今大概有一百三四十年的时间。心理学自诞生以来，就肩负着三项重要使命：治疗人的精神或心理疾病、帮助所有人生活得更加充实完善、发掘并培养有非凡能力的人。20世纪的大部分时间里，心理学主要关注消极和病态心理的研究，如心理疾病的治疗、精神疾患的缓解等。特别是第二次世界大战后，心理学的研究重心主要放在了第一项使命上，主要任务变成了治愈战争创伤和治疗精神疾患，逐渐忽视了其他两项使命。这种偏向消极的研究方向导致了传统心理学被误认为是“病理心理学”或“消极心理学”，这种模式使得心理学的研究重心长期停留在消极和病理的层面，而未能充分关注人类的积极力量和优秀品质。随着社会的发展和人类生活的改善，对正常人的研究和心理健康的关注越来越受到重视，积极心理学应运而生。

其次，从社会发展的角度来看，积极心理学的产生也是时代发展的必然产物。20世纪五六十年代，人本主义心理学的兴起为积极心理学的发展奠定了基础。人本主义心理学重视研究人的积极层面，强调人的价值、潜能和自我实现，主张心理学应关注人的积极面，如积极情绪和积极人格等。这一思潮为积极心理学的产生奠定了基础。塞利格曼等心理学家指出，20 世纪心理学研究中存在的两大问题之一就是对人的积极品质和积极力量的关注不够，他们认为这是 21 世纪心理学工作的中心，尝试以积极的心态去面对生活和工作中的挑战。积极心理学通过研究人类的积极品质和力量，鼓励个体从积极的角度看待问题，挖掘自身的潜力和优势，为提升个人幸福感和社会和谐提供了新的思路和方法。因此，积极心理学的诞生不仅是对心理学自身发展的反思和调整，也是对现代社会需求的回应。

1997 年，积极心理学作为一个研究领域被首次提出。随后，在塞利格曼等于 2000 年发表《积极心理学导论》一文之后，积极心理学正式成为一门独立的学科。塞利格曼等认为，积极心理学应致力于研究人类的积极心理品质、关注人类的健康幸福与和谐发展。

积极心理学正式传入中国的时间可以追溯到 2010 年 8 月 7 日，这一天清华大学召开了第一届中国国际积极心理学大会。这次大会的召开标志着积极心理学正式进入中国心理学领域。其中，万国集团董事长孙立哲先生（万生心语创始人）积极促成了首届中国国际积极心理学大会的召开，为积极心理学在中国的传播和发展做出了重要贡献。

随着积极心理学的传入，中国学者开始关注并积极研究这一领域。例如，清华大学积极心理学研究中心于 2014 年 8 月应运而生，该中心致力于吸收国外理论之长，结合国人的民族性格特质，开展积极心理学学术研究，为国人的幸福提供系统、完善的理论依据、引导和应用建议。同时，积极心理学的理念也逐渐被应用于大中小学心理辅导老师、学生、医院医护人员及患者等多个人群，培育人们的品格优势及美德，激发潜能，促进身心健康、提升幸福感。

由此可见，积极心理学的缘起是多种因素共同作用的结果。它既是心理学发展不平衡的产物，也是对人本主义心理学等理论思潮的继承和发展。同时，积极心理学的产生也满足了社会和个体成长的现实需求。随着积极心理学的不断发展和完善，它将在提升人类幸福感、促进社会和谐等方面发挥越来越重要的作用。

三、积极心理学的基础理论和核心框架

积极心理学在形成过程中，受到了多种心理学理论的影响。其中，人

本主义理论、认知行为理论、心理资本理论为积极心理学发展的三大基础理论。

人本主义理论对积极心理学有着深远的影响。从学科发展的角度来看，积极心理学与人本主义心理学有着深厚的历史渊源。积极心理学的兴起和发展，是在对人本主义心理学等前人理论的批判和继承基础上进行的。积极心理学继承了人本主义心理学关于人性本善、自我实现和心理健康等核心观点，并在此基础上进行了拓展和创新。因此，可以说人本主义理论为积极心理学的形成和发展提供了重要的思想基础和理论支撑。

人本主义心理学在理论上提出了许多关于人性、动机和自我实现的重要观点，这些观点在实践中得到了广泛的应用和验证。人本主义心理学家如马斯洛和罗杰斯非常重视人类的积极层面，强调积极的心理活动，主张人性本善，认为人的天性中就有实现自己的潜能和满足人的基本需要的倾向，这种人性观为积极心理学提供了理论基础，即人类具有固有的积极潜力和美德。同时，人本主义心理学的动机论，特别是马斯洛的需要层次理论，强调了人类追求自我实现和满足高层次需要的动机。这种动机论与积极心理学关注人类的积极心理品质、健康幸福与和谐发展的目标高度契合，为积极心理学的崛起奠定了理论基础。

认知行为理论也是积极心理学的重要理论基础之一。认知行为理论强调认知、情绪和行为三者之间的互动关系，认为认知在三者中起着中介与协调的作用。这种理论框架与积极心理学的研究取向高度契合。认知行为理论在心理学领域有着广泛的实证研究基础。大量的研究表明，认知行为疗法在改善抑郁、焦虑等心理问题方面具有显著效果。这种有效性不仅为认知行为理论提供了有力的证据支持，也使其成为积极心理学中不可或缺的基础理论之一。积极心理学致力于研究人类的积极心理品质、关注人类的健康幸福与和谐发展，而认知行为理论则提供了一种通过改变认知和行为方式来提升积极心理品质的有效途径。在认知行为理论中，认知重建是一个核心概念。它指的是通过改变个体对事件的认知和解释方式，来影响情绪和行为。这种技术被广泛应用于积极心理学中，帮助个体识别和纠正负面认知，从而培养积极情绪。通过认知重建，个体可以学会以更积极、乐观的方式看待自己和外界，从而减轻负面情绪，增强积极情绪体验。

此外，心理资本理论也是积极心理学的重要理论基础之一，它强调个体的心理资源及其对工作和生活的影响，为积极心理学提供了重要的研究视角。

心理资本是指个体在成长和发展过程中表现出来的一种积极心理状态，它超越了人力资本和社会资本，成为促进个人成长和绩效提升的核心心理要素。这一概念与积极心理学的研究目标高度契合，即关注人类的积极心理品质、健康幸福与和谐发展。心理资本包含的自我效能感（自信）、希望、乐观、坚韧等要素，心理资本的构成要素与积极心理学所研究的积极心理特质存在重叠。例如，希望是个体对于未来的目标和愿望的认知，能够激发个体积极行动；乐观是个体对于自身能力和未来结果的积极期待，能够增强个体面对挑战时的勇气和决心；自我效能感是个体对于自身能力的信念，能够增强个体在面临困难时坚持努力并取得成功的意愿；韧性则是指个体在面临困境时保持积极心态并坚持努力的能力。这些要素在积极心理学中也被广泛研究和应用。心理资本理论不仅具有理论价值，还具有重要的实践意义。在组织层面上，心理资本对组织的发展和成功具有重要影响，组织可以通过选拔和培养具有高心理资本的员工，提升员工的工作表现和创新能力。同时，创造积极的工作环境、提供支持性领导以及开展心理资本培训等措施也可以增强员工的心理资本水平，提升组织的整体竞争力。这与积极心理学所倡导的通过积极干预来促进个人的成长和发展的理念不谋而合。

积极心理学的缘起和发展除了以上三大理论基础支撑外，还离不开一个重要的核心模型——PERMA 模型。

PERMA 模型由“积极心理学之父”马丁·塞利格曼在《持续的幸福》一书中提出。ERMA 模型将幸福感拆解为五个核心要素：P（positive emotion）代表的是积极的情绪；E（engagement）代表的是投入或参与度；R（relationship）代表的是人际关系；M（meaning）代表的是意义；A（accomplishment）代表的是一种成就。这些要素共同构成了全面的幸福感。而积极心理学正是致力于从积极的角度研究人类的心理品质，关注人类的健康幸福与和谐发展。由此可见，PERMA 模型与积极心理学的研究目标高度一致，都是为了探索如何提升人类的幸福感和心理健康。

PERMA 模型自问世以来，便得到了广泛的研究和验证。许多心理学家和研究者通过实证研究来探讨 PERMA 模型中的各个要素与幸福感之间的关系，以及如何通过干预措施来提升这些要素的水平。这些研究结果不仅支持了 PERMA 模型的有效性，也为积极心理学的实践提供了更多的证据和依据。

PERMA 模型不仅是一个理论框架，还为积极心理学的实践提供了具体的指导。它告诉人们如何通过培养积极的情绪、参与愉快的活动、建立和谐的人际关系、寻找生活的意义和实现目标来提升自己的幸福感。这些实践策略在积极心理学的干预措施中得到了广泛的应用，如积极心理干预、幸福教育等。通过运用 PERMA 模型，人们可以更好地理解自己的幸福感来源，并采取有效的措施来提升幸福感。

四、积极心理学的本质特征

积极心理学的本质特征包括积极的价值观取向、研究视野的广泛性、以实证研究为主的方法论倾向、强调预防和积极干预以及倡导人文关怀和积极增进。

（一）积极的价值观取向

积极心理学主张心理学应将自己的工作重心放在研究和培养人固有的积极潜力上，用一种更加开放的、欣赏性的眼光去看待人的潜能、动机和能力等。它关注人类积极的品质，如健康、勇气、乐观、希望、快乐、信仰、毅力等，并致力于挖掘和激发这些积极品质，以促进人类的幸福和发展。这种积极的价值观取向使得积极心理学在心理学领域独树一帜，为传统心理学注入了新的活力和方向。

（二）研究视野的广泛性

积极心理学的研究视野不仅关注个体层面的积极心理体验、积极人格特质和积极情绪等，还兼顾了社会层面的社会组织系统（如家庭、学校、社区等）对个体幸福和心理健康的影响，它强调支持性和积极的社会环境对个体成长和幸福感的重要性，并致力于构建积极的社会组织系统。这种研究视野的广泛性使得积极心理学能够更全面地理解人类心理现象，揭示人类心理发展的规律和机制。

（三）以实证研究为主的方法论倾向

积极心理学在研究方法上，吸收了传统主流心理学的绝大多数研究方法和手段（如量表法、问卷法、访谈法和实验法等），并与人本主义的现象学方法、经验分析法等有机地结合起来。积极心理学以实证研究为主，广泛使用了实验法、相关研究法，并广泛使用心理测量量表、问卷和访谈等研究手段。这些研究方法和研究手段使得积极心理学能够更准确地测量和评估人类的积极品质和心理现象，为理论构建和实践应用提供了可靠的数据支持。

（四）注重实际应用和预防干预

积极心理学不仅关注理论研究，还注重将研究成果应用于实际生活。它通过心理干预、教育训练等方式，帮助个体培养积极心理品质、提高心理健康水平、促进个人成长和发展。同时，积极心理学不仅关注人类心理问题的治疗和矫正，更强调预防和积极干预。它认为通过挖掘和培养人类的积极品质，可以有效地预防心理问题的发生。同时，积极心理学也倡导积极的干预手段，如心理咨询、心理辅导等，以帮助人们更好地应对生活中的挑战和压力。

（五）倡导人文关怀和积极增进

积极心理学秉承人文关怀的精神，致力于增进人们对幸福、自信、乐观等积极品质的追求。它认为积极心理品质与个人的幸福感、生活质量、社会适应等密切相关，所以心理学应该关注普通人的生活和幸福，而不仅仅是少数有心理问题的人。通过研究积极情绪、积极人格特质、积极关系等，人们可以更好地认识自己、发掘自己的潜力，实现自我价值和自我超越，为人们提高幸福感、改善生活质量提供了新的思路和方法。

这些特征使得积极心理学在心理学领域具有独特的地位和价值，不仅为人类的发展和幸福提供了重要的理论支持和实践指导，也为人们创造更美好的生活提供了新的可能性和方法。

五、积极心理学的研究领域

积极心理学的研究领域广泛而深入，包括人类的积极情绪、积极特质、积极关系以及积极的社会组织系统等。积极心理学旨在探索人类的积极心理特质、情感、行为和经验，挖掘和培养人类的积极品质以及它们对个人成长、幸福感和社会发展的影响，促进个人和社会的和谐发展。

（一）积极情绪与幸福感

积极心理学研究人的积极情绪和主观幸福感，探索快乐、满足、爱、感恩等积极情绪的产生、维持和影响因素，以及这些情绪对个体行为和心理健康的积极作用。积极心理学强调人要满意地对待过去、幸福地感受现在和乐观地面对未来。积极心理学研究个体对过去经历的积极评价，如满意度、满足感、成就感等，以及这种评价如何影响个体的心理健康和生活质量。积极心理学探讨人们对未来的积极预期和信念，以及这种预期如何影响他们的行为和决策。积极心理学提倡对过去发生的事心怀感恩，充满满足感，珍惜当下，然后寻找幸福感，对未来尚未发生的事情，要有乐观的充满希望的心态。

（二）积极特质与品质

积极心理学关注个体具有的积极人格特质和品质，这些特质和品质有助于个体更好地应对生活挑战和困难。积极心理学具体研究内容包括：爱的能力，指个体表达爱、接受爱以及建立和维护亲密关系的能力；工作的能力，涉及个体的职业技能、工作热情和职业道德等方面；人际交往技巧，包括沟通、合作、倾听和同理心等，这些技巧有助于个体在社交环境中建立良好的人际关系；勇气、毅力，这些特质使个体能够面对困难和挑战，坚持自己的信念和目标；宽容、创造力，宽容使个体能够接纳不同的观点和文化，创造力则是个体产生新颖、有价值的思想和产品的能力；探讨这些积极人格特质是如何影响个体的行为、决策和心理健康；关注个体的优势领域和美德，以及如何通过培养这些优势来促进个人成长和幸福感。

（三）积极的组织系统

积极心理学除了研究个体层面积极人格特质外，还致力于研究群体层面的积极组织系统。其包括，积极的家庭系统：研究夫妻、家庭成员之间的积极关系，关注家庭成员之间的情感联系、沟通和支持，探讨这些因素如何影响和促进个体家庭成员的心理健康和幸福感；积极的社会支持系统：探索个体在遇到困难时如何从社会关系中获得支持和帮助，以及这种支持如何影响个体的应对能力和心理健康，关注如何建立和谐、公正、包容的社会环境，以培养公民美德、责任感、利他主义和职业道德，促进公民的社会参与和幸福感；积极的学校系统：研究如何创建有利于学生学习和成长的学校环境，包括师生关系、教学方法、学校文化等方面，探讨教师的幸福感如何影响学生的学业成绩和心理健康，以及如何通过提升教师的幸福感来促进学生的全面发展。

（四）积极的生活与工作

积极心理学探索个体对生活与工作的满意度、幸福感和目标追求，探讨工作特征、工作环境和个体特质如何影响这些感受。它鼓励员工关注工作中的积极方面，如成就感、自我实现等，从而提升工作满意度。通过设定明确的目标、给予及时的反馈和认可，员工可以更加积极地投入到工作中，提高工作效率和质量。在面对工作中的挑战和压力，积极心理学强调培养心理韧性，即个体在面对逆境时能够迅速恢复并继续前行的能力。通过正念冥想、情绪调节等方法，员工可以增强自己的心理韧性，更好地应对工作中的挑战。同时，积极心理学倡导建立积极的人际关系，包括同事关系、上下级关系等。通过增强团队凝聚力、促进沟通与合作，可以营造更加和谐的工作氛围，提高团队的整体绩效。

六、积极心理学的发展趋势

积极心理学的发展趋势呈现出多元化和深入化的特点。首先，积极心理学正在从理论研究向实践应用转变，关注如何将积极心理学的原理和方法应用于实际生活，以提高人们的幸福感、满意度和生活质量。例如，积极心理学在企业管理、教育、医疗等领域的应用正在逐步推广，通过培养员工的积极心态、提升学生的积极品质、改善患者的心理状态等方式，实现个人和社会的共同发展。其次，积极心理学正在与其他学科进行交叉融合，如神经科学、生物学、计算机科学等，以揭示积极心理现象的神经机制、生物基础和计算模型，更深入地了解人类的积极力量和幸福感。这种跨学科的研究有助于揭示积极心理现象背后的神经机制、生物基础和计算模型，为积极心理学的理论构建和实践应用提供新的视角和方法。最后，积极心理学越来越注重个体差异和个性化服务。每个人的积极力量和幸福感都是独特的，因此需要根据个体的特点和需求提供个性化的心理干预和服务。例如，通过制订个性化的积极心理训练计划、提供定制化的心理咨询和辅导等方式，帮助个体更好地发挥自身的积极力量，实现个人成长和幸福。

随着信息技术的快速发展，积极心理学正在借助新兴技术探索更加科学、实用的心理干预和管理方式。例如，利用互联网和移动设备进行在线心理测试和评估、提供远程心理咨询和辅导、开发积极心理应用程序等方式，使积极心理学的应用更加便捷和高效。随着科技的不断发展，积极心理学将借助虚拟现实、人工智能等新兴技术，探索更加科学、实用的心理干预和管理方式，提高心理服务的便捷性和效率。

未来，积极心理学的研究，将随着全球化和文化交流的增加而更加深入地开展跨文化研究。积极心理学会越来越注重全球化和多元化，关注不同文化背景下的积极心理现象的差异和共性，注重对不同文化、种族、性别、性取向等人群的积极心理现象进行研究，以及对全球范围内心理问题的关注和解决。这种跨文化的视角不仅推动全球范围内积极心理学研究的交流与合作，而且有助于拓展积极心理学的应用领域，为跨文化心理干预和管理提供科学依据，提高其在全球范围内的适用性和影响力。

第二节　职业教育中的积极心理学

一、职业教育的概念和特点

职业教育是指为了培养高素质技术技能人才，使受教育者具备从事某种职业或者实现职业发展所需要的职业道德、科学文化与专业知识、技术技能等职业综合素质和行动能力而实施的教育。职业教育是与普通教育具有同等重要地位的教育类型，是国民教育体系和人力资源开发的重要组成部分，是培养多样化人才、传承技术技能、促进就业创业的重要途径，是培养高素质人才的基础工程。职业教育的目的是培养应用型人才和具有一定文化水平和专业知识技能的社会主义劳动者和社会主义建设者，与普通教育和成人教育相比，职业教育侧重于实践技能和实际工作能力的培养，更强调实用性和针对性。

职业教育在教育目标、教育内容、教育方法以及评价方式上具有一系列独特的特点。

（一）实践性强

职业教育的主要目的是培养学生具备实际应用的技能和知识，因此实践性是其最为显著的特点之一。职业院校的课程设置通常紧密围绕行业需求，经常采用工学交替的教学方式。学生可以在学校学习理论知识，同时在企业进行实践操作，实现学生所学理论知识与实际应用紧密结合。实践教学是职业教育的重要组成部分，实践教学通过实际操作和模拟实训等方式，帮助学生在真实或模拟的工作环境中应用所学知识、掌握实际应用技能、提高实践能力促进就业竞争力。

（二）适应性强

职业教育的课程设置和教学内容都是根据市场需求和产业发展趋势来

设计的，因此职业教育具有很强的适应性。职业教育不仅能够满足企业对人才的需求，同时也能够提供各种就业机会，帮助学生更好地适应社会。职业院校通常会与企业、科研机构等建立合作关系，共同开展科研项目、人才培养等活动，实现产学研深度融合。职业院校还积极参与社会服务活动，如技术咨询、技能培训等，为行业发展和地方经济建设贡献力量。

（三）实用性强

职业教育注重实用性，培养学生能够在职场中应对各种工作挑战。专业设置方面，职业院校通常根据市场需求进行调整和优化，确保学生所学专业与市场需求相匹配；教学内容方面，职业教育教授的课程和知识都是面向实际应用的，与实际工作紧密相关，学生毕业后能够快速适应工作环境。职业院校突出就业优先导向，注重学生的就业方向和就业质量，专设部门和开设创业就业类课程，为学生提供包括职业规划、就业信息搜集等就业指导服务，帮助学生顺利就业。同时，职业院校也注重培养学生的创新意识和创业精神，鼓励学生积极参与创新创业活动，为学生提供创业培训、创业指导等支持服务，帮助学生实现创业梦想。

（四）灵活性强

职业院校的专业设置、人才培养方案、课程设置、教学方式等都比较灵活，可以根据学生的需求和学习能力进行调整和改变，也能够根据市场需求和行业发展变化不断更新和调整。例如，专业设置方面，职业院校能够紧密结合社会需求，根据市场变化及时调整专业设置。当社会需要某种专业人才时，职业院校可以迅速响应，设置相应的专业或课程，以满足市场需求。反之，如果某个专业不再受欢迎或市场需求减少，职业院校也可以及时调整或取消该专业。人才培养方案方面，职业院校可以根据学生的实际情况、企业的需求和市场的变化，对培养计划进行实时调整。这种灵活性确保了职业院校能够培养出符合市场需求的高素质技能型人才。课程设置方面，职业院校可以根据市场需求和学生兴趣进行调整，可以增设新的课程或调整现有课程的内容，以更好地满足学生的学习需求和市场需求。同时，在职业教育中，专业技能学分与核心课程学分之间通常具有等价性。这意味着学生可以通过完成专业技能课程来充抵其他非核心课程的学分，从而更加灵活地规划自己的学习路径。教学模式方面，职业院校采用多种教学模式，如预约式教学模式、固定教学模式和以企业为主导的教学模式等。这些模式能够根据学生的个体差异、学校资源状况和校企合作情况等因素进行灵活调整，以最佳的方式满足学生的学习需求。另外，职业教育在学习时间和学习方式上也是灵活多变的，学生可以根据自己的学习能力和个人需求，灵活安排学习时间和选择多样化的学习方式。

这些特点都能够帮助学生更好地适应社会发展的需求，提高他们的就业竞争力，也使职业教育与普通教育相区分，并专注于培养具备专业技能和实践能力的应用型人才。

二、积极心理学的教育意蕴

积极心理学作为心理学的一个新兴分支，主要关注人类的积极品质、美德和潜力。它强调以一种更加开放和欣赏性的眼光来看待人类的潜能、动机和才能。积极心理学的兴起反转了 20 世纪中后期心理学过分关注人性的消极面和弱点的研究取向，为教育领域带来了新的启示。

在积极心理学兴起之后，一些教育者和心理学家开始尝试将其理念和方法应用于教育领域。他们开始关注学生的积极品质、兴趣和潜能，试图通过积极的教育方式来促进学生的全面发展。随着积极心理学研究的不断深入和发展，其理念和方法逐渐得到了更广泛的认可和推广。越来越多的教育者和学校开始将积极心理学的理念融入教育实践，通过创设积极的学习环境、提供个性化的教学支持、培养学生的积极品质等方式来提升学生的幸福感和适应能力。在当今的教育领域，积极心理学的应用已经相当广泛。它不仅被应用于课堂教学、学生辅导和心理健康教育等方面，还被用于教育政策制定和教育改革等宏观层面。许多国家和地区都在积极探索和实践积极心理学的教育理念和方法，以期实现教育的全面发展和学生的幸福成长。2014 年，国际积极教育联盟正式宣告成立，标志着积极心理和幸福科学的教育国际化战略启动。与此同时，中国教育领域出现积极取向的改革创新，积极教育的理念和实践也应运而生。

（一）传统教育的不足呼唤积极教育来弥补

随着社会的进步和科技的发展，人们的思维也在悄然发生着变化。中国越来越多的教育工作者发现，一些传统的教育年轻人的方式并不科学合理，甚至有些是完全错误的。教育的本质究竟是什么？传统教育为什么不能更有效达到教育的目的？面对今天 90 后、00 后的年轻人，我们的教育应该做出哪些变革呢？带着这些问题，本书首先从传统教育在当前存在的问题症结和反思中进行探讨。

传统教育认为，学校的主要任务是提高学生的学业成绩，学生取得优异的成绩、掌握好的技能，才会有好的发展前景。所以传统教育常常以“分数、文凭、升学、论文、帽子”为追求的主要目标，容易忽视学生的个体差异性。但在现实的教育实践中，家庭成长环境、个人兴趣爱好等因素使得学生个体差异巨大。由于学校固定的教学目标和课程进度的要求，教师要在规定时间内完成一定知识内容的讲授工作，这就使一些可以让课程增加闪光点的内容，在繁重的教学任务下有所缺失，使教学形式变得单一无趣。学生也渐渐习惯了参加各种学科的考试，每天会有大量的习题和家庭作业，课外辅导班剥夺了他们快乐的童年和闲暇时间。师生每天在这种机械的教学环境下很难获得幸福感的积极体验。长此以往，学生会养成被动的性格，丧失探求知识的热情。

在我国，传统的学校教育与传统心理学一样，往往习惯于聚焦问题的一面，以矫正问题为主要任务。教育工作者和学生家长也习惯于关注孩子的问题和错误，对其进行批评和教育。例如，传统教育中，当期末考试的一张数学试卷发出来时，老师和家长习惯首先关注孩子做错的题，然后指导孩子分析错误原因和教导正确的方法。其实，在这个环节上，我们忽略了孩子除了做错了几道题外大部分题目他都是正确的，可以用表扬和引导孩子在正确题中悟出解题思路和方法，鼓励他们用多元化思维去解决问题，而不是对他们进行批评教育。传统教育目标的单调性，使教育工作者眼里只有问题而没有学生，这种传统教育模式表现出了典型的非人性化。因此，在这种情况下，学生会对学习产生一种消极体验，降低了学生对幸福感的体验。传统教育问题的价值观也导致了教育问题的增加。学生的一些问题在无形中被教育者放大和关注，导致学生认为学习就像一个医院，他们身上的各种问题只能被动地等待教育者去诊断、纠正，这减少了学生的幸福感和获得感。

我国目前正处于社会转型期，当下的中国年轻人生活在和父辈们完全不同的世界，他们面对着一系列来自社会和文化的巨大挑战，教育必须与时俱进，要不断赋予其新的内涵。积极教育正是在这种呐喊声中应运而生。

积极教育是将积极心理学的研究成果运用于教育领域而形成的全新教育模式，是一种以积极心态和心理学为基础的教育理念，致力于培养学生积极、乐观、自信、善良等积极品质，使学生在实践中不断地探索和发现，积极地面对成长中的各种挑战。积极教育研究者在美国、澳大利亚、英国、丹麦等国家已经进行了二十多年的教育实践和科学研究，取得了瞩目的成绩。积极教育追求的是一种积极美好的人生态度和精神风貌，关注、发展和发扬人性中美好和积极的元素。积极教育认为，教育不仅应该提升学生的学业成就，更应该发扬学生的品质优势与美德，培养学生获得幸福生活的综合素质。积极教育是一种让孩子们在成长过程中拥有幸福感的教育方式。

积极教育与传统教育在教育理念、教育目标、教育方法和教育侧重点等方面存在显著的区别。积极教育与传统教育的区别，见表 1-1。

表 1-1　积极教育与传统教育的区别

两者区别	积极教育	传统教育
教育理念	强调以人为本，尊重并颂扬人性，致力于通过增加学生的积极体验来培养他们的积极品质。主张教育不仅是为了纠正学生的问题或缺点，更重要的是要发现和发展学生的优点和潜力	往往更侧重于纠正学生的问题和缺点，强调教育的修补功能。教育重心偏向于纠正学生的不足，以使学生达到普通或正常的水平
教育目标	构建一个让学生在知识和德育方面都得到充分发展的人性化教育体系。旨在培养学生的自信、自尊和积极心态，推动学生全面发展，并让他们在学习过程中获得幸福感和成就感	让学生通过接受教育来掌握知识和技能，以适应社会的需求。更注重学生的学业成绩和应试能力，而对学生的心理健康和幸福感关注较少
教育方法	强调建立一个富有挑战性的学习环境，鼓励学生在学习中发掘自己的潜力。采用积极反馈的方式，给予学生肯定和鼓励，以增强学生的自信。注重培养学生的多元智能和价值观，以及社交技巧和服务精神	往往采用较为传统的教学方法，如讲授法、灌输法等。强调学生的记忆和应试能力，而对学生的创新能力和批判性思维培养较少
教育侧重点	侧重于学生的长期发展，关注学生的成长过程，并致力于培养学生的积极品质和长处。强调教育的建设功能，即不仅要修补学生的不足，更要建设学生的优点和潜力	侧重于学生的短期表现和结果，如学业成绩、考试分数等。强调教育的纠正功能，即要克服学生的缺点和不足，使他们达到普通或正常的水平

教育的本质是“育人”，而非“育智”，更非“教书”。现代机器人的数据采集、计算能力、知识存储、分析能力都远超人类，而且人工智能的能力还在以几何倍数增长，并已具备自我学习能力。在互联网、云数据和智能机器人大发展的时代，教育的育人本质显得尤为突出。积极教育的内涵契合教育的本质，即专注于如何真正地“育人”。

随着时代的发展和教育理念的进步，以塑造人们性格和能力为目标的积极教育，更能帮助中国年轻人增强心理素质，更好地应对他们这一代人在当代所面临的压力和挑战。积极教育正在逐渐受到越来越多的关注和认可。当前，积极教育已成为中国人在改革自身教育体系时最受欢迎的一种需求。

（二）积极心理学的教育理念

积极心理学的教育理念是一种以学生积极心理和个人成长为核心的教育思想。它关注学生的积极方面、激发学生的内在潜力、培养学生的积极情感和品质、创建积极的教育环境，并在实际教育中得到了广泛的应用。这种教育理念有助于提升学生的心理健康水平，促进他们的全面发展，为未来的学习和生活奠定坚实的基础。因此，基于积极心理学的教育理念，是新时代教育理论与实践创新的重要目的。

关注积极方面。积极心理学教育理念主张将教育的重点从关注学生的问题和缺陷转向关注学生的积极方面。传统教育往往侧重于纠正学生的错误和不足，而积极心理学教育则更注重发现和培养学生的优点和特长。这种转变有助于提升学生的自尊和自信，激发他们的学习动力。

激发内在潜力。积极心理学认为，每个学生都拥有独特的内在潜力。教育的任务之一就是激发学生的这些潜力，帮助他们实现自我成长和自我实现。通过提供适当的教育环境和资源，引导学生发现和探索自己的兴趣和优势，积极心理学教育能够帮助学生充分发挥自己的潜能。

培养积极情感和品质。积极心理学教育理念强调培养学生的积极情感和品质，包括快乐、满足、爱、希望等积极情绪，以及勇气、乐观、宽容、创造力等积极品质。这些情绪和品质不仅有助于提升学生的心理健康水平，还能促进他们的社会适应能力和人际关系。通过情感教育和品质教育，学生能够更好地面对生活中的挑战和困难，保持积极的心态和行为。

创建积极的教育环境。积极心理学教育理念还强调创建积极的教育环境，包括建立和谐的师生关系、营造积极向上的班级氛围、提供丰富多样的教育资源等。在这样的环境中，学生能够感受到尊重、支持和关爱，从而更加积极地参与学习和成长过程。

（三）积极心理学的教育目的

教育目的是根据一定社会的政治、经济、生产、文化科学技术发展的要求和受教育者身心发展的状况确定的。它反映了一定社会对受教育者的要求，是教育工作的出发点和最终目标，也是确定教育内容、选择教育方法、检查和评价教育效果的根据。

积极心理学为教育提供了更有价值的指导思想，在积极心理学的影响下，教育的关注点不再只是学生自身的问题，而是让学生在学习中获得幸福感，培养学生积极的品质，这是新时代教育应该追求的核心价值。积极心理学的教育目的是多方面的，旨在培养学生的积极心理品质、提升主观幸福感、促进学习与生活效果、优化人际关系以及创设积极环境，从而为学生的全面发展和身心健康提供有力支持。

第一，培养积极心理品质。积极心理学致力于发掘和培养个体和群体的积极心理品质，如坚韧性、抗挫力、创造力、自信心、自尊等。这些品质能够帮助学生更好地应对生活中的挑战和困难，形成内在力量来抵御挫折和压力，进而促进学生的全面发展和身心健康。

第二，提升主观幸福感。积极心理学关注学生的主观幸福感，通过教导学生如何理解和建构积极心理学的研究框架、核心主题，并在积极视域下重新审视个体、组织、社会及其成员之间的相互关系，从而帮助学生形成积极的解释风格，树立正确的幸福观。同时，积极心理学还鼓励学生发掘和利用自身的优势，从“爱人、感恩、人际互动”中建构一个幸福快乐的生活。

第三，促进学习与生活效果。积极心理学通过塑造积极学习心态、培养自主学习能力和发展创造性思维，对学生学习效果产生积极的影响。积极心理学认为学生应该以一种乐观、自信和内控的态度去面对学习，这样才能取得更好的学习效果。同时，积极心理学还提倡培养学生的自主学习能力，激发他们的内在动机和兴趣，使他们更加主动地参与到学习中去。

第四，优化人际关系。积极心理学注重培养学生的积极沟通与交往能力，以及积极解决冲突的策略。通过倾听、表达和理解他人的感受，学生能够建立更加良好的人际关系。同时，积极心理学还鼓励学生以合作和建设性的方式处理冲突，通过学会倾听对方的观点、表达自己的需求和寻求共同解决方案，从而更好地化解冲突，维护良好的人际关系。

第五，创设积极环境。积极心理学强调创设一个积极有利的环境来促进学生的最优化发展。这包括学校、家庭和社会的共同努力。通过课堂组织、目标和结构的练习，同时让家长、教师挖掘资源，意识到自己的积极性，并同学生建立融洽的关系，从而帮助学生更好地发展。

积极心理学致力于发掘和培养个体和群体的积极心理品质，关注个体的主观幸福感，鼓励个体发掘和利用自身的优势，以一种乐观、自信和内控的态度去面对和建构幸福快乐的生活。这些有利于提升个体幸福感的积极理念和主张，正广泛应用于教育实践。而学校教育与积极心理学有着诸多相通之处，两者最终目的都是促进人的积极成长和全面发展。

“积极心理学之父”马丁·塞利格曼将积极教育定义为传授技能与传递幸福的教育。积极心理学力求倡导以其先进的理论作为指导思想，以积极的态度重新诠释教育，同时让学生在学习过程中提高自己的幸福感。积极心理学认为每个人都有潜在的积极品质。积极教育注重学生积极的情绪体验以及积极人格特质的培养。从积极教育的角度出发，我们需要突破传统教育的局限性，注重发展学生的潜在积极品质，引导学生树立积极的人格特质，并使其获得幸福感。由此看来，积极教育是一种强调学业提升和人格发展并重的教育。从积极心理学的角度出发，教育要注重学生的幸福感以及积极人格特质的培养。积极人格需要积极教育，积极教育能够促进学生积极人格的形成和健全。积极人格可以帮助个体更好地面对困难，采取有效的应对策略，迎接未来的各种挑战。心理学家对一些比较有成就的人和普通人进行对比研究，发现他们之间的差异是由人格品质不同所导致的。积极心理学的研究取向就是关注积极的人格特质，诸如自我决定、爱的能力、勇气、智慧、创造性等。每个人都有积极的心理潜能和向上的拼搏能力，积极教育就是让学生内在的潜能得到发展，帮助个体实现更好的发展。

（四）积极心理学的教育意义

基于积极心理学的积极教育是我们这个时代学校教育发展的方向和希望。积极教育是将积极心理学理论应用在教育领域的实践结果，是一套以科学理论为依据、经过实证有效的教育方法。积极教育可以改善学生的学习体验，弥补传统教育中的一些缺陷，让学生在学习的同时体会幸福和快乐。

首先，积极教育是实现人类幸福教育目的的有效途径。2014 年 3 月，国际积极教育联盟提出了“教育的根本目的是人类的幸福”的口号。积极心理学认为，幸福源自个体自身主动选择，它是一种积极的情感，通过个体主观经验获得，并不是来自外界。以往的研究发现积极的家庭环境和学校环境更有助于个体的成长，使得个体在社交技能和学校表现方面更有优势。因此，积极心理学提倡用其相关理论知识，让学生在课堂中获得积极的情绪体验，促进学生学业和人格的全面发展。积极教育认为，教育要使学生在学习中感受到幸福，通过教学向学生传递积极的思想，让课堂学习变成一段快乐的体验，并能通过学习获得自我效能感的提高以及成就感的满足。教师在这种积极的教学活动中也会感受到自我满足和职场幸福。

其次，积极教育有助于回归积极人性的教育本质。我国著名教育家蔡元培曾说过：教育者，养成人格之事业也。人性发展需要因人而异，每个人的天赋不同，教育需求自然不同，我们要去发现学生的天赋、潜能和优势。积极心理学强调对人性优点和价值的研究，在教育过程中要主动识别受教育者本身固有的潜在积极品质，使其得到充分发展，并将其作为解决问题的资源加以利用。积极教育倡导对学生积极品质的培养，让教育回归本真、回归积极人性，减少教育中的功利化心态，使教育闪现更多的人性光辉，让教育实现真正的人性自由。

最后，积极教育让教育过程成为积极的求知过程，学生在一个过程中是积极主动享受知识带来的快乐而并非被动应对面临的困难。传统教育过程中，学生大多是被动接受枯燥无趣的知识灌输。在获取知识方面，积极教育与消极教育扮演着截然不同的角色，积极教育会提高个体主动性，让学生主动求知，而消极教育培养的学生被动性比较大。主动的人具有行动的内驱力，会合理安排自己的学习生活，想办法应对环境中的困难。与之相反，被动的人在学习生活等方面往往需要外界环境的刺激，他们自身没有想法和规划，不会自我选择、自主行动，一切事情都等着他人的督促。被动的人自身并不认为有什么事情需要解决，只会在外力的推动和作用下按着既定的方向去做。学生的学习要靠自己的主动求知，教师不能越俎代庖。因此，积极教育主张把教育过程变成培养学生积极主动的求知过程。

积极教育的理念符合我国的基本国情。当前我国社会主要矛盾已经转化为人民日益增长的美好生活需要和不平衡不充分的发展之间的矛盾。国家发展的重点，是在满足人民物质生活需要的基础上，满足人民多样化个性化、精神性权利性的需要，对教育而言，应在继续发展的基础上由高速增长阶段转向高质量发展阶段。21 世纪以来，传统教育已经显露出不少弊端，积极心理学的出现给传统教育开辟了一条新道路，其倡导教育的目标是让师生获得幸福感。现代教育应将教育与积极心理学相结合，建构一种符合新时代中国特色的积极教育。积极教育就是为了更美好的中国教育——教育要为每个学生提供公平的人生出彩机会，教育要为每个学生成为最好最优的自己奠基助力，教育要为每个学生的健康快乐幸福而导航。

以积极心理学为导向的积极教育强调以学生为本，发展学生自身潜在优势，注重培养师生的积极情绪体验，增强师生的幸福感。积极教育重视师生的主观体验，让师生发现自身的价值和意义，更让师生的积极品质得到进一步的培养和发展。积极心理学的教育实践意义，并不在于它做出了特定规则和假设，而在于它提供了一种全新的教育视角、观念和行动，开辟了一条为构建人类命运共同体和社会和谐发展服务的教育新路径。

（五）积极心理学的教育应用

积极教育是要让每个学生心中有理想、眼中有光亮、前方有明灯、脚下有道路；让每个学生都能够成长成人成才、成功实现自我、成就卓越人生；让每个学生都能够知行合一、手脑并用、德技兼修、身心和谐。这一优质的教学理念，不是一项观赏运动，关键在于要在实践中得到运用。尽管积极心理学传入我国的时间还较为短暂，但是国内积极心理学研究的先驱们也致力于将其运用到社会各个领域。当前，积极心理学在我国的教育领域得到了广泛的运用。

积极心理学在教育领域的应用有助于培养学生的积极情绪、优势和潜能，改善师生关系与学习环境，培养学生的适应力和韧性。

首先，培养学生的积极情绪、优势和潜能。通过积极心理学的指导，教师可以更有效地识别学生的优势和特长，并通过积极的反馈和鼓励，帮助学生建立自信心，从而提高学习动机和参与度。同时，积极心理学鼓励教育者以开放和欣赏的眼光看待学生的潜能，通过创造有利于潜能发挥的环境和条件，激发学生的内在动力和潜能，促进学生全面发展。

其次，改善师生关系与学习环境。在师生关系上，积极心理学强调师生之间应平等、尊重和相互理解。教师通过倾听、理解和支持基础之上的积极互动和沟通，关注学生的情感需求和成长需求，建立和谐的师生关系，为学生的学习和成长提供有力的支持。同时，教师可以利用积极心理学的原理，营造积极向上的学习氛围，帮助学生建立良好的人际关系和自我认同。积极氛围还包括鼓励性的语言、积极的课堂文化等。

最后，培养学生的适应力和韧性。积极心理学注重培养学生的适应力和韧性，通过教授应对技巧和策略，帮助学生更好地面对学习和生活中的挑战和困难。通过积极心理学的引导，学生也可以学会以乐观、积极的心态面对生活中的挑战，从而增强自信心和提升自我效能感。

除此之外，积极心理学在课堂教学中也得到了广泛应用。例如，在教学方法上，教师采用积极的教学方法，如启发式教学、合作学习等积极的教学方式，鼓励、表扬、引导，激发学生的学习兴趣和积极性，让学生在课堂上感受到学习的快乐和成就感。在教育内容上，教师可以注重培养学生的创新思维和实践能力，鼓励他们勇于尝试和探索。同时，积极心理学也为高校心理健康教育提供了新的视角和思路，通过关注学生的积极品质和体验，为学生提供更加全面和有效的心理健康支持。积极心理学教育思想上最为突出的特点是“防患于未然”胜于“亡羊补牢”，通过积极心理学的原理，可以早期预警和干预学生的心理健康问题，这种干预方法不是反应性的惩罚，而是积极的强化，有助于及时发现并提供必要的支持和帮助。

正如塞利格曼一直强调的“学校是积极教育运动的主要阵地”，积极心理学与学校教育的融合应用，为现代教育的进步和发展提供了重要的价值理念，为职业教育提供了新的视角和思路，为教育者的实践提供了有力的支持。根据积极心理学的价值观，大力开展积极教育实践，有助于促进学生的健康和谐发展。

大力开展和推进积极教育，就是让学生因积极教育而健康快乐、乐观幸福，让教师因积极教育而自信幸福、专业卓越，让学校因积极教育而充满活力，更加美好。

百年大计，教育为本，当今教育正在走向积极，去消极存积极，少消极多积极，从消极为主导转向积极为主导，已成为教育改革创新发展的大势所趋。教育应是一种幸福的教育，教师不仅要向学生传授知识、树立良好的行为规范，还要培养学生积极的品质，注重幸福感的获得，促进学生认知与情感的协调发展。积极教育符合新时代向往更美好幸福生活发展的需要，它能正确解释和解决当前教育实践中的危机、矛盾、冲突和困惑。积极教育是顺应国家时代发展的教育，作为教育工作者，我们清楚地知道，教育不会自动走向积极，我们需要坚定执着地向积极教育走去。

第三节　中国积极教育“6+2”理论模型

积极心理学在我们国家的兴起与发展，与积极心理学自身的学科特质有关，更离不开中华民族伟大复兴这个大时代的机遇。最直接的表现就是，积极心理学的价值主张与我国人民日益增长的精神文明和文化崛起的需求相契合。

作为中国最早将积极心理学进行系统性研究与推广的学术机构之一的清华大学积极心理学研究中心，借鉴和吸收了世界上成功的积极教育实践体系，包括“积极心理学之父”马丁·塞利格曼在《持续的幸福》一书中提出的PERMA理论、墨西哥德米罗欧大学的幸福生态系统模型、澳大利亚圣彼得堡学院的SPSC模型、澳大利亚公立学校积极教育的PROMIS模型，并充分结合我国的国情、文化与特色以及清华大学积极心理学中心近年来的数据追踪和本土化课程操作经验，提炼出中国积极教育“6+2”理论模型，即积极教育体系的六大模块、两大系统。

六大模块包括积极自我、积极情绪、积极关系、积极意义、积极投入、积极成就；两大系统包括身心健康调节系统以及品格优势与美德培育系统。

一、六大模块

（一）积极自我——发挥优势，建立自信

积极自我模块包括：发展健康而完善的自我，使教师、学生善于发现自身的天赋与优势，通过认识、接纳和悦纳自我，发挥优势创造价值，建立自尊和自信；培养师生自我认识、自我接纳和自我效能的能力和持久而稳定的积极心理力量。

（二）积极情绪——觉察自我、接纳、调整情绪

积极情绪模块包括：健康地认识与接纳情绪，了解情绪的基本运作规律，学会情绪的自我管理能力，引导和帮助教师、学生引发和提升积极情绪，如喜悦、感激等，同时，调节和降低负面情绪，拥有更多乐观向上的积极情绪。

（三）积极关系——建立健康的人际关系

积极关系模块包括：培养教师、学生发展社交技能、沟通技能、换位理解能力，建立和维护有价值的积极人际关系和爱与被爱的能力；了解关系中的自我、他人与情境的相互关系，学习积极有效的沟通技巧，如非暴力沟通、主动建设性回应等，构建积极、稳定、互相支持的人际关系。

（四）积极意义——内心感到充实丰盈，而非空虚匮乏

积极意义模块包括：学习树立梦想，制订计划，追求有价值和目标的人生；培养教师、学生树立人生的意义感和正确价值观，设立有意义的目标并产生持久内在动力达成目标；使师生能够为所行之事赋予意义，为他人和社会贡献价值，使个人价值超越“个人”，在更大范围内获得生命价值感。

（五）积极投入——体验过程的快乐，提高投入度和专注力

积极投入模块包括：培养教师、学生专注的能力，使其在工作和生活中产生内在动力，享受“福流体验”；激发师生对学习和工作的喜爱，投入并爱上所做的事，活在当下，体会过程中的快乐，从而提高工作和学习的投入度。

（六）积极成就——塑造意志力和抗挫力，为未来的成就奠基

积极成就模块包括：培养人的韧性（遇到挫折后复原的能力），毅力

（坚持不懈的意志力）、才干（解决问题的能力），教会孩子发展性的思维模式，提升自主的学习动机，学习面对挑战和寻找解决问题的方法，学会面对失败并提高心理坚韧度和抗挫力。

二、两大系统

（一）身心健康调节系统

积极心理学认为，积极的心理与健康的身体密不可分，学习和练习支持身心健康的知识和技能，如科学运动、良好营养、规律作息、正念减压等对个体十分重要；对提高学生专注学习的能力，减轻学生压力和焦虑情绪，保持平和心态可以起到良好的作用；学生的身心健康水平的提升，为积极教育提供坚实的生理基础。

（二）品格优势与美德培育系统

品格是一个人成长发展的核心，并将在学生成年之后在其一生中持续发挥重要作用。积极教育以科学的实证方法培育品格优势和美德。积极心理学归纳出人类所共有的六大美德（智慧与知识、勇气、人道主义、公正、节制、超越）和二十四项品格优势。积极教育倡导，将六大美德和二十四项品格优势通过寓教于乐、潜移默化的方式，融入积极教育的各个模块。

清华大学提出的积极教育“6+2”理论模型，是基于积极心理学的科学原理和方法，涵盖了自我认知、情绪管理、人际关系、投入度、价值观和成就感等多个方面。该模型看似每一个模块彼此独立，实则是一个整体。它们彼此相互关联、相互支持、密不可分，形成了一个有机的整体。每一个模块旨在干预其对应的主题之时也涵盖并影响着其他模块的内容。该模型是具有科学性、全面性、实践性、系统性、综合性的教育体系。

清华大学积极教育“6+2”理论模型，见图 1-1，积极心理学“六大美德二十四项品格优势”模型，见图 1-2。

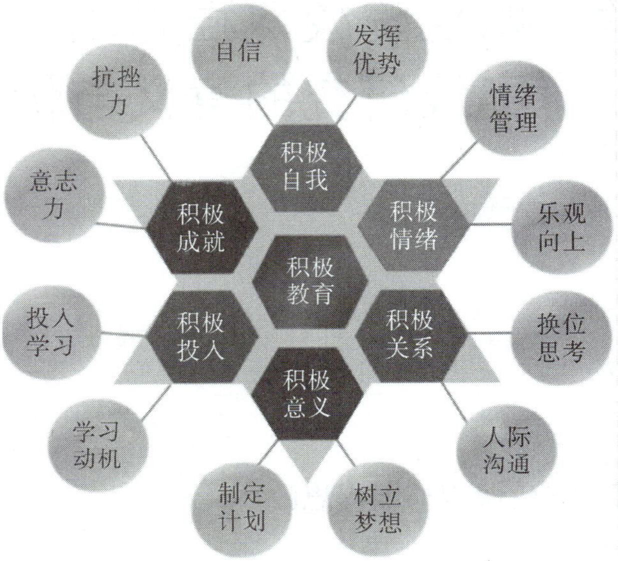

图 1-1　清华大学积极教育“6+2”理论模型

图 1-2　积极心理学“六大美德二十四项品格优势”模型

第二章　职业院校课程思政实践研究的意义与价值

第一节　思政课程与课程思政

一、概念厘析

（一）思政课程

思政课程（思想政治理论课程）是大学课程体系的重要组成部分，它们是专门设立的课程，如高职院校设置的思政课程有习近平新时代中国特色社会主义思想概论、毛泽东思想和中国特色社会主义理论体系概论、思想道德与法治和形势与政策。这些课程的侧重点在于系统传授思想政治理论，通过深入探讨政治、经济、社会、法律和道德等领域的基本问题，培养学生的政治意识、法律意识和历史责任感。

（二）课程思政

课程思政的提出可以追溯到2014年。当时，在教育部指导下由上海市委、市政府率先开展课程思政试点工作，提出并印发了相关文件。上海市委、市政府推行的课程思政改革提供了一套有价值、可推广的“上海经验”。在之前的多年里，中央已经出台了关于进一步加强和改进未成年人思想道德建设和大学生思想政治教育工作的文件，上海也由此开启了学校思想政治教育（德育）课程改革的探索之路。这一改革经历了多个阶段，从注重中小学德育课程建设，到注重大中小德育课程一体化建设，再到构建全员、全过程、全方位育人格局理念的逐渐形成。2014年，上海市委、市政府在《上海市教育综合改革方案（2014—2020年）》中明确提出了从思政课程到课程思政的转变，并逐步形成了课程思政的理念。自 2016 年全国高校思想政治工作会议召开以来，上海市加快推进由思政课程走向课程思政的教育教学改革，让所有课都上出“思政味”，所有任课教师都挑起“思政担”，探索构建全员、全过程、全方位的大思政教育体系，取得了初步成效。

2016 年 10 月，习近平总书记在北京举行的全国高校思想政治工作会议上强调：“要用好课堂教学这个主渠道，思想政治理论课要坚持在改进中加强，提升思想政治教育亲和力和针对性，满足学生成长发展需求和期待，其他各门课都要守好一段渠、种好责任田，使各类课程与思政课同向同行，形成协同效应。”具体而言，课程思政要求各类专业课程与思政课程同向同行，形成协同效应，共同承担起立德树人的教育任务。它不仅仅局限于思政课程，而是要将思想政治教育贯穿学校教育教学的全过程，深入发掘各类课程的思想政治理论教育资源，发挥所有课程的育人功能，落实所有教师的育人职责。因此，大力推动思政课程向课程思政转变，专业课要承担起育人功能，以专业技能知识为载体开展育人工作，深入挖掘专业课程的思政元素，有效实施课程思政。

总体来说，课程思政是一种综合教育理念，它强调将思想政治教育元素，包括思想政治教育的理论知识、价值理念以及精神追求等，融入各门课程，以实现知识传授与价值引领的有机统一。这种教育理念的主要目的是通过发掘各类课程的思想政治教育资源，在传授专业知识的过程中加强思想政治教育，使学生在学习科学文化知识的同时，自觉加强思想道德修养，提高政治觉悟。

二、两者的关系

思政课程与课程思政在高校思想政治教育中均占据重要地位，它们之间既存在共性，又各有侧重。

（一）共性

教学任务和目标上，思政课程和课程思政都以培养学生正确的世界观、人生观和价值观为主要目标，致力于提高学生的综合素质和创新能力。它们都是为了实现高等教育中的“德育为先、知行合一”的教育目标而存在的。教学方向和功能上，思政课程和课程思政都是通过教学活动来引导学生树立正确的世界观、人生观和价值观，提高学生的综合素质和创新能力。所以，两者都是为了实现高等教育中的“全面发展、全人培养”的目标而存在的。

（二）不同侧重

课程思政与思政课程在教学内容与方法、评价方式上存在一定差异性。

1. 教学内容

思政课程的教学内容相对聚焦，突出思政性。思政课程是专门开设的思想政治教育课程，其思政内容更加全面、深入，涵盖了马克思主义基本原理、中国特色社会主义理论、中华优秀传统文化等方面的内容。思政课程犹如一座灯塔，指引着学生在政治理论的海洋中航行。思政课程旨在培养学生具有全面的政治理论知识，深刻理解国家的发展方向和社会主义核心价值观。思政课程不仅要求学生掌握理论知识，更重要的是学会将这些知识应用于分析和解决现实问题，培养他们的政治敏锐性和判断力。课程思政的教学内容和领域则更加丰富多彩。课程思政不局限于传统的政治理论教学，而是将思想政治教育内容融入各门学科，其思政内容更加具有专业性和针对性，形成一种跨学科的教育模式。例如，在理工科专业中，教师在讲授专业知识的同时，会通过实验报告和项目设计等实践活动，培养学生的科学精神、创新意识和团队协作能力，将思政类元素融入专业课程。这些活动不仅锻炼了学生的实践技能，也加深了他们对科学探索和社会责任的理解。

2. 教学方法

思政课程和课程思政在教学方法上存在显著的区别。思政课程通常作为独立设置的思想政治理论课存在，注重理论知识的传授。其教学方法主要包括：①讲授法。教师通过系统的讲解，向学生传授马克思主义理论、中国特色社会主义理论体系等思政课程的核心内容。②讨论法。教师组织学生围绕特定主题或问题进行讨论，以促进学生之间的思想交流和碰撞。③实践教学法。教师通过社会实践活动，如志愿服务、社会调查等，让学生在实践中加深对思政课程内容的理解和应用。这些方法侧重于理论知识的灌输和学生对思政内容的理解，以及通过实践来巩固所学知识。而课程思政在教学方法上更丰富更灵活，注重激发学生的主动参与和探究精神。其主要包括：①案例分析法。教师通过具体的案例来引导学生思考和分析，将思政教育与专业课程内容相结合，使学生在学习专业知识的同时接受思政教育。②情景模拟法。教师设计特定的情景，让学生在模拟的环境中体验和学习，从而加深对思政内容的理解和感悟。③小组讨论法。教师将学生分成小组，针对特定问题进行讨论和分析，通过团队合作来培养学生的协作能力和思政素养。④角色扮演法。教师让学生通过角色扮演来体验不同的思想和观点，从而拓宽视野，增强思政教育的效果。⑤互动教学法。教师与学生进行互动，鼓励学生提问和发表观点，通过师生互动来引导学生形成正确的价值观和人生观。这些方法强调以学生为中心，注重学生的参与和体验，旨在通过多样化的教学方式来培养学生的综合素质和社会责任感。当然，这些方法在思政课程中也可以运用，没有明确的界限划分，只是侧重点不同而已，

3. 评价方式

思政课程是大学课程体系的重要组成部分，侧重于系统传授思想政治理论。其评价方式通常较为传统和集中，考核方式通常由两部分组成：一是通过闭卷或开卷的期末考试，检测学生对思政课程理论知识的掌握程度和应用能力，重点看学生是否吃透了理论知识并能灵活运用，或是要求学生撰写与思政课程内容相关的论文，以检验其理论素养和分析问题的能力。二是过程型考核，包括课堂讨论、发言、提问、实践活动等，以评估学生的课堂参与度和对思政课程的理解程度。这些评价方式主要关注学生的理论知识掌握情况和应用能力，以及课堂表现。课程思政则是一种更为灵活和具有渗透性的教育方式，将思想政治教育融入各类专业课程教学。其评价方式更加多样化和综合性，旨在全面评估学生的思政素养和综合能力。课程思政具体评价方式包括：①学生自评。学生对自己的学习和思考进行评价，通过写日记、填表等方式进行自评，促进学生思考和反思。②教师评价。教师可以通过考试、作业、论文等方式进行评价，也可以通过口头评价、讨论等方式进行评价。同时，教师还会关注学生的课堂表现、学习态度等，以全面评估学生的思政素养。③同伴评价。通过小组讨论、班会等形式，学生对同桌、小组成员等进行互相评价，促进学生之间的合作和交流。④社会实践评价。课程思政还注重将思政教育与社会实践相结合，通过社会实践、志愿服务等活动，评估学生在实际生活中的思政表现。⑤多元化评价方式。如项目设计、案例分析等互动教学活动，也成

为评价学生思政素养的重要途径。这些评价方式能够更全面地反映学生的思政素养和综合能力。此外，对课程思政的评价还注重过程性评价和终结性评价相结合，既关注学生的学习成果，也重视学生的学习过程和表现。当然，当前思政课程的考核也正在向多元化灵活性改革。在不同的教学理念的引导下的不同考核方式，终究是达成相同立德树立教学目标的途径。

除此之外，思政课程与课程思政在师资结构上也存在细微差异。讲授思政课程的教师通常具有政治学、哲学等相关学科背景，他们在思政教育方面有深厚的理论基础和丰富的教学经验。而进行课程思政的教师则来自各个专业领域，他们需要具备将思政教学与专业教学相结合的能力。

在高等教育中，思政课程是不可或缺的一系列主干课程，是社会或社会群体用一定政治观点、道德规范，对其成员施加有目的、有计划、有组织的影响，使他们形成符合一定社会所要求的思想品德的社会实践活动。思政课程是国家在军队以及国家教育系统中所进行的马克思列宁主义理论教育活动，党的路线、方针、政策教育活动，爱国主义、国际主义、革命传统教育和中华优秀传统文化教育活动。课程思政是落实“把思想政治工作贯穿教育教学全过程”“使各类课程与思想政治理论课同向同行，形成协同效应”的重要体现。课程思政实质上是一种课程观，不是增开一门课，也不是增设一项活动，而是将高校思想政治教育融入课程教学和改革的各环节、各方面，实现立德树人润物无声。思政课程和课程思政都是高校思想政治工作的重要组成部分，共同担负着立德树人根本任务，发挥着对大学生的思想价值引领作用，两者的共同目标是把大学生培养成为德智体美劳全面发展的社会主义建设者和接班人。

三、开展课程思政的重要意义

课程思政在新时代高等教育中具有重要地位和作用。它不仅是落实立德树人根本任务的关键环节，也是构建全员、全过程、全方位育人格局的重要形式。通过加强课程思政建设，可以推动高等教育内涵式发展，提升人才培养质量，促进教师专业发展。

从教育部到地方教育厅，关于课程思政的官方文件较多，都从不同角度分析和阐述了课程思政的重要性和开展的意义。这些文件为课程思政的具体实施提供了科学权威的方向指引。

2020年5月，教育部印发《高等学校课程思政建设指导纲要》（教高〔2020〕3号）的通知。该文件是指导高等学校课程思政建设的重要文件。文件明确指出："全面推进课程思政建设是落实立德树人根本任务的战略举措。""这一战略举措，影响甚至决定着接班人问题，影响甚至决定着国家长治久安，影响甚至决定着民族复兴和国家崛起。要紧紧抓住教师队伍'主力军'、课程建设'主战场'、课堂教学'主渠道'，让所有高校、所有教师、所有课程都承担好育人责任，守好一段渠、种好责任田，使各类课程与思政课程同向同行，将显性教育和隐性教育相统一，形成协同效应，构建全员全程全方位育人大格局。"文件还强调："课程思政建设是全面提高人才培养质量的重要任务。"文件明确指出，"建设高水平人才培养体系，必须将思想政治工作体系贯通其中，必须抓好课程思政建设，解决好专业教育和思政教育'两张皮'问题。"文件明确课程思政建设目标要求和内容重点：推进习近平新时代中国特色社会主义思想进教材进课堂进头脑、培育和践行社会主义核心价值观、加强中华优秀传统文化教育、深入开展宪法法治教育、深化职业理想和职业道德教育。文件强调了科学设计课程思政教学体系的重要性。文件还针对不同类型的课程（如公共基础课程、专业教育课程、实践类课程）提出了具体的课程思政建设要求。

为了进一步推动课程思政的深入发展和全面提升，中共中央办公厅、国务院办公厅印发了《关于深化新时代学校思想政治理论课改革创新的若干意见》。该意见是深化新时代学校思想政治理论课改革创新的指导性文件。虽然该文件主要聚焦于思政课，但其中也涉及了课程思政的相关内容，如推动各类课程与思政课建设形成协同效应等。教育部办公厅印发了《教育部办公厅关于开展课程思政示范项目建设工作的通知》。该通知旨在推动高校课程思政建设，通过示范项目的引领和带动作用，提升课程思政的整体水平。该文件对课程思政示范项目的申报条件、报送办法等进行了详细规定，并强调了课程授课教师的政治立场、师德师风以及课程教学团队的重要性。

第二节　职业院校课程思政实践研究

一、职业院校课程思政的开展现状

（一）职业院校课程思政的背景与意义

在全球化、信息化快速发展的今天，教育领域面临着前所未有的挑战与机遇。面对复杂多变的社会环境和学生群体，职业院校作为培养高素质技能型人才的重要阵地，其教育理念和教学方法的革新显得尤为重要。课程思政，作为一种将思想政治教育融入专业课程教学全过程的教育模式，近年来在各类教育机构中得到了广泛推广与实践。它不仅有助于提升学生的思想政治素质，还能促进学生专业知识与道德素养的深度融合，为培养德智体美劳全面发展的社会主义建设者和接班人奠定坚实基础。

课程思政的意义在于其打破了传统思想政治教育与专业教育之间的壁垒，实现了知识传授与价值引领的有机结合。通过挖掘专业课程中的思政元素，将社会主义核心价值观、职业道德、工匠精神等思想内容融入教学，使学生在学习专业知识的同时，潜移默化地树立正确的世界观、人生观、价值观。这种教育模式对于职业院校而言，不仅是提升教育质量、增强教育实效性的重要途径，也是适应新时代发展需求、培养高素质技术技能人才的必然要求。

（二）职业院校课程思政现状概述

近年来，随着国家对职业教育的高度重视和课程思政政策的深入实施，职业院校在课程思政方面取得了显著成效。大多数职业院校已将课程思政纳入学校整体发展规划，建立了较为完善的课程思政体系，明确了课程思政的目标任务、内容要求和实施路径。

在课程设置上，职业院校注重将思政元素融入专业课程，通过开设思政课程、专业课程思政化改造等方式，实现了思政教育与专业教育的有机融合。同时，许多职业院校还通过举办思政主题讲座、社会实践、志愿服务等活动，丰富了学生的思政学习形式，增强了思政教育的实践性和吸引力。

然而，职业院校在课程思政实施过程中也面临着一些挑战和问题。一方面，部分教师对课程思政的认识不足，缺乏将思政元素融入专业教学的有效方法和手段；另一方面，思政教育资源相对匮乏，师资力量不足，难以满足课程思政深入发展的需要。此外，学生对课程思政的接受度和参与度也存在差异，部分学生对思政内容缺乏兴趣，影响了课程思政的实施效果。

（三）思政元素融入专业教学情况

思政元素融入专业教学是课程思政的核心环节。在职业院校中，这一环节的实施情况直接影响到课程思政的整体效果。为了将思政元素有效融入专业教学，职业院校采取了多种措施和策略。

首先，加强教师培训，提升教师的思政素养和教学能力。职业院校通过组织专题培训、教学研讨等活动，引导教师深入理解课程思政的内涵和要求，掌握将思政元素融入专业教学的方法和技巧。

其次，深入挖掘专业课程中的思政元素。职业院校鼓励教师结合专业特点和学生实际，深入挖掘专业课程中的思政资源，如职业道德、工匠精神、创新精神等，将其巧妙地融入教学过程。

最后，注重创新教学方法和教学手段，提高课程思政的吸引力和感染力。例如，职业院校采用案例教学法、情景教学法、项目教学法等方法，让学生在参与和体验中感受思政教育的力量；利用现代信息技术手段，如多媒体教学、网络教学平台等，丰富思政教学资源，拓宽学生的学习渠道。

（四）思政教育资源与师资建设

思政教育资源与师资建设是课程思政顺利实施的重要保障。为了加强思政教育资源建设，职业院校积极整合校内外资源，构建多元化、开放式的思政教育体系。一方面，加强与地方政府、企事业单位的合作，共同开发思政教育资源，丰富教学案例和实践基地；另一方面，引入社会优质资源，如邀请行业专家、企业家等进校园开展讲座和交流活动，拓宽学生的视野和思路。

在师资建设方面，职业院校注重培养一支专兼结合、素质优良的思政教师队伍。职业院校通过引进高层次人才、加强在职教师培训等方式，提升思政教师的专业素养和教学能力。同时，职业院校鼓励思政教师与专业教师开展跨学科合作与交流，共同推进课程思政的实施。

（五）学生对课程思政的接受度与反馈

学生对课程思政的接受度和反馈是衡量课程思政实施效果的重要指

标。为了了解学生的真实想法和需求，职业院校通过问卷调查、座谈会等方式收集学生的意见和建议。

从总体上看，大多数学生对课程思政持积极态度。他们认为将思政元素融入专业教学有助于提升个人思想政治素质和职业素养，增强对专业知识的理解和应用能力。同时，学生也提出了一些建设性的意见和建议，如希望课程内容更加贴近实际、教学方法更加灵活多样等。

针对学生的反馈意见，职业院校及时对课程进行了调整和改进。例如，优化课程结构、丰富教学内容、创新教学方法等，以更好地满足学生的学习需求和提高课程思政的实效性。

（六）职业院校课程思政的优化策略与未来方向

职业院校在课程思政方面取得了显著成效，但仍存在一些问题和挑战。为了进一步优化课程思政的实施效果，职业院校需要采取以下策略：

（1）深化对课程思政的认识：加强宣传教育，提高全体师生对课程思政重要性的认识，形成全员参与、共同推进的良好氛围。

（2）构建科学的课程体系：结合专业特点，将思政教育有机融入专业课程，开发具有思政特色的教材与教学资源，确保课程思政的针对性和实效性。

（3）加强师资队伍建设：继续加大教师培训力度，提升思政教师的专业素养和教学能力，同时，鼓励专业教师与思政教师开展跨学科合作与交流，打造一支高素质、专业化的师资队伍，共同推进课程思政的实施。

（4）丰富思政教育资源：整合校内外资源，构建多元化、开放式的思政教育体系，引入社会优质资源，拓宽学生的视野和思路。

（5）创新教学方法和教学手段：根据学生的学习特点和需求，创新教学方法和手段，采用案例分析法、情景教学法、角色扮演法、讨论辩论法、项目教学法等多元化教学方法，以及信息化教学手段，增强课程思政的吸引力和感染力，提高学生的学习积极性和参与度。

（6）建立科学的评价体系：构建科学合理的课程思政评价体系，对课程思政的实施效果进行全面、客观的评价，根据评价结果及时调整和改进教学策略和方法。

展望未来，职业院校课程思政将在不断探索和实践中逐步完善和发展。随着教育改革的不断深入和职业教育体系的不断完善，课程思政将成为职业院校培养高素质技能型人才的重要抓手和有效途径。我们有理由相信，在全体师生的共同努力下，职业院校课程思政的明天将更加美好！

二、立德树人背景下职业院校课程思政的推进探究

2016 年年底习近平总书记在全国高校思想政治工作会议上强调“其他各门课都要守好一段渠、种好责任田，使各类课程与思想政治理论课同向同行，形成协同效应”。这是课程思政概念的第一次权威提出，此后全国各地高校如火如荼地展开了课程思政的研究。课程思政是一项综合性改革，为了扎实有效推进该项改革，有必要从教育的初心和立德树人宏伟目标的视野探寻课程思政的推进途径。

（一）教育的初心就是立德树人

教育，单从字面理解便可彰显其初心，甲骨文中“教”就是拿着鞭子催人行孝，而古代“孝”是一个人善良向好的重要标志，正所谓“百善孝为先”，其本质就是外施内效，由外向内；“育”的本意是妇女生育孩子并将其抚育成人的过程，其本质就是孕育、养育，由内向外。教育正是内外联动，教人成仁的过程。《大学》里讲“大学之道，在明明德，在亲民，在止于至善”，这是传统教育中的重要理念，其目的在于培养圣贤之人，而圣贤的核心就在于道德高尚。

新时代不管是加快教育现代化改革，还是建设中国特色社会主义教育强国，其核心仍然是道德培养，这一点从古到今都未改变。中国教育的根本任务是立德树人。要办好人民满意的教育，解决好“培养什么人、怎样培养人、为谁培养人”这一根本问题，其实质是落实和贯彻好教育立德树人的根本任务。立德是树人的先决条件，一个人最可怕的是失去德性，最可悲的是高学历高水平犯罪，一个人如果品德出现了问题，那么学历越高对社会的危害性反而越大，因此不忘教育初心就是告诫全社会不能忘记教育的根本是立德，教育本身不仅仅包含知识的传承，更包括人性的修养，其根本任务就是立德树人。

（二）课程思政就是教育初心的践行

教育的根本任务是立德树人，这就要求在思政教育的过程中既要充分利用好思政理论课显性教育与课程思政隐性教育两种手段，处理好思政课程和课程思政之间的关系，使之相互作用、互为渗透，多渠道多角度拓展思政教育的空间，提高思政教育的实效性，这一过程其实质就是立德树人根本任务的践行过程。

我们要将思政教育与各类课程的各个教学环节相融合，发挥好显性思政与隐性思政的合效育人功能，构建全课程共同育人的新格局。课程思政的推行实质上要求各类各门课程主动挖掘自身所蕴含的思政教育元素，再将其有机嵌入课堂教学，起到价值观引领、人格培养、爱国主义情怀激发等作用，让学生在所有的课程学习中都能品出“思政味”悟出“思政理”，让立德树人之功效“润物无声”地浸润和影响着学生的成长。

（三）推进课程思政建设的途径

1. 教师是推进课程思政的关键因素

用好思政课程之“盐”、做鲜课程思政之“汤”，靠的还是选好“厨师”、增强“厨艺”。教学盛宴中教师是掌勺人，其“厨艺”则直接关系到教学的效果和质量。实施课程思政，就是在提升厨艺，需要每一位教师的积极参与和有效落实。

（1）加强师德修养，塑造健康人格。教育的终极目的是使人有健全的人格，健康的心态，有一颗善良的充满爱的心。教育工作者，要给学生心灵埋下真善美的种子，引导学生扣好人生第一粒扣子。这就要求教师不仅要学问渊博，还应该道德高尚，发自内心地热爱教育事业，真诚地关心关爱学生思想成长，真心信仰马克思主义的真理力量。让所有教育工作者都能挑起“思政担”，在各专业类别的课程上都能“守好一段渠、种好责任田”，须牢记教育初心，做到“三寸粉笔，三尺讲台系国运；一颗丹心，一生秉烛铸民魂”。

（2）立德树人、立心铸魂。“立德”就是通过正面教育来引导人、感化人、激励人，坚持德育为先，教师要“以德立身，以德立学，以德施教”；“树人”就是通过合适的教育来塑造人、改变人、发展人，坚持以人为本；“立心”就是教师心中要装着学生，关心学生成长，尽心尽责，先学生之忧而忧，后学生之乐而乐；“铸魂”就是教师要有奉献精神，学春蚕，做蜡烛。魂是德的升级版，教师的初心和使命：铸师魂为教育强国，站讲台为学生成才。

（3）为师者应守初心，担使命。教育应该是一个不断向前的过程，但教育永远有一个初心，那就是培养一个好人。

2. 构建思政教学体系是推进课程思政的有力抓手

教学体系是教材体系的升级，它是教师对教材结构和内容进行再创造、再加工后的系统工程，是联系教材与教学，教师与学生的中介。在课程思政的推进过程中，离不开教师对专业课程内容进行思政解读和嵌入思政元素，所以构建思政教学体系是推进课程思政的有力抓手。

（1）认真研读教材、解析思政元素。教材又称课本，是课程执行的依据和根本。从学校课程构成比例上看，非思政理论类课程占绝大多数，高校 80%的课程属于专业课程。每一门专业课程都有与之对应的课程教材，教师多以教材为依据开展课堂教学，学生则大部分时间都在进行专业课程的学习。课程思政的顺利推进，需要教师认真研读专业课程的教材，对教材内容进行梳理，从字里行间提取或解析出思政元素，再将思政元素整合归类，结合专业教学内容，适时适度，自然而然地融入课程教学。

（2）更新教学内容，体现时效性。思政教育有个非常明显的特点：时效性强，更新特别快。任何教材的编写、审核和印刷都需要周期，这在一定程度上影响了最新知识的传授。所以，教师在实际授课时应适时调整自己的授课计划，利用信息化手段，开展线上线下教学，或利用数字化教学资源，增补更新教学内容，结合专业特点，讲好中国故事，传递中国声音，最大可能确保将党中央最新决议和政策传递给学生，充分体现时效性。

（3）设计教学体系、突出针对性。每一门课程都是共性和个性的统一体，既有属于自己的专业领域的独特性，也有社会主义核心价值观传递的共性。在课程思政的推进过程中，教师可结合学科类型和专业特点，对课程教学体系进行有针对性的重点设计。例如，文科类专业课程教学设计中，教师可以突出文化自信、注重道德践履和法治观念培养，引导学生自觉弘扬社会主义核心价值观，坚定走中国特色社会主义法治道路；理工类专业课程教学设计中，教师可以注重培养学生勇于创新、敢于突破、精益求精的大国工匠精神，激发学生科技报国、不畏艰险、追求真理的家国情怀和使命担当。专业课程是课程思政建设的基本载体，教师应结合专业课程特点对教学内容进行梳理整合，挖掘思政元素，构建思政教学体系，以达到润物无声的育人效果。

3. 提升课程思政内生动力

（1）强化课程思政协同育人理念。当前我国正处于社会转型期，呈现出各类矛盾交织化、价值观多元化、社会环境复杂化等特征。这种背景对思政教育提出了巨大挑战，仅仅依靠思政课程教学对大学生进行思政教育显然具有局限性，这就迫切需要各类学科各门课程做到协同育人，共同进行价值引领，使得思政课与其他各类课程在育人上形成协同效应，构建三全育人的新格局。

（2）增强课程思政内容融合的能力。每一门课程都蕴含思政元素，只是程度不同。要将思政元素中的价值理念、道德规范、家国情怀、社会责任等要素融入课程教学，我们应从教学资源的挖掘和教育路径设计上下功夫，利用活的教学资源，提升课程内容和思政元素的内在融合度。例如，教师应关注时政新闻、知晓世界变化，只有教师蓄积了海量的知识库，积累了足够的正能量，才能拓展教材内容，才能运用自如地将“科学故事”演绎成“人文故事”。同时，教师要培育敏锐的观察力，学会巧妙地借助时间节点，将热点话题、关注点、即时新闻等思政元素融入专业课堂。例如，母亲节前后的授课可以讲讲唐代诗人孟郊《游子吟》五言诗的创造背景和含义，以此弘扬中华优秀传统文化中的家国情怀。

（3）精心设计课程思政，创新授课方式方法。对于专业课而言，并不是所有课程的所有章节都完全适合推行课程思政。从时间节点上看，每门课的第一堂课更有利于课程思政的推行；从教材体系上看，课程思政的设计应重点把握每门课程的头和尾，概述和总结部分更容易融合也更容易出彩。所以，课程思政绝对不是生搬硬套，教师应在课程的设计上多思考多下功夫。同时，课程思政的推进，离不开授课方式的创新，高校应探索和创新启发式、讨论式、情景式、任务驱动式等教学方法，了解学生内在需求，与学生的思想动态保持同频共振，选取恰当教学案例，运用学生乐于接受的话语方式，将先进的教学理念、现代的教学手段、新时期时尚元素和以人为本的人文关怀引入课堂教学，实现教师的主导讲授、学生的自主学习、师生的实践互动为一体的优质教学效果。

4. 制度建设为课程思政提供保障

配套的制度是推进课程思政在日常教学中常态化运行的重要保障。首先，做好顶层设计，全校一盘棋。高校应建立健全课程思政的组织管理体制，加强对该项改革的组织和领导。其次，高校应构建学校内部贯通的科学育人体制，实施多学科教学合作激励制度。课程思政建设是一项综合性改革，需要通过各学院各学科之间交流沟通，探索创新出更适合校本特色的实施方案。再次，高校应完善教师培训制度，助推教师自我成长。定期对非思政课程教师或新入职的教师进行课程思政相关的培训，有利于教师观念的转化和创新思维的拓展。最后，高校应通过合理的配套制度保障课程思政的有力实施。高校的职称评定、绩效考核、教学督导等配套制度与课程思政应同向同行，将德育功能指标放在重要位置，力保课程思政实施运行。

课程思政建设是教育的核心任务，也是教育者从教的初心彰显，推行课程思政，决不能停留在表面，既要依靠各种强有力的制度保障，又要提升内生动力。为师者应守住初心，以高标准要求自身，积极引导学生在当前多元文化的交流激荡中形成正确三观，圆满完成立德树人根本任务。

三、中华优秀传统文化在课程思政中的融合途径

中华优秀传统文化博大精深、源远流长，小到一个汉字，大到一则故事、一段历史都包含了深刻的含义。因此，在继承和发扬中华优秀传统文化的过程中，可以尝试将其与高校思政教学进行有效的融合，以将中华优秀传统文化中的哲理和德育案例作为丰富教学资源的途径。为便于论述，笔者对思政教学的现状及两者的融合途径做出分析，以进一步提高思政教学的效果。

中华民族在长达五千年的漫长发展过程中逐渐积累起了丰富的优秀传统文化，这些优秀传统文化不仅凝聚了无数先贤的智慧结晶和宝贵的精神财富，而且成为民族精神的集中表现。因此，继承和发扬中华优秀传统文化，既是个体获得宝贵人生经验和优秀价值观的重要途径，又是时代赋予我们每个人的责任和使命。为探索出高校思政教学的新模式和新方法，笔者尝试将中华优秀传统文化与思政教学进行有效的融合，以期在提高思政教学效果的同时，让学生可以更好继承和发扬中华优秀传统文化。

（一）中华优秀传统文化对思政教学的价值

虽然中华优秀传统文化有广泛的学习价值和推广价值，但在学校的思政教学中，中华优秀传统文化往往有更加具体的表现。究其原因，还在于当代大学生是社会中的特殊群体，其具有受教育程度高，接触最前沿的科学知识和正处于思想、文化教育熏陶阶段的特点，所以将中华优秀传统文化应用于思政教学，可以取到事半功倍的效果。从笔者的教学实践来看，这些价值具体体现在以下三个方面。

1. 加强爱国主义教育

爱国主义教育一直都是思政教学的核心内容，其在培养学生民族情感的同时，可以让学生从小具备强烈的爱国主义情怀和集体荣誉感。而从传

统文化角度来看，历史的进步和朝代的更迭始终让中华民族保持着强大的生命力，这从王昌龄的“黄沙百战穿金甲，不破楼兰终不还”，李贺的“男儿何不带吴钩，收取关山五十州”，文天祥的“山河破碎风飘絮，身世浮沉雨打萍”等诗中可见一斑。学生在学习这些中华优秀传统文化的同时，可以身临其境感受到诗人的一腔热血和爱国主义情怀，进而将中华民族伟大复兴视为自己的使命，并为之不断努力奋斗。

2. 建立和谐的人际关系

中华优秀传统文化中包含以“天下归仁”为核心、“和而不同”为原则的和谐文化精神，其主要内容为：以“仁”为本的身心和谐观、由己及人的群体和谐观以及“天人合一”的宇宙和谐观。对学生而言，其在求学期间需要处理好与老师和同学间的人际关系，在步入工作岗位后，还需要处理好与同事、上下级间的人际关系。这种和谐思想，可以避免学生出现自私自利、猜疑、孤傲的偏激思想，毕竟在社会分工越发细致的当下，只有学会与他人团结互助、合作共事，才能更好完成既定目标，进而为后续的职业发展打好基础。

3. 发扬真善美的优良品质

“追求真善美是文艺的永恒价值”这是习近平总书记在文艺工作座谈会上的重要讲话。所以，教育的本质就是教会学生唯真、求善、赏美。而在应试教育的当下，部分教育工作者脱离了教育的初心，单纯谋求一时的卷面成绩和升学率，这种功利主义和打着为学生着想的“假思想”“假教育”只会让学生成为考试的机器，进而囚禁学生的身心和未来发展。所以，高校要重新引入传统文化中的真善美教育，让学生弥补之前的教育缺陷，通过关爱每一位学生，来使他们健康成长。

（二）将中华优秀传统文化应用于思政教学的可行性分析

思想政治教育一直是学校工作的重难点，特别是在新时期背景下，学生的思想和价值观容易受到多元文化冲突的影响，容易迷失奋斗的方向。比如，个人主义、享乐主义、拜金主义等思想在学生群体中时有出现，这些问题都给学生的人生发展构成负面影响。而中华优秀传统文化中往往包含了塑造人格、培养精神的内容，并且一直是有待于深入挖掘的教育资源宝藏。学校之所以开展思政教育，就是要引导学生树立正确的世界观、人生观、价值观，不断用科学的、先进的思想来武装学生的大脑，提高学生对腐朽思想和外来文化入侵的免疫力，最终让学生具备过硬的自我约束能力和辨别能力。因此，利用好中华优秀传统文化中广为人知的案例，更容易引发学生精神上的共鸣，进而提高思想政治教育的针对性和说服力，以达到教育和警示学生的目的。

（三）学校思政教学的现状

从近些年出现的“老人摔倒扶不扶”“让不让座”等社会热点话题就可以看出，中华优秀传统文化中的尊老爱幼、诚信待人等优秀品质在现今社会受到了重新审视，并且呈现出了被漠视和边缘化的趋向。这种现状虽然离不开自媒体“为博眼球”式的大力宣传，但无疑也从侧面反映了学校思政教育的一些问题。

1. 忽视了对学生的思想教育

在应试教育环境下，诸多学校和老师为了提高学生的成绩，不得不过分强调主课的教学成效，并且以学生成绩来论输赢。更有甚者，思政教学仅存在于课表中，而实际却是其他课程的教学时间。学校忽视了对学生的思想教育，自然无法对学生的思想和行为构成有效的约束。

2. 思政教学内容与实际情况脱节

思想政治教育属于独立的一门学科，其是以现实情况为基础，让学生可以获得宝贵的人生经验。而长期以来，学校思政教学都存在严重的误区，即将思政教育独立出来，一方面根据教材照本宣科，忽视了学生的实际情况和个体特征，无法针对社会热点话题和发生在学生身边的案例做出分析，让学生觉得思政教育的实用性不大；另一方面没有充分发挥出隐性德育教育的作用，这种集中时段的教学无法保障思想政治教育的常态化，而且存在突击性和功利性的嫌疑。

3. 学生受到外来腐朽思想的侵蚀

改革开放让国内更多的人接触到先进思想的同时，也让一些负面的、消极的腐朽思想传播了进来。因为学生群体的身体和心理机能尚未发育完全，所以对这些腐朽思想缺乏有效的辨别能力和抵御能力。学校如果不能净化校园环境，则容易让学生受到外来腐朽思想的侵蚀，进而引发一系列校园问题。

（四）中华优秀传统文化与思政教学的融合途径

基于上述分析，笔者认为可以从以下 6 个方面来实现中华优秀传统文化与思政教学的有效融合，进一步提高学校思政教学的效果。

1. 突出思政教学内容的针对性

中华优秀传统文化中的寓言、故事、名言警句等都蕴含了丰富的哲理，因此可以将这部分内容编写进思政教材，或者由思政老师进行引入分析。比如，针对不诚信、考试作弊等问题，思政老师可以及时引入“言必信，行必果”“一言九鼎”“一诺千金”“一言既出，驷马难追”等称赞诚信的传统美德，以强化学生的诚信意识。学生在了解完这些成语的字面意思和背后的故事后，将会立志要做一个有修养、有道德的人。

2. 完善中华优秀传统文化教育的课程体系建设

当前高校所开展的中华优秀传统文化教育形式较为单一，其主要是体现于语文或基础文化课程中，所以存在学时短、课程种类少、针对性不强等问题。因此，高校要不断完善课堂体系建设，以推动中华优秀传统文化教育的不断发展。首先，增设中华优秀传统文化方面的概述课程，并将其纳为非语言文学专业的必修课程；然后，根据各专业的学科特点，针对性开展中华优秀传统文化教育，提高教学内容的针对性；最后，丰富中华优秀传统文化教育的形式，通过选修课、中华优秀传统文化讲座、学术报告等方式，让学生充分认识到中华优秀传统文化的意义和价值。高校通过这三个方面的课程完善，可有效弥补中华优秀传统文化教育方面的不足。

3. 活用实践教学

老师的“教”和学生的“学”是两个不同的内容，只有做好这两者的结合，才能提高思政教学的效果。在学生“学”的环节，思政老师可以通过实践活动来让学生获得运用和检验所学知识的机会，进一步加深学生的思想道德意识。比如，高校可以组织学生参加思政、德育方面的主题活动，或者定期面向学生做宣传和主题讲座，有条件的学校还可以让学生积极参与公益活动，让学生在实践中做到行知合一。

4. 营造良好的文化氛围

良好的文化氛围对学生的思想和行为起着潜移默化的作用。因此，高校和思政老师要意识到校园环境对学生的影响，以营造出良好的文化氛围。比如，可在校园内张贴宣传标语、设置人文景观，并且鼓励成立发扬中华优秀传统文化的社团，以做好中华优秀传统文化在思政教育方面的渗透作用，让更多的学生有机会接触到中华优秀传统文化。

5. 加强思政教学与其他学科间的融合

部分高校为提高办学质量和社会影响力，将教学重点放在了专业知识和技能的传授上，进而忽视了对学生的文化教育和思政教育，这让高校办学逐渐沦为了功利性的工具。所以，为了让学生形成健全的思想和人格，高校需要加强课程思政建设，让思政之“盐”，融入教育之“汤”，有效拉近各学科间的界限，让学生在接受专业教育的同时，也可以获得思想、性格和行为的良好教育。

6. 优化思政教育的环境

在信息技术不断完善的当下，善用这些先进的技术可以实现对思政教育方法的有效创新，从根本上解决非常态教育的问题。比如，高校可创建中华优秀传统文化教育平台，以实现教育的延伸，通过定期分享中华优秀传统文化相关的知识和内容，让这些信息在学生群体间不断传播，可以更好影响学生的思想情感、价值观和行为习惯。学生在面对丰富多彩的教育活动时，也会表现出更加积极主动的姿态，在潜移默化中接受中华优秀传统文化和思政教育。

综上所述，将中华优秀传统文化与思政教学进行有效的融合，既可以丰富思政教学的内容和方式方法，又可以让学生更好继承和发扬中华优秀传统文化，以达到“文化立世，文化兴邦”的教育目的。而这一融合途径则无疑开辟出了思政教育的新思路和新方法，因此值得对其进行推广和深入研究。

四、教师课程思政能力提升探索

课程思政的执行者是我们的教育工作者，特别是一线教师，所以教师是课程思政的关键。但是从开展的实际效果上看，教师在课程思政的开展过程中面临一些认识层面和实践层面的挑战。

（一）教师是课程思政的关键

1. 教书育人是教师职责所在

德国哲学家雅斯贝尔斯在《什么是教育》一书中提出，“大学有四项任务：一是研究教学和专业知识课程，二是教育与培养，三是生命的精神交往，四是学术。大学的四项任务是一个整体”。细细读来，雅斯贝尔斯理想中的高等教育与中国传统师者之传道、授业、解惑之使命是相契合的，大学的本质在于育人。课程思政的本质就是教师既要“教书”又要“育人”，课程思政要求高校努力构建“全教师、全课堂、全课程”的育人格局。

2. 教师要有强烈的育人担当

落实立德树人根本任务需要高校实施全员、全方位、全过程的思想政治教育和价值引领，绝非只是思想政治理论课的“独角戏”，而是需要各类课程的“大合唱”。因此，推进课程思政需要思政课程与其他各类课程在大学生思想政治教育中形成同频共振与和弦同奏，让所有课程都要上出“思政味”，所有教师都挑起“思政担”。

3. 教师是推进课程思政的关键因素

大学的本义是培养人才。如何落实立德树人根本任务，如何将思想政治工作贯彻教育教学的全过程，需要全校上下的共同努力。课程思政是思想政治工作的重要途径，而教师是课堂教学的第一责任人，直接关系到课堂教学效果和教学质量，直接关系到育人的成效。实施课程思政，体现育人的价值导向，需要每一位教师的积极参与和有效落实。

（二）教师课程思政面临的挑战

1. 认识上的偏差

教师课程思政理念缺乏。个别专业课教师认为思想政治教育工作是思想政治理论课的“主战场”，是思想政治理论课教师的“主业”，学生专业知识的学习掌握与专业技能的提升才是专业课程的职责所在，从而不可避免地出现思政课程与通识课程、专业课程各自为政的局面，影响了高校育人的效果。

2. 导向上的偏失

教师课程思政责任意识淡薄。个别一线教师在谈起大学生思想政治教育的问题时，往往认为这主要是思想政治理论课教师以及班主任、辅导员等学工管理人员的事，将个人置身事外，大学生思想政治教育的责任主体出现割裂和偏差，忽视自身应该承担的育人职责。这与新时代“三全育人”理念和“高校教师要坚持教育者先受教育，努力成为先进思想文化的传播者、党执政的坚定支持者，更好担起学生健康成长指导者和引路人的责任”这一要求存在明显差距，给课堂教学育人主渠道作用的发挥带来挑战。

3. 机制上的偏颇

教师课程思政能力欠缺。在高校推进教育教学综合改革过程中，往往将教师考核评价作为聘任、薪酬、奖励的一项重要内容。在考核评价中，对教师的教学、科研成果和育人成效相比，前者更为容易，更具可操作性。育人工作往往成为一个“软任务”、考核上的“软指标”。在这种考核机制的影响下，教师在繁重的教学、科研任务之下，很难做到“不忘初心”，既教书又育人面临巨大挑战。

（三）教师课程思政能力提升

1. 强化课程思政协同育人的理念

我国社会正处于重要的转型期，各类矛盾交织、价值多元碰撞、社会环境复杂，大学生思想政治工作难度加大，仅仅依靠思政课对大学生进行思想政治教育远远不够，价值引领明显不足，迫切需要发挥各个学科优势，彰显各门课程的特色，实现全体教师、全课程、全课堂、全方位育人，使得思政课与其他各类课程在育人上形成协同效应。

2. 增强课程思政内容融合的能力

每一门课程都不同程度、不同侧面蕴含着丰富的思政元素，将家国情怀、社会责任、道德规范、法治意识、思维品质、科学精神、创新能力、人文精神等要素融入课堂教学，需要我们注重教育路径设计，强化思政元素与日常教学内容之间的融合。

3. 创新课程思政方式方法的能力

教师要充分了解学生的内在需要和思想动态，贴近社会的客观实际和学生的思想实际，以此产生教与学双方的心理共振，才能催发学生良好的接受效果。教育实践离不开教师的话语，教师要选择学生乐于接受的话语方式，创设平等和谐的教育氛围，充分调动学生的积极性、主动性与参与性。运用好恰当的话语方式，教师的思想观念、价值取向往往更易为学生接受与信服，具有事半功倍的效果。

4. 提升课程思政教师自身素养

高校教师要坚持教育者先受教育，努力成为先进思想文化的传播者、党执政的坚定支持者，更好担起学生健康成长指导者和引路人的责任。这对教师“为人师”的责任提出了挑战，所以教师必须加强自身修炼，注重个人知识、素养与能力水平的提升。教师只有不断提升自身育人能力，培育坚定的理想信念，才能引领学生成长。

五、课程思政实施效果的评价体系探索

近年来，国内对课程思政的研究取得了显著进展。在政策层面，党和国家高度重视课程思政建设，出台了一系列政策文件，为课程思政的发展提供了有力支撑。在理论层面，学者们围绕课程思政的内涵、目标、实施路径等方面展开了深入探讨，形成了较为丰富的理论成果。在实践层面，各级各类学校积极开展课程思政实践探索，涌现出了一批优秀案例。然而，对课程思政的评价研究尚处于起步阶段，对于一门课程是否进行了课程思政？程度如何？效果怎样？这些问题还没有统一的评价标准，对课程思政评价也尚未形成完善的评价体系和评价机制。

（一）构建课程思政评价体系的意义

课堂教学作为高校开展育人工作的主渠道、主阵地，是落实立德树人根本任务的基本元素与重要载体。加大对理论课测评的研究工作，探索适应新形势、适合理论课发展特点及规律，秉持“学思用贯通、知信行统一”的理念，构建具有科学性、可行性、广泛性、长期性的高校思政课评价体系，可以在一定程度上保证高校思政课的真实性、客观性、可量化性，进一步促进教学效果。让教学沿着答疑解惑的认知路径层层递进，既突出重点，又突破难点，可以提升学生的获得感和认同感。首先，课程思政评价体系能够作为保障措施，从课程思政实施的顶层设计、组织架构、课堂教学等环节规范和督促相关责任主体把课程思政工作落到实处；其次，课程思政评价体系能够作为衡量标准，对于实际教学过程中的思路设计、实施策略、资源应用等方面的教学质量进行针对性、实效性检验与评估；最后，课程思政评价体系能够作为反馈机制，发挥调节反馈功能，分析教学目标达成情况、教学政策落实情况、教学方式创新情况，在此基础上不断提升育人成效。

作为思想政治教育评价与课程评价的有机合体，课程思政评价既要充分汲取课程评价、教学评价、大学生德育评价、学业评价的有益因子，又要兼顾课程思政（存在形式、实施方式、成果表达等方面）的特殊性。因而，高校必须立足于大学生思想政治素养发展的过程性和综合性以及课程思政的特殊性，以创造性思维和手段设计与实施课程思政评价。

（二）当前课程思政评价体系存在的问题

近年来，各高校对课程思政教学质量评价工作极为重视，制定了相应的规章制度和考核办法，并在实践中不断加以完善。这对建立具有较高政治素质、高尚道德情操和较强业务能力的教师队伍起到了一定的推动作用。然而，一方面，教师课堂教学质量考核是一个多层次、多目标的评价问题，评价涉及的内容较多，评价指标受考评者知识水平、认识能力和个人偏好的直接影响，很难完全排除人为因素带来的偏差。而且，评价指标一般都是定性描述，有鲜明的模糊特征，给具体操作带来一定的困难。虽然部分高校也尝试着将考核指标定量化，但各指标的定量缺乏科学依据。另一方面，考核工作需从不同的侧面进行，客观上就要求分层次进行综合评价，因而课程思政教学评价是一个多层次的模糊综合评价问题。传统的综合评价方法众多，应用也较为广泛，但是没有一种方法能够适合多种场合，解决所有问题，每一种方法都有其侧重点及主要应用领域。如果要解决特定应用领域内的特定问题，必须重新进行系统分析，结合问题的实际情况重新构造合适的模型，并选用合适的算法及软件实现。一些较为简单的评价方法虽然简单易用，涉及的领域较广，但是其缺少理论依据，限制了自身发展。本书提出的基于层次分析法的模糊层次综合评价法，对于课程思政领域教学质量水平的提高，具有积极的理论意义和现实意义，对于其他领域的综合评价方法也可以起到借鉴作用。

（三）高校课程思政评价的原则与理论

课程思政实施中，必须深入贯彻和落实《深化新时代教育评价改革总体方案》精神。在评价的原则上，要坚持为了学生思想政治素养“增值”、基于学生思想政治素养“增值”、围绕学生思想政治素养“增值”，注重发展的过程性和综合性；在评价的理路上，要以学生思想政治素养发展评价为圆心，渐次延展到课程思政课堂教学评价、以课程为单位的课程思政评价、专业课程思政群评价；在评价体系上，应立足系统性并分别从学生、教学和课程视角着眼；在评价标准上，应凸显课程的建设性、教学的形成性、学生的发展性；在评价模式上，要建立目标模式与过程模式合一的学生思想政治素养评价模式、“文本评价+教学观察+客户评价”的教学评价模式和基于协同理念的课程评价模式；在评价结果运用上，应基于循证思路，指向“主阵地”建设即卓越课程思政体系打造，“主力军”建设即学习型、反思型、研究型课程思政教师的造就，以及“主渠道”建设即推动课程思政教学内涵式发展。

首先，以学生思想政治素养发展为中心。作为“三全育人”布局重要组成部分的课程思政，要切实发挥作为大学生思想政治教育“一段渠”和“责任田”的作用，有效促进和支持大学生思想政治素养发展。课程思政要从学生对课程中思想政治教育元素的认知与把握情况、学生基于专业角度的理想信念发展情况、学生基于专业角度对思想政治教育元素的运用能力发展情况等多维度展开对于课程组织模式、教学目标设计、教学管理方法等方面的具体评价。

其次，注重课程评价与教学评价相结合。作为隐性教育的课程思政，是以渗透于专业课程之中的方式存在和运行的，课堂教学则是课程思政由隐而显并发挥作用的主要形式，这就决定了以课程为单元的课程思政评价需立足教学评价。因此，构建基于课程角度和基于教学角度的复合式评价标准体系，有助于更好地发挥课程思政在价值引领、文化输入、启发思考等方面的作用。

再次，注重思想政治教育评价与专业课程评价相结合。课程思政是基于“挖掘、提炼（对专业课程思想政治教育元素的挖掘与提炼）——融入（专业课程）”的路径而形成的，即“寓价值观引导于知识传授和能力培养之中”。因而，课程思政评价中，以课程为单元的评价、立足课堂教学的评价、学生思想政治素养发展评价应分别与专业课程评价、专业课程教学评价、学生专业素养发展评价结合起来。同时，还要与思政课程形成呼应。

最后，注重过程性评价与总结性评价相结合。课程思政不是做“加法”，而是一种方法，应贯穿教育教学全过程。以课程为例，从教学目标设定、教学方法选择、教学过程实施、教学效果评价和教学后的反思都应体现课程思政的要求。以专业为例，培养目标、毕业要求和课程体系是相互支撑的关系矩阵，从总目标到各目标点应能相互支撑。因此，高校开展课程思政应从培养方案、课程体系、制度系统化考虑，通过制度设计、流程优化和氛围营造将思想政治教育融入教育教学全环节，课程育人应与其他育人有机统一。而总结性评价是对课程思政建设、实施和教学全过程的价值判断，一般涉及等级评定，能够完善教育教学激励机制，促进教学实施反馈机制的形成。

（四）AHP 方法下的高职课程思政评价体系的构建

本书基于以上分析，根据职业院校实际情况，尝试通过文献查阅、专家指导等方式，并结合高职课程特点，以成都工业职业技术学院为例，对课程思政进行整体上的定性提炼和定量分析。本书采用层次分析法（analytic hierarchy process，简称 AHP）构建课程思政评价模型，通过教学管理、教学实施、教学反馈三个维度，从主客体两大视角出发，将与课程思政教学效果相关的元素分解成目标层、子目标层、准则层等多级指标，并对同级相邻因子进行定性提炼和定量分析，在量化各评价因子权重的基础上制定衡量效度的评价表，构建相对科学合理的优质课程思政评价体系，为教学管理部门、专业课程建设部门以及课程思政的具体实施者提供参考和借鉴。

1. 评价体系构建的总体思路

本书根据教育部《高等学校课程思政建设指导纲要》中“结合专业特点分类推进课程思政建设”的要求，遵循提出问题—分析问题—解决问题的思路开展研究。

首先，提出问题。在各高校如火如荼地开展课程思政改革几年后的今天，究竟该怎样衡量一门课程或一位专业课教师是否实质性地开展了课程思政教学？开展的效果如何？其次，分析问题。结合高职院校专业课程特点，深入研究育人目标，在深度挖掘提炼专业知识体系中蕴含的思想价值和精神内涵的基础上，从教学管理、教学实施、教学反馈三个维度出发，梳理分析出影响课程思政开展的重要元素。最后，解决问题。①选取评价指标及体系构建：通过提出及分析问题，查阅相关研究，结合专家意见进行筛选和补充后，按三个层次构建评测体系；②进行指标权重的确定及一致性检验：采用 AHP 法构建评价指标重要性的专家判断矩阵，以 1~9 为标度对评价指标进行两两比较，邀请专家为项目集做出权重分配，归一化处理后得出最终的权重集，为了确保结论的合理有效，再对各判断矩阵的归一化权重进行一致性检验；③结果与分析：通过数据分析制定衡量的评价表，进而构建课程思政有效性教学评价体系。

课程思政评价体系构建的总体思路，见图 2-1。

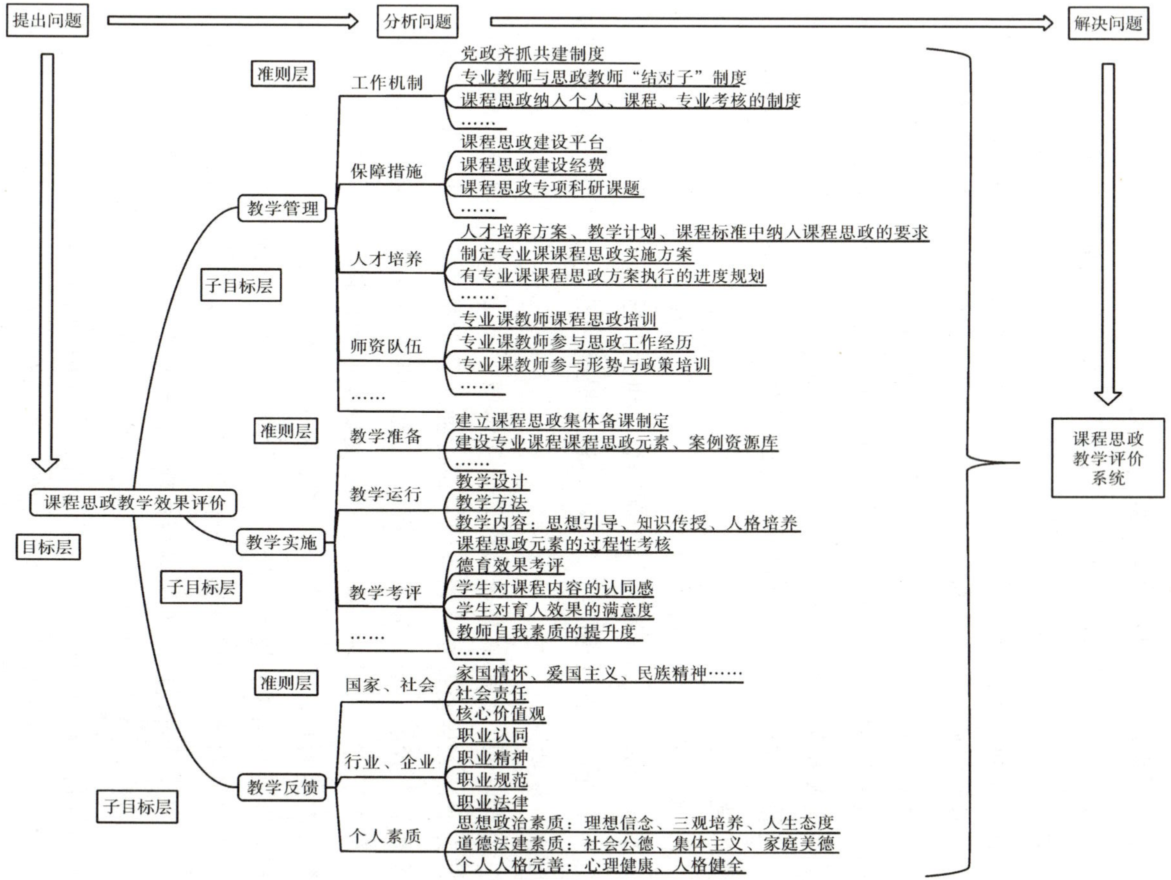

图2-1 课程思政评价体系构建的总体思路

总体说来，本书在明确课程思政逻辑内涵与课程思政评价体系意义原则的基础上，通过教学管理、教学实施、教学反馈三个维度，从高职院校特点出发，挖掘影响课程思政教学效度的关键因子。具体而言，第一，以教学管理为前提，从工作机制、措施保障、人才培养、师资队伍等方面，挖掘构建课程思政评价因子；第二，以教学实施为主线，从教学准备、教学运行（教学设计、教学方法、教学内容）、教学考评等角度出发，梳理影响课程思政效度的因子；第三，以教学反馈为支撑，从国家、社会、行业、个人等课程思政教学受众客体角度出发，反推影响课程思政效度的各级因子。

2. 研究方法和量化考核评价指标

20 世纪 70 年代，美国心理学家托马斯首先将错综复杂的多目标决策问题分解为一个系统，再将一个目标分解为多个目标，最后划分为多个层次的多个标准，基于此，他提出了层次分析法（AHP）。总结起来，AHP 就是通过模糊定量指标法，计算出等级（权重值）和综合排序，确定目标（多指标）和多方案决策系统方法。AHP 主要作为管理学中应用与决策的方法，用于确定评价因子的权重，即通过专业人士对目标因子的重要性进行比较，从而确定各目标因子的权重，最终建立评价框架。

评价体系将课堂所学延伸到学生的专业学习和生活中，与党政工团“齐管共育”，根据学生所学、所思和所行，进行综合评价并将评价记入本人档案，作为学生评奖评优重要标准，成为入党积极分子的重要参考，落实学生的素质学分，通过以上阶段性的“养成型”评价活动，使学生真正做到“知信行统一”。为使得评价结果更为科学合理，本书以高职院校思政课的过程性考核指标为基础，向从事思想政治教育的专家学者进行问卷调查问询，最终确定课堂教学、实践教学、网络教学、专题讲座、社会贡献 5 个因子为评价体系的准则层。

3. 实践案例与效果评估

以下研究均以成都工业职业技术学院思政课的过程性考核评价指标为例。经过研究，本书选定了成都工业职业技术学院的马克思主义学院教授、副教授 6 人以及四川师范大学、西南民族大学博士等 3 人，共 9 人作为专家测评组成员，试着运用 AHP 对课程思政的评价体系进行探索研究。

（1）思政课程过程性考核评价案例。

根据景观评价要素（评价因子），结合专家组意见，本书构建了成都工业职业技术学院思政课程过程性考核综合评测体系。

第一层次为目标层，是成都工业职业技术学院思政课程过程性考核综合评测体系评价指标（U），本指标为此次体系构建的总目标。

第二层次为子目标层，其中 5 个测评项目分别为课堂教学（S_1）、实践教学（S_2）、网络教学（S_3）、专题讲座（S_4）、社会贡献（S_5）。

第三层次为指标层，是综合文献资料、实地调查、专家意见等梳理出 15 项因子，将子目标进行分解后形成的具体评测指标。

在每两个元素之间引入标准进行相对比较，将各因素之间分别两两一组进行比较，最终得出量化的判断矩阵。

9 名专家分别为子目标层内的因素的重要性进行评比，综合每位专家给出的因素权重比取平均数，根据每两元素间的相对比较，由此得出判断矩阵，利用 AHP 得出每个子目标层因素的权重；同理对每个子目标层因素做权重分配；归一化处理后得出最终的权重集。

为了确保结论的合理有效，本书对各判断矩阵的归一化权重进行一致性检验。

计算公式：
$$C.R=(C.I)/(R.I) \tag{2-1}$$
其中，$C.I=(\lambda max-n)/(n-1)$。

经计算，三个层级的指标相对重要性在矩阵的一致性检验均能通过，所以代表权重计算的合理性和科学性。思政课程过程性考核综合测评体系模型，见表 2-1。

表 2-1 思政课程过程性考核综合测评体系模型

目标层	子目标层		指标层		
	因素	权重	因素	权重	归一化权重
思政课程过程性考核综合测评体系评价指标（U）	课堂教学（S_1）	0.401	考勤 I_{11}	0.133	0.054
			课堂互动 I_{12}	0.399	0.162
			期中测试 I_{13}	0.468	0.190
	实践教学（S_2）	0.252	考勤 I_{21}	0.212	0.052
			实践报告 I_{22}	0.376	0.092
			小组汇报 I_{23}	0.412	0.101
	网络教学（S_3）	0.198	慕课学习 I_{31}	0.534	0.103
			学习通预习复习测试 I_{32}	0.466	0.090
	专题讲座（S_4）	0.102	考勤 I_{41}	0.219	0.023
			现场互动 I_{42}	0.200	0.021
			讲座笔记 I_{43}	0.210	0.022
			心得体会 I_{44}	0.371	0.039
	社会贡献（S_5）	0.047	好人好事 I_{51}	0.345	0.018
			参军入伍 I_{52}	0.212	0.011
			申请入党 I_{53}	0.231	0.012
			其他对社会贡献情况 I_{54}	0.212	0.011

本书根据思政课程过程性考核综合测评体系模型结合研究对象实际情况，总结形成思政课程过程性考核评价指标，见表 2-2。

其中：课堂教学、实践教学、网络教学的数据通过学习通平台实现全过程数据采集和即时评价，专题讲座和社会贡献根据实际情况赋予学生相应的分值。

本书根据以上成都工业职业技术学院思政课程过程性考核综合评测体系评价指标的计算进行量化考核，提出赋分建议。

过程性考核（50%）：课堂教学（40%）+实践教学（25%）+网络教学（20%）+专题教学（10%）+社会贡献（5%）。过程性考核通过学习通平台实现全过程数据采集和即时评价，课堂教学由考勤、课堂互动和期中测试组成，实践教学由考勤、实践报告和小组展示组成，网络教学由慕课学习和学习通预习复习测试组成，专题讲座由考勤、现场互动、讲座笔记和心得体会等组成，社会贡献由好人好事、参军入伍、申请入党和其他对社会贡献情况。

表 2-2　思政课程过程性考核评价指标

总分	一级项目	分值	二级项目	分值
100	课堂教学（S_1）	40	考勤 I_{11}	5
			课堂互动 I_{12}	15
			期中测试 I_{13}	20
	实践教学（S_2）	25	考勤 I_{21}	5
			实践报告 I_{22}	10
			小组汇报 I_{23}	10
	网络教学（S_3）	20	慕课学习 I_{31}	10
			学习通预习复习测试 I_{32}	10
	专题讲座（S_4）	10	考勤 I_{41}	2
			现场互动 I_{42}	2
			讲座笔记 I_{43}	2
			心得体会 I_{44}	4
	社会贡献（S_5）	5	好人好事 I_{51}	2
			参军入伍 I_{52}	1
			申请入党 I_{53}	1
			其他对社会贡献情况 I_{54}	1

（2）专业课课程思政量化考核建议。

本书通过教学管理、教学实施、教学反馈三个维度，从高职院校特点出发，挖掘影响课程思政教学效度的关键因子。

以教学管理为前提，从工作机制、措施保障、人才培养、师资队伍等方面，构建课程思政评价因子。

以教学实施为主线，从教学准备、教学运行（教学设计、教学方法、教学内容）、教学考评等角度出发，梳理影响课程思政效度的因子。

以教学反馈为支撑，从国家、社会、行业、个人等课程思政教学受众客体角度出发，反推影响课程思政效度的各级因子。形成“三层次”权重量化表，见表 2-3。根据表 2-3 的权重量化表，以满分 100 分进行评分细化，得出“三维度”考核评分细则，见表 2-4。

表 2-3 “三层次”权重量化表

目标层	子目标层		指标层		
	因素	权重	因素	权重	归一化权重
课程思政教学效果评价	教学管理	0.371	党政齐抓共育制度	0.034	0.013
			专业教师与思政教师“结对子”制度	0.099	0.037
			课程思政纳入个人、课程、专业考核的制度	0.068	0.025
			课程思政建设平台	0.081	0.030
			课程思政建设经费	0.096	0.036
			课程思政专项科研课题设置	0.092	0.034
			人才培养方案、教学计划、课程标准中纳入课程思政的要求	0.034	0.013
			制定专业课程思政实施方案	0.066	0.023
			有专业课程思政方案执行的进度规划	0.119	0.044
			专业课教师课程思政培训	0.128	0.047
			专业教师参与思政工作经历	0.112	0.042
			专业教师参与形势与政策培训	0.071	0.026
	教学实施	0.401	建立课程思政集体备课制度	0.094	0.038
			建设专业课程“思政”元素、案例资源库	0.101	0.041
			教学设计	0.071	0.028
			教学方法	0.082	0.033
			教学内容（包括思想引领、知识传授、人格培养等方面）	0.112	0.045
			课程思政元素的过程性考核	0.031	0.012
			德育效果考评	0.061	0.023
			学生对课程内容的认同感	0.361	0.145
			学生对育人效果的满意度	0.079	0.032
			教师自我素质的提升度	0.008	0.003
	教学反馈	0.228	家国情怀、爱国主义、民族精神	0.1	0.023
			社会责任	0.1	0.023
			核心价值观践行	0.1	0.023
			职业认同	0.1	0.023
			职业精神	0.1	0.023
			职业规范	0.1	0.023
			职业法律	0.1	0.023
			思想政治素质（包括理想信念、三观培养、人生态度等）	0.1	0.023
			道德法律素质（包括社会公德、集体主义、家庭美德、法律精神等）	0.1	0.023
			个人人格完善（包括心理健康、人格健全等）	0.1	0.023

表 2-4 “三维度”考核评分细则

总分	一级项目	分值	二级项目	分值
100	教学管理	37. 1	党政齐抓共育制度	1. 3
			专业教师与思政教师“结对子”制度	3. 7
			课程思政纳入个人、课程、专业考核的制度	2. 5
			课程思政建设平台	3. 0
			课程思政建设经费	3. 6
			课程思政专项科研课题设置	3. 4
			人才培养方案、教学计划、课程标准中纳入课程思政的要求	1. 3
			制定专业课程思政实施方案	2. 3
			有专业课程思政方案执行的进度规划	4. 4
			专业课教师课程思政培训	4. 7
			专业教师参与思政工作经历	4. 2
			专业教师参与形势与政策培训	2. 6
	教学实施	40. 1	建立课程思政集体备课制度	3. 8
			建设专业课程“思政”元素、案例资源库	4. 1
			教学设计	2. 8
			教学方法	3. 3
			教学内容（包括：思想引领、知识传授、人格培养等方面）	4. 5
			课程思政元素的过程性考核	1. 2
			德育效果考评	2. 3
			学生对课程内容的认同感	14. 5
			学生对育人效果的满意度	3. 2
			教师自我素质的提升度	0. 3
	教学反馈	22. 8	家国情怀、爱国主义、民族精神	2. 3
			社会责任	2. 3
			核心价值观践行	2. 3
			职业认同	2. 3
			职业精神	2. 3
			职业规范	2. 3
			职业法律	2. 3
			思想政治素质（包括理想信念、三观培养、人生态度等）	2. 3
			道德法律素质（包括社会公德、集体主义、家庭美德、法律精神等）	2. 3
			个人人格完善（包括心理健康、人格健全等）	2. 3

实际效果：AHP 下的高职院校课程思政评价体系与“四位一体”教学模式相结合，进一步推进学校课程思政建设。团队老师积极参与全校 20 门课程思政示范课建设工作，给各二级学院积极探索课程思政提供了示范引领作用。AHP 的课程思政评价体系的制定与学校“三全育人”理念紧密结合，是学校“三全育人”体制机制和“大思政”建设的生动实践，有效地将各个相关部门的资源形成了合力，对于“三全育人”持续深入推进起到了助力和示范作用。同时，该评价方式也对其他学校提供了一些可复制的借鉴。团队成员多次在全省各类思政课研讨会上分享以该门课程为依托的课程改革和课程思政建设经验。本书对 1+1 结对模式、不同课程性质课程思政元素整合、实施策略、保障机制和评价模式进行探究和实践，旨在探索并总结形成可复制、可借鉴、可推广的教学改革成果。

对课程思政效果的评估应采用多种方法相结合的方式。例如，通过问卷调查了解学生对课程思政的满意度和收获；通过作业评价、课堂观察等方式评估学生的思想政治素养提升情况；通过项目实践评价等方式评估学生在实践中的表现和能力。同时，还可以结合学校的综合考核体系对课程思政进行整体评价。

4. 存在问题与未来展望

当前课程思政评价研究仍存在一些问题。一是评价体系不完善，缺乏统一的标准和指标；二是评价方法单一，难以全面反映课程思政的实际效果；三是评价主体单一，缺乏多方主体的共同参与；四是评价结果运用不足，未能充分发挥评价的激励和导向作用。未来课程思政评价研究应重点从以下几个方面进行探索：一是进一步完善评价体系和标准构建；二是探索多元化的评价方法和技术手段；三是加强多方主体的共同参与和协同评价；四是强化评价结果的运用和反馈机制。同时，还应注重借鉴国外先进经验和实践案例，推动我国课程思政评价研究不断迈上新台阶。

第三节　高职院校课程思政的价值内涵、现状问题与实践路径研究

——“不忘初心、牢记使命”主题教育调研报告

为贯彻落实中央和省委、市委、学校“不忘初心、牢记使命”主题教育部署要求，把学习贯彻习近平新时代中国特色社会主义思想作为主题教育的主线，体现到学习教育、调查研究、检视问题、整改落实各方面，全面把握“守初心、担使命，找差距、抓落实”的总要求，坚持抓思想认识到位、抓检视问题到位、抓整改落实到位、抓组织领导到位，深化“大学习、深调研、真落实”活动，由学校党委副书记牵头、马克思主义学院配合，结合国家、省及学校推进课程思政实践中的热点难点，以“高职院校课程思政的价值内涵、现状问题与实践路径研究”为主题，深入开展调查研究，深刻剖析现状、问题及成因，着力解决学校课程思政实践过程中的内涵价值认识、实践路径策略、保障条件机制、特色与创新等问题，为学校贯彻落实立德树人根本任务、健全全员全过程全方位育人的体制机制、加强思想政治工作和提高思政课程与课程思政教学实效等工作，提供科学决策参考及理性认知与实践策略指导，努力培养德智体美劳全面发展的社会主义建设者和接班人。

一、调查研究的基本情况

（一）调研对象与方法

面向学校全体教师和学生开展调研，采取座谈会和网络调研两种方法。座谈会参会对象包括各教务处（科研处）、学生处等相关职能部门代表，二级学院教学管理人员或教师代表，思政课教学部教师代表等。网络调研使用问卷星发布问卷，教师和学生自愿参与。数据分析采用问卷星自带数据分析功能。

（二）问卷设计

问卷分为教师版和学生版两类。教师版问卷调查内容包括个人基本信息（职称、学历、专业等）、对于各类课程中融入思想政治教育理念的态度、大学课程对学生价值观方面起到的作用、在教学过程中与思政课程的

协同情况等 21 个问题。学生版问卷调查内容包括个人基本信息（性别、年级、专业等）、各类课程对个人人生观价值观世界观的影响和启发作用等 17 个问题。调查内容主要围绕师生对课程思政的认识理解、价值认同、问题建议等设计。

（三）调研结果

座谈会参会人员共 50 余人，收集意见建议 100 余条。参与问卷星问卷调查共计 5 246 人，其中教师 312 人，学生 4 934 人，均为有效问卷。

二、课程思政认识与实践的现状及问题分析

（一）学生问卷结果分析

1. 喜欢的课程类型

在六类课程中，学生最喜欢的课程是专业课，其次是思政课，见图 2-2。一方面，说明学生对思政课的认同度较高，另一方面，表明学校实施课程思政有一定的基础条件。

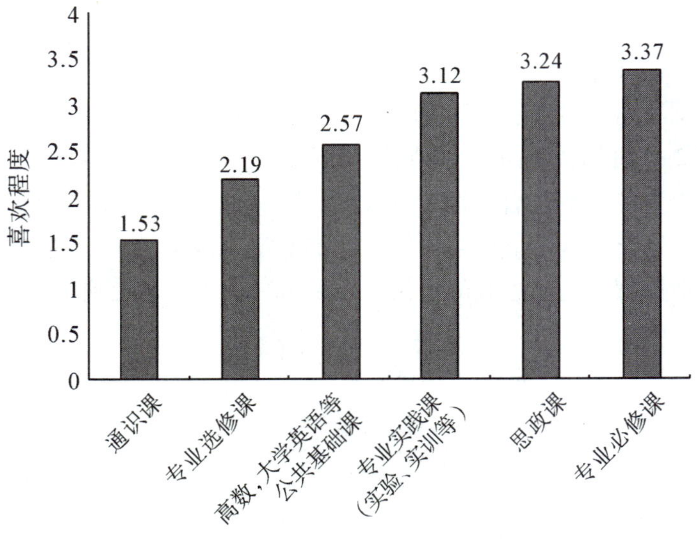

图 2-2　学生喜欢的课程类型

2. 各类课程对个人的人生观、价值观、世界观的影响和启发作用

（1）公共基础课。

公共基础课对学生“三观”影响和启发的认同度，见图 2-3。

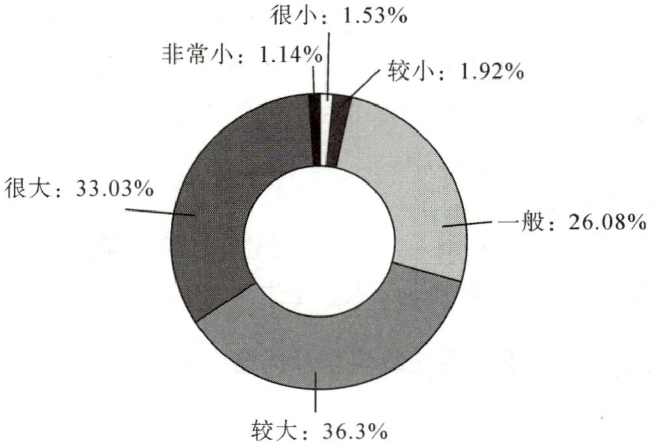

图 2-3　公共基础课对学生“三观”影响和启发的认同度

由图 2-3 可知，69. 33%的受访学生认为公共基础课对个人的人生观、价值观、世界观的影响和启发作用较大或者很大；认为较小和很小的学生仅占 1. 92%和 1. 53%。这说明学生对于公共基础课在个人“三观”形成方面的影响和启发作用是比较认同的。

（2）专业课程。

专业课程对学生“三观”影响和启发的认同度，见图 2-4。

由图 2-4 可知，68. 42%的受访学生认为专业课程对个人的人生观、价值观、世界观的影响和启发作用较大或很大；认为较小和很小的学生仅占 2. 18%和 1. 22%。这个结果与我们平常的看法有较大差异，这说明，事实上，在专业课程中进行思政的价值引导是可行的，也是受到学生认同的。

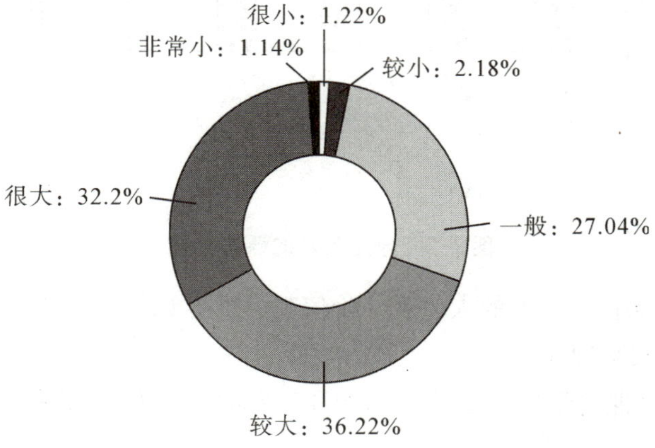

图 2-4　专业课程对学生“三观”影响和启发的认同度

（3）思政课程。

思政课对学生“三观”影响和启发的认同度，见图 2-5。

由图 2-5 可知，受访学生对于思政课程在个人的人生观、价值观、世界观的影响和启发作用认同度较高，认为作用很大和较大的分别占 41.76%和 34.99%，明显高于公共基础课和专业课；认为作用较小和很小仅占 1.4%和 1.05%。这说明学校思政课程教学的效果还是比较受学生的认同。

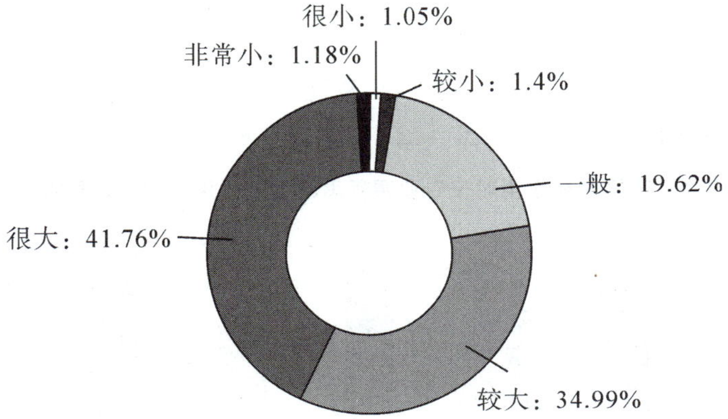

图 2-5　思政课程对学生“三观”影响和启发的认同度

（4）不同专业学生对于专业课程思政教育作用认同度差异。

不同专业学生对于专业课程思政教育作用认同度差异雷达图，见图 2-6；不同专业学生对于专业课程思政教育作用认同度差异数据图，见图 2-7。

目前学校共开设 29 个专业，不同专业之间专业课程差异较大，不同专业课程的课程思政效果也不尽相同。因此，比较不同专业学生对于专业课程思政教育作用认同度差异，可以观测当前哪些专业课程思政效果受到学生认同，以及哪些专业可能更便于实施课程思政。由图 2-6 和图 2-7 可知，财经类、物流类、汽车类专业学生对专业课程思政教育效果认同度较高，建筑类、信息类、装备类、轨道交通类专业学生对专业课程思政教育效果认同度较低。这说明，在推进课程思政实践时，不仅要考虑不同课程的作用差异，还要考虑不同专业、不同专业课程的作用差异，分类实施，因材施教。

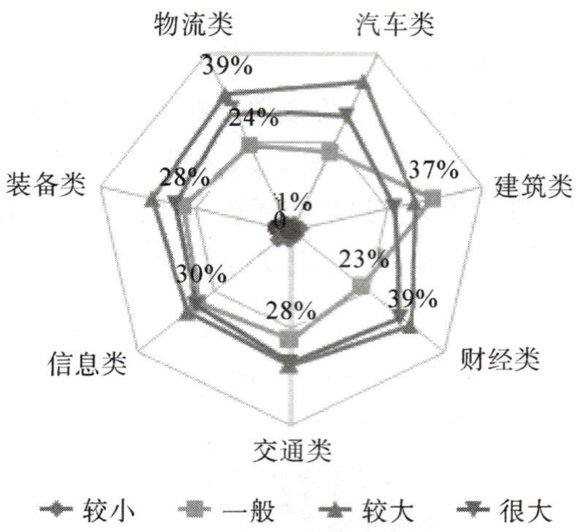

图 2-6　不同专业学生对于专业课程思政教育作用认同度差异雷达图

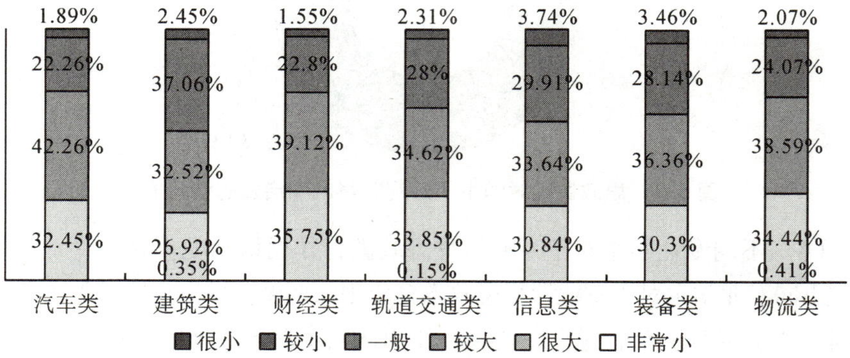

图 2-7　不同专业学生对于专业课程思政教育作用认同度差异数据图

3. 对老师在专业课程中讲解社会热点和科技前沿的期望度

对老师在专业课程中讲解社会热点和科技前沿的期望度，见图 2-8。

由图 2-8 可知，分别有 36.3%和 33.03%的受访学生表示对老师在专业课程中讲解社会热点和科技前沿的期望度较大或很大，期望度较小的仅占 1.92%。这说明，学生对于在专业课程教学中实施思政教育是持欢迎和期望态度的。

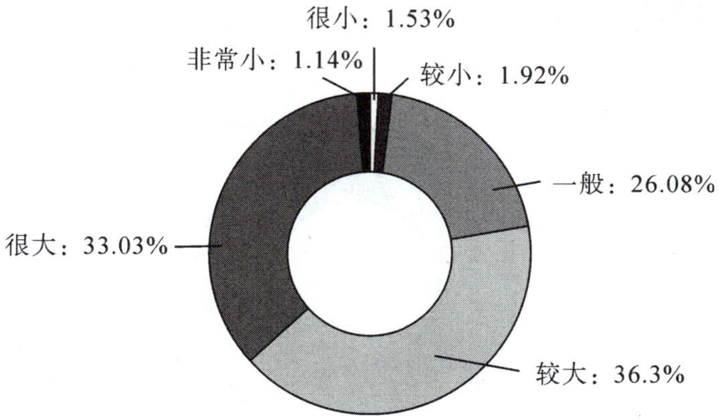

图 2-8　对老师在专业课程中讲解社会热点和科技前沿的期望度

4. 专业课程中对价值观影响最大的形式或内容

专业课程中对价值观影响最大的形式或内容，见图 2-9。

由图 2-9 可知，46. 84%的受访学生认为案例故事是对他们价值观影响最大的形式或内容，其次是理论知识（21. 94%）、课堂活动（13. 15%）、教师点评（6. 92%）、课堂讨论（5. 88%）和同学分享（4. 18%）。

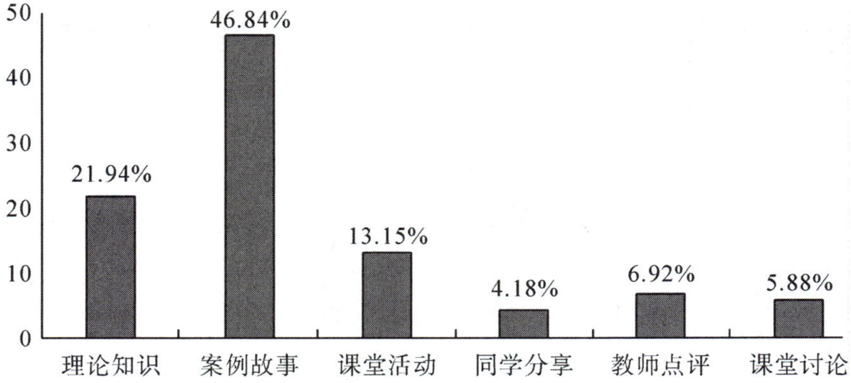

图 2-9　专业课程中对价值观影响最大的形式或内容

（二）教师问卷结果分析

1. 对课程思政的了解度

对课程思政的了解度，见图 2-10。

由图 2-10 可知，在填写问卷之前，对课程思政“比较了解”的比例最高，占 53. 33%；“一般”的占 28. 89%；“非常了解”和“不太了解”分别占 11. 11%和 6. 67%。数据呈正态分布，反映出学校前期宣传、推进课程思政工作取得一定成效。

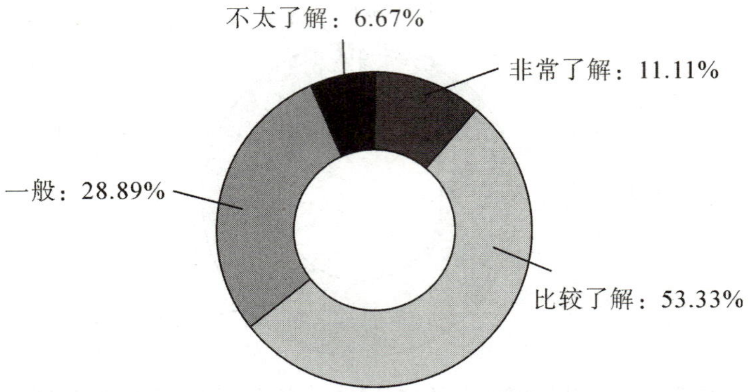

图 2-10　对课程思政的了解度

2. 对于各类课程中融入思想政治教育理念的态度

对于各类课程中融入思想政治教育理念的态度，见图 2-11。

由图 2-11 可知，绝大多数教师对于各类课程中融入思想政治教育理念的态度是积极正向的，有 91. 11%的教师认为“需要，有利于对学生价值观的引领，促进学生知行合一”；仅 8. 89%的教师认为“只需要在思想政治理论课、综合素养课等中进行教育引导即可，专业课程应保持‘价值中立’”。

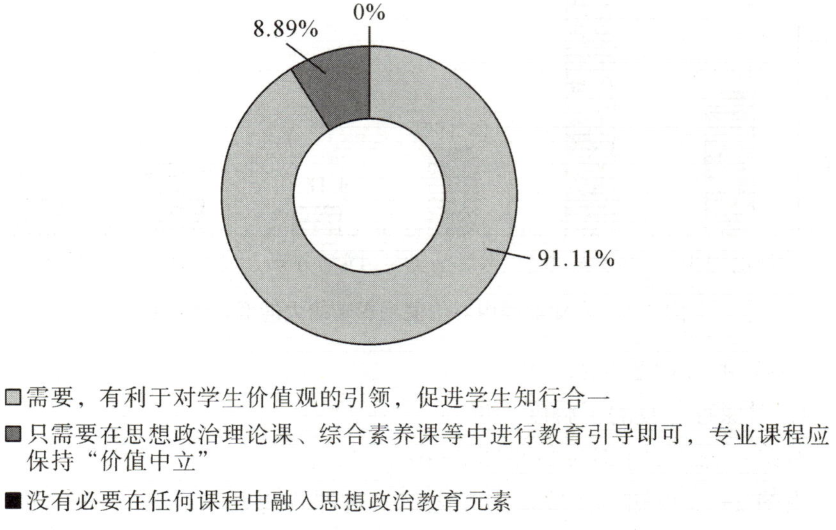

图 2-11　对于各类课程中融入思想政治教育理念的态度

3. 大学课程对学生价值观方面起到的作用

大学课程对学生价值观方面起到的作用，见图 2-12。

由图 2-12 可知，95.56%的教师认为，大学生价值观还不稳定、不成熟，课程在影响大学生价值观形成方面能够产生作用，仅 4.44%的教师认为，大学生价值观已基本稳定，课程能起到的作用不大。数据反映出绝大多数教师认同课程对于学生价值观引领的积极作用，也就说明开展课程思政是必要和可行的。

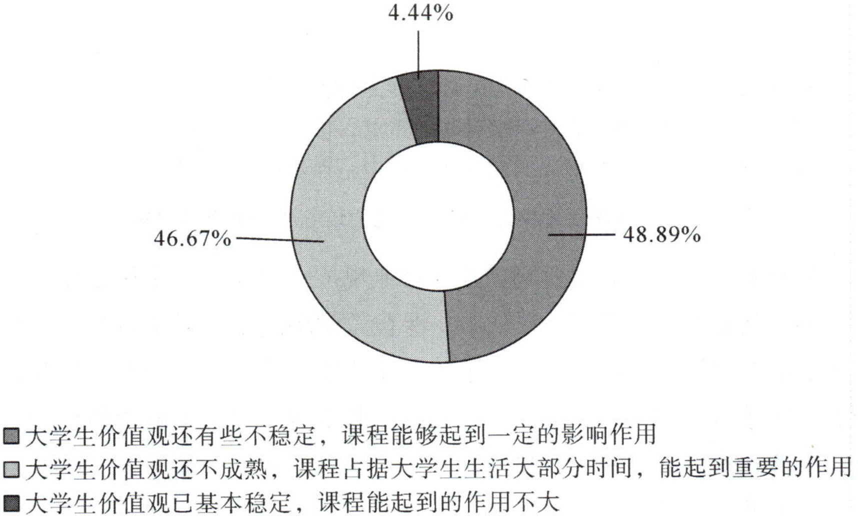

图 2-12　大学课程对学生价值观方面起到的作用

4. 大学课程中知识传授、能力培养和价值引领的关系

大学课程中知识传授、能力培养和价值引领的关系，见图 2-13。

由图 2-13 可知，15.56%的教师认为，知识传授和能力培养是大学课程的重点基础，价值引领配合即可、点到即可；84.44%的教师认为，三者缺一不可，知识传授是基础，能力培养是根本，价值引领是核心。从数据看，虽然大多数教师认同，但仍然有一定比例教师认为课程是以知识传授和能力培养为重点的，低估了价值引领的重要性。这可能会对实施课程思政产生一定的消极影响。

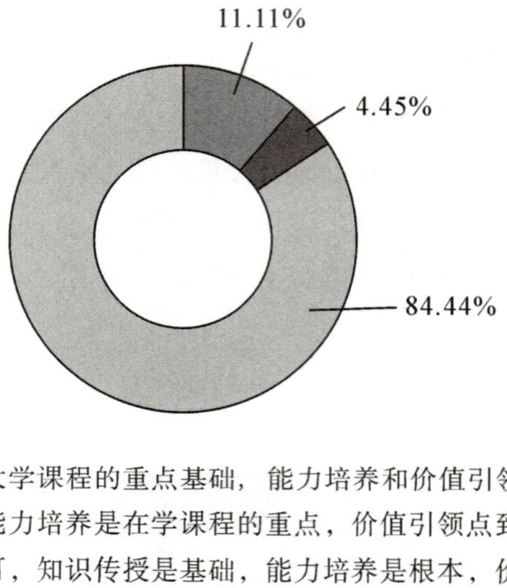

图 2-13 大学课程中知识传授、能力培养和价值引领的关系

5. 课程是否应增强对学科精神、行业规范、职业道德等方面的教育

参与问卷调查的教师一致认为，课程教学中应增强对学科精神、行业规范、职业道德等方面的教育。这与上述低估价值引领作用的数据对比看似有一定矛盾，实则反映出，教师其实并非不赞成课程中的价值引领，而是不太清楚价值引领的内涵和内容，因为学科精神、行业规范、职业道德等方面的教育本身就是一种价值引领。

6. 如何看待“课堂要有正确的政治方向”

如何看待“课堂要有正确的政治方向”，见图 2-14。

由图 2-14 可知，68. 89%的教师认为，“正确，无论自己持什么样的观点，在课堂上都应向学生宣传社会主义核心价值观的理念”；28. 89%的教师认为，“辩证分析，要让学生知道社会存在问题，也要帮助学生树立社会发展的信心”；仅 2. 22%的教师认为，“错误，课堂本就应观点争鸣，对于政治方向也是如此”。这个数据要引起重视，虽然持反对观点人数比例很低，但是这种观点是错误的，是对教育“培养什么人、怎样培养人、为谁培养人”认识不到位的集中体现，会妨碍课程思政的有效实施。

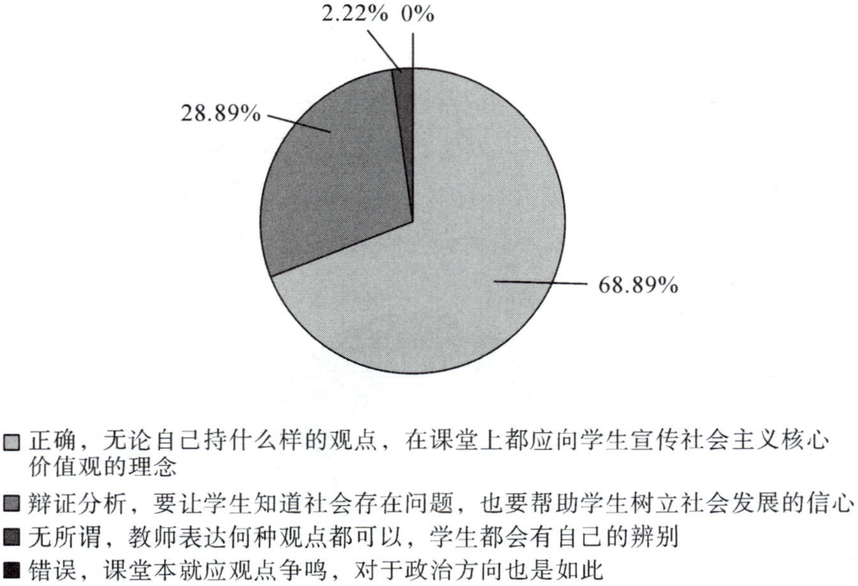

图 2-14　如何看待“课堂要有正确的政治方向”

7. 课程教学中课程思政的实施情况

课程教学中课程思政的实施情况，见图 2-15。

由图 2-15 可知，在课程教学中，有清晰的价值引领目标的仅有 46.67%，不到一半；视情况而定，部分内容具有价值引领目标的占 22.22%。这说明，虽然教师对于课程思政目标或作用是认同的，但是在实施教学时，能够做到的其实不多。

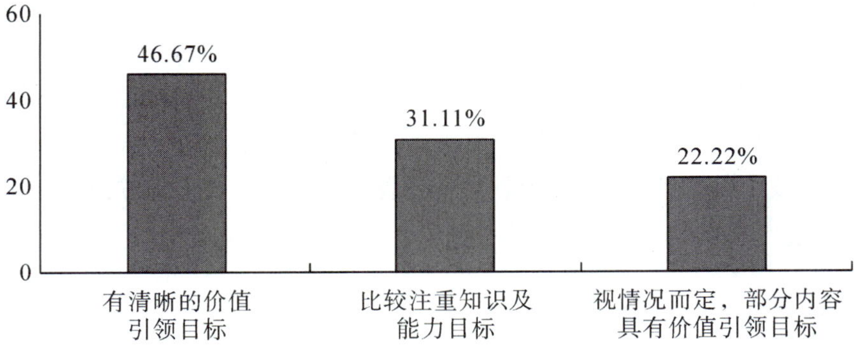

图 2-15　课程教学中课程思政的实施情况

8. 在教学过程中与学工、团委教师的协同情况

在教学过程中与学工、团委的教师的协同情况，见图 2-16。

由图 2-16 可知，82.22%的教师在教学过程中与学工、团委的教师有过多种形式的协同，但仍有 17.78%的教师在教学过程中，与学工、团委的教师“没有联系，各自负责各自的工作，没有过多交集”。这反映出学校思想政治教育的协同机制还有待进一步完善。

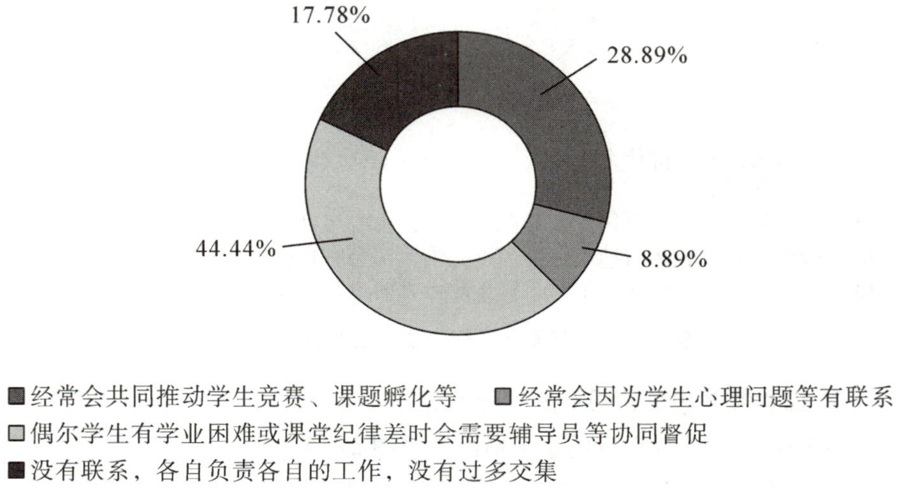

图 2-16　在教学过程中与学工、团委的教师的协同情况

9. 在教学过程中，与思政课的协同情况

在教学过程中，与思政课的协同情况，见图 2-17。

由图 2-17 可知，“比较清楚思政课授课方向和内容，并能做到与之呼应”的教师仅占 37.78%，“大概清楚思政课授课方向和内容，并能保证政治方向”的占比 37.78%，“不太清楚思政课授课方向和内容，但能保证正确导向”的占比 24.44%。数据反映出，在思政课程与课程思政的关系认识、思政课程的引领作用以及教师自身思想政治理论修养等方面，存在较大不足。

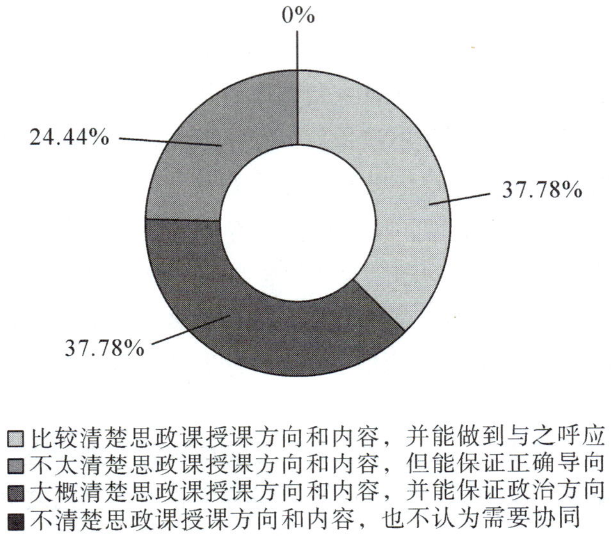

图 2-17　在教学过程中，与思政课的协同情况

10. 开展课程思政的顾虑

开展课程思政的顾虑，见图 2-18。

由图 2-18 可知，“不知道课程中有哪些地方可以挖掘或融入思政元素”的占 53.33%；担心课程会“泛思政化”的占 48.89%；担心有心无力，没有好的机制和平台保障和推动实施的占 51.11%；担心没有好的制度和激励措施的占 40%。数据说明，缺乏方法是制约课程思政实施的主要因素，同时平台保障和激励制度也是教师比较关心的问题。

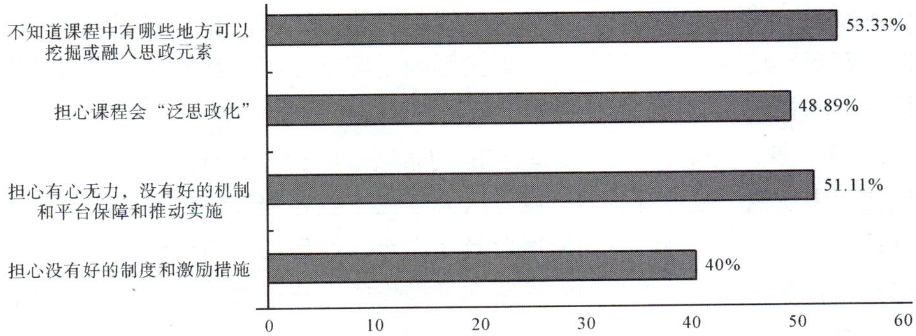

图 2-18　开展课程思政的顾虑

（三）教师座谈会意见分析

针对学校当前课程思政实践中的各类问题，参加座谈会的教师围绕“三教三学”，提出的问题和建议主要有以下几类：

（1）认识理解类。课程思政是什么？一般都认为是在专业课程教学中进行思政的教育。课程思政与思政课程的关系是什么？是在专业课程中进行思政课程的教育还是其他？由此产生，专业课程中哪些内容或因素可以加工成为思政教育要素等问题以及课程思政与思政课程的边界问题。

（2）实践策略方法类。这一类主要关注怎么具体实施，例如专业课程内容如何处理、思政教育内容如何在教学过程中进行、专业课程中的思政教育是零散的还是系统的等问题。

（3）机制保障类。这一类主要关注专业课教师实施课程思政的动力激发、权益保障等，以及思政部和其他部门与专业教学部门之间的协作、指导和配合机制等。

（四）现状和问题概述

综合学生和教师问卷调查及现场座谈会等材料，可以对当前成都工业职业技术学院推进课程思政工作中的现状和问题概述如下：

（1）大多数学生和老师对实施课程思政持认同态度，同时也认为课程思政对于学生“三观”形成有重要的影响和启发作用，应坚持正确的政治方向。但也有很少教师认为“课堂本就应观点争鸣，对于政治方向也是如此”。

（2）多数教师对于课程思政有所了解，但是对其内涵的理解却不够深入。在认识层面，课程思政与以往的学科育人之间的联系、课程思政的来源及背景、课程思政的目的及意义、课程思政与思政课程之间的关系等问题，都还比较模糊。认识的模糊直接影响了实践的路径和方法，导致实践层面的困扰。

（3）多数教师对于课程思政实践的策略理解较为直观或感性，即在专业课程中挖掘思政教育要素，或者认为是在专业课程教学过程中讲解政治理论。因此，部分教师对如何选取教学内容、如何加工组织教学内容、如何实施教学等问题缺乏明确的思路和可操作的方法策略，一定程度上存在专业课“思政化”和思想政治理论课“通识化”的倾向。

（4）保障和协同机制还不够健全。在激发专业课教师探索课程思政的内在动力以及思政课教师指导参与课程思政的内在动力方面，目前还没有一定的激励或约束机制。另外，实施课程思政所涉及的相关部门、教师之间，还缺乏协同机制。

总体来看，成都工业职业技术学院课程思政的实践还处于前期自主探索阶段，缺乏系统的顶层设计和协调指导，无论是在认知还是在实践层面，都还没有形成比较清晰的认识和方法策略，实践成效还不明显。

三、课程思政认识与实践存在问题的成因分析

深刻剖析上述问题产生的原因，可以归纳为统筹规划不够、意识能力不强、研究培训不足、保障机制不全四个方面。

（一）统筹规划不够

对于学校多数教师而言，虽然以往也关注课程的素质教育目标，但课程思政毕竟还是一个新的概念，在课程思政的实践中需要学校各层面的统筹规划。目前，学校虽然发布了课程思政实施方案，但涉及参与部门及人员的职责分工、路径方法、实施步骤、矛盾协调、成效评价等，还没有真正落到实处。从专业人才培养方案到课程标准，虽然加入了课程思政的表述，但还没有形成系统的、一致的逻辑，也未成为教学目标制定、教学内容选取、教学实施、教学评价及教师评价等的指导性文件。各教学单位，还没有针对课程思政实施明确指导思想、具体路径、操作策略，也没有工作方案或者计划。因此，落实到教师层面，无论是思想认识，还是实践策略，都还较为模糊。

（二）意识能力不强

（1）认识不到位影响课程思政实施主动性。一方面，教师对于课程思政的认知不够深入，不能准确把握其科学内涵，另一方面，教师对于全国高校思想政治工作会议等一系列会议、讲话及文件精神领悟不够，不能真正理解实施课程思政的育人功能和政治功能，也就缺乏推进课程思政实践的主观能动性和积极性。这导致对课程思政不了解、不理解、不关心、不参与等现象一定程度存在。

（2）能力不足不能满足课程思政实施需求。实施课程思政，对教师的教育理论素养、政治理论素养、教学方法能力等都提出了更高要求。教师实施课程思政的能力不足主要表现在：思政课教师不了解专业及课程，无法参与、指导或者引领专业课程的思政目标确定、思政内容选取及教学实施等；公共基础课（通识课程）和专业课程教师缺乏准确确定课程思政教

育目标、挖掘课程知识内容的思政元素、实施教学及进行思政教学效果评价的能力。

（三）研究培训不足

从全国来看，课程思政的实践尚属新生事物，即便是走在前列的上海高校，也处于探索之中，因此研究和培训学习是实施课程思政前提和基础，也是提高教师实施课程思政的意识与能力的有效途径。目前，成都工业职业技术学院虽然申报立项了省级教改项目，研究还处于起步阶段，尚未形成阶段性成果，不足以指导实践。教师针对课程思政的校外培训学习、校内学习交流、专家进校指导等，都开展得很少，且比较零散，缺乏系统规划。

（四）保障机制不全

保障机制不全的主要表现：激励机制还没有建立健全，目前以教师自发研究实践为主，缺少经费、时间、绩效等保障支持和激励措施，难以激发教师的内生动力；学习培训机制还没有形成，是学校层面统筹，还是各教学单位自行组织培训学习，没有明确职责；协同配合机制尚未建立，学校虽有“三全育人”实施方案，但还缺少课程思政专项工作的协同机制，教务处、学生处、马克思主义学院、通识教育学院、二级学院、普通教师，这些部门和主体在课程思政实施中的职责、任务、分工不明确，问题不能及时处理，资源未能实现共享。

四、推进课程思政实践的路径与策略探究

要有效推进课程思政的实践，必须正确回答“是什么”“为什么”“怎么做”等关键问题。

（一）是什么：基于课程育人的历史沿革分析准确把握课程思政的科学内涵

1. 课程思政的缘起

对于课程思政的源起迄今为止理论界还没有形成统一的认知，但是目前学界大致都比较同意课程思政是进入21世纪之后才逐渐出现的，且源于上海。过去十多年来，上海基础教育坚持探索实施“两纲教育”，得出的一条最有效经验是，始终坚持“学科德育”的核心理念，即把德育的核心内容有机分解到每一门课程，充分体现每一门课程的育人功能和每一位教师的育人责任。上海自2005年出台《上海市学生民族精神教育指导纲要》

和《上海市中小学生生命教育指导纲要》（即“两纲教育”）后，不断修订完善中小学课程标准，制订学科德育“实施意见”，使之成为加强上海未成年人思想道德建设的重要价值取向。基于“学科德育”的探索经验，上海高等教育界越来越感受到，有必要进一步在高校探索试点课程思政。在深入学习贯彻习近平总书记在全国高校思想政治工作会议上的重要讲话精神过程中，上海率先提出了课程思政理念，借鉴上海基础教育学科德育的成功经验，结合高校和大学生特点，着眼“又红又专、德才兼备、全面发展”的根本要求，以社会主义核心价值观为核心内容，构建全员、全过程、全方位育人的高校大学生思想政治教育体系。

2. 课程思政的内涵演进

课程思政与思政课程的核心内涵都是育人。从育人的概念到课程思政理念的提出和演进，体现了对高校育人本质的深化和新时代高校思想政治工作的协同要求。

一般认为，育人这一概念的基本含义即对受教育者进行德育、智育、体育、美育、劳动教育等多方面的教育、培养。改革开放以来，人们对育人的认识日益深化。首先，育人的内容更加丰富和全面，育人的目的是使教育对象获得全面发展。而且，育人的内容结构是一个有机整体，知识传授和思想价值引领是相互渗透的，既不能把两者割裂开来，机械地进行分解和分工，也不能把育人窄化，简单地理解为就是育德或德育。其次，育人的本质在于思想价值引领。教育的根本任务是立德树人，各类各门课程都要始终贯穿思想价值引领的主线。所谓教书育人，强调的就是教师在传授专业知识的同时，要引导学生坚持正确的政治方向，坚持正确的价值追求。中共中央、国务院颁发的《关于进一步加强和改进大学生思想政治教育的意见》（中发〔2004〕16 号，以下简称“中央 16 号文件”）明确指出：“坚持教书与育人相结合。学校教育要坚持育人为本、德育为先，把人才培养作为根本任务，把思想政治教育摆在首要位置。”最后，育人工作的实施是一个系统工程，各个环节要协调配合，形成合力。2017 年 2 月，中共中央、国务院印发的《关于加强和改进新形势下高校思想政治工作的意见》指出：“坚持全员全过程全方位育人。把思想价值引领贯穿教育教学全过程和各环节，形成教书育人、科研育人、实践育人、管理育人、服务育人、文化育人、组织育人长效机制。”中共教育部党组 2017 年 12 月印发的《高校思想政治工作质量提升工程实施纲要》进一步指出：

“充分发挥课程、科研、实践、文化、网络、心理、管理、服务、资助、组织等方面工作的育人功能，挖掘育人要素，完善育人机制，优化评价激励，强化实施保障，切实构建‘十大’育人体系。”这对高校育人工作提出了更加全面的、整体性的要求。

课程育人位列“十大育人”体系之首，即在课程教学活动中进行育人。因此，中央 16 号文件强调：“高等学校各门课程都具有育人功能，所有教师都负有育人职责。”

课程德育，即课程育人中的德育内容，在课程育人中突出课程德育，是对课堂教学实践中存在的重知轻德现象的反思。《国家中长期教育改革和发展规划纲要（2010—2020 年）》强调，要“把育人为本作为教育工作的根本要求”“把德育渗透于教育教学的各个环节”。

思政课程，即高校思想政治理论课。思政课程是课程德育中系统进行思想政治教育的课程，是课程德育的主渠道，也是大学生思想政治教育的主渠道。中央 16 号文件指出：“高等学校思想政治理论课是大学生思想政治教育的主渠道。思想政治理论课是大学生的必修课，是帮助大学生树立正确世界观、人生观、价值观的重要途径，体现了社会主义大学的本质要求。”

课程思政是落实“把思想政治工作贯穿教育教学全过程”“使各类课程与思想政治理论课同向同行，形成协同效应”的重要体现。

综上，从内涵演进来看，课程思政概念不是孤立的，而是经历了“学校育人—课程育人—课程德育—思政课程—课程思政”的演进过程，是一脉相承的。因此，也可以说，课程思政古已有之，只不过古代并没有课程思政这一名词，它是近些年才被明确提出来的。《论语》中提出，“子以四教：文、行、忠、信。”这句话的意思是，要以“文”达“行”、以“文”达“忠”、以“文”达“信”，进而达到“文”以成“君子”的目的。韩愈在其著作《师说》中说到“古之学者必有师。师者，所以传道受业解惑也。”由此可知，古代的老师不仅要讲解学业知识、解答疑难困惑，而且也要传授道，这个道在今天看来就包括了世界观、人生观、价值观的教育。

恩格斯说，“一个伟大的基本思想，即认为世界不是一成不变的事物的集合体，而是过程的集合体。”追溯课程思政内涵的演进，就是要以辩证唯物主义中联系的观点、发展的观点来看待课程思政概念的形成，这有助于更加准确把握其内涵，有助于正确回答“应该谁来做、该不该做、怎么做”的问题，解决好思想认识上的误区，消除实践上的羁绊。

3. 课程思政的科学内涵

课程思政实质上是一种课程观，即围绕“知识传授与价值引领相结合”的课程目标，强化显性思政，细化隐性思政，构建全课程育人格局。狭义的课程思政是指高校教师在课堂上传授课程理论知识的同时，向学生传授符合社会主义核心价值观要求的思想观念、伦理观念、道德观念等，以及正确的政治方向。

（1）课程思政不是增开一门课，也不是增设一项活动，而是将高校思想政治教育融入课程教学和改革的各环节、各方面，实现立德树人根本任务。

（2）课程思政在教育理念层面的突破，集中体现在将所有课程的教育性提升到思政教育的高度，不仅定位在“大德育”（包括思想教育、政治教育、道德教育等内容）的育人体系，而且具有明确的政治要求和战略意义。加强和改进高校思想政治工作，事关办什么样的大学、怎样办大学的根本问题，事关党对高校的领导，事关中国特色社会主义事业后继有人，是一项重大的政治任务和战略工程。因此，课程思政实际上是课程德育的升级版，是对课程德育的政治提升，是高校保证正确办学方向、掌握党对高校思想政治工作主导权的重要途径。

（3）课程思政不是仅仅指在专业课程中进行价值引领，而是包括思政课程、通识课程和专业课程在内的所有课程都要进行正确的价值引领。不同类型课程只是在学生价值引领方面所发挥的作用和方式不同，而不是只有某些课程或某些课程内容才适合实施课程思政。

（二）为什么：基于课程思政与思政课程的关系分析深刻领会课程思政的意义价值

思政课是大学生思想政治教育的主渠道，是帮助大学生树立正确世界观、人生观、价值观的重要途径，体现了社会主义大学的本质要求。如何把握课程思政与思政课程的联系，是贯彻实施课程思政的重要基础性问题，需要从全国高校思想政治工作会议和习近平总书记重要讲话精神的高度来深刻把握。对两者关系的准确把握，有助于更加深刻地理解课程思政的价值意义。

长期以来，高校思想政治教育存在“孤岛”困境，思政教育与专业教学“两张皮”现象未能得到根本改变，体现在：在教育理念上，不能正确认识知识传授与价值引领之间的关系；在队伍建设上，教师育德能力和育德意识有待提升；在人才培养上，各门学科思想政治教育资源没有得到充分挖掘；在管理机制上，多部门合力推进思想政治教育的机制体制有待进一步完善，归根到底是“全课程、全员育人理念”没有完全树立起来。因此，2016 年，习近平总书记在全国高校思想政治工作会议上强调，“要用好课堂教学这个主渠道，思政课要坚持在改进中加强，提升思想政治教育亲和力和针对性，满足学生成长发展需求和期待，其他各门课都要守好一段渠、种好责任田，使各类课程与思想政治理论课同向同行，形成协同效应。”

思政课是对大学生进行思想政治教育的主渠道，但并非只有思政课具有思想政治教育功能。中央 16 号文件明确指出：“要深入发掘各类课程的思想政治教育资源，在传授专业知识过程中加强思想政治教育，使学生在学习科学文化知识过程中，自觉加强思想道德修养，提高政治觉悟”“要把大学生思想政治教育摆在学校各项工作的首位，贯穿于教育教学的全过程”。习近平总书记强调：“把思想政治工作贯穿教育教学全过程，实现全程育人、全方位育人，努力开创我国高等教育事业发展新局面。”课程思政的课程观强调把思想政治教育融入各类各门课程的教学和改革，正是体现了把思想政治工作贯穿教育教学全过程的要求，担负着加强和改进新形势下高校思想政治工作的重要职责，是高校思想政治工作不可忽视的课程面最广、更加贴近学生学习实际的重要组成部分。

因此，课程思政与思政课程在任务和目标上具有共同性、在方向和功能上具有一致性、在内容和要求上具有契合性。课程思政是对以往高校思政教育与专业教育割裂、知识传授能力培养与价值引领脱节、课程德育资源利用不足、三全育人机制不够健全等弊端的纠正，是对思政课程思想政治教育功能的拓展和延伸，是对“培养什么人、怎样培养人、为谁培养人”的落实和保证。因此，无论是对加强党对高校工作的全面领导，坚持社会主义办学方向，还是对深化教育教学改革，充分发挥课程的育人功能，培养社会主义建设者和接班人等，课程思政都具有重要的政治意义和教育价值。

（三）怎么做：基于不同课程的思政功能辨析探索课程思政的实践路径和策略

1. 区分不同课程类型在思想政治教育中的功能

高校要将所有课程划分为思想政治教育显性课程和隐性课程。显性课程即思政课，是对大学生进行社会主义核心价值观教育中的核心课程，在大学生思想政治教育中发挥价值引领作用；隐性课程包含综合素养课程（包括通识教育课、公共基础课等）和专业教育课程（包含哲学社会科学课程和自然科学课程）。前者在思想政治教育中发挥浸润作用，注重在培育人的综合素养过程中根植理想信念；后者发挥深化和拓展作用，在知识传授中强调主流价值引领。高校通过推动思政课显性育人与其他所有课程隐性育人相结合，使思想政治理论教育与专业教育协调同步、相得益彰，真正实现在课堂教学主渠道中全员、全过程、全方位立体化育人。

高校各类课程功能结构，见图 2-19。

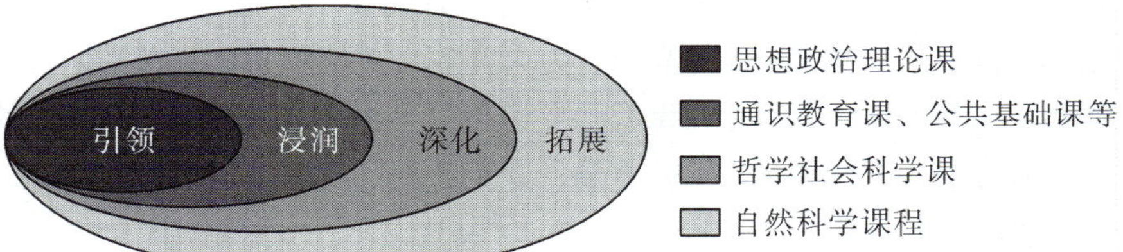

图 2-19　高校各类课程功能结构

2. 扭住“三性一力”不断深化思政课教学改革创新

习近平总书记在学校思政课教师座谈会上发表重要讲话指出，“推动思想政治理论课改革创新，要不断增强思政课的思想性、理论性和亲和力、针对性。”这对推动思政课改革创新提出了明确要求、作出了最新部署，为加强思政课建设指明了前进方向、提供了重要遵循。

（1）以价值引领增强思政课的思想性。思政课教学要寓价值观引导于知识体系传授之中，把政治信仰、理想信念、价值理念、道德情操、精神追求等融入教学各环节。面对社会思想观念和价值取向日趋活跃、主流和非主流并存、社会思潮纷纭激荡的新形势，思政课教师要着眼于增强社会主义意识形态的凝聚力和引领力，在教学中一方面理直气壮地讲清楚正确观点，另一方面直面各种错误观点和思潮，敢于亮明立场，善于作出科学分析和判断，从而引导学生对纷繁复杂的思想观念进行分析辨别，去粗取精、去伪存真，解决思想困惑，提高学生的政治觉悟和思想水平，使其自觉践行社会主义核心价值观，坚定“四个自信”。

（2）以逻辑思维增强思政课的理论性。思政课教师要深入研究教材，在学懂、弄通上下功夫，要深刻领悟教材的理论体系及其内在逻辑联系。在课堂教学中，思政课教师要注重课程的逻辑性和系统性，防止教学过程中出现碎片化倾向，从而将理论讲清、讲深、讲透，有效帮助学生系统掌握马克思主义理论和党的创新理论。课堂教学还要理论联系实际，两个课堂有机结合，增强理论的阐释力。思政课教师要避免思政课“通识化”的倾向，防止在思政课改革中片面扩大通识性内容，而对思政课的核心理论讲解不到位，甚至淡化教学内容的意识形态性，结果把思政课上成了通识课。

（3）以人格魅力增强思政课的亲和力。习近平总书记指出，“要让有信仰的人讲信仰”。有信仰的教师才能启发学生和引导学生，将信仰的力量传导给学生。因此，思政课教师教书育人首先要“育己”，只有自身做到信仰崇高、信念坚定、品德高尚、为人师表，才能赢得学生的尊重，才能提高教书育人的效果。思政课教师要避免言不由衷或表里不一，或不讲教学方式方法，生搬硬套，填鸭灌输，避免由教师言行或教学方法导致的思政课教学负效应。

（4）以问题为导向增强思政课的针对性。在教学中，思政课教师要因材施教，充分发挥主观能动性，在精准理解教材的前提下，将统一的教材体系转化为具体生动的教学体系，将统一的教材变成鲜活的个性化教案，从而不断提升教学针对性。思政课教师要紧紧围绕学生的思想困惑，将理论的学习结合现实问题进行理论解读和解答，正确认识和分析中国特色社会主义建设过程中出现的各种问题，从而培养学生运用马克思主义基本原理分析和解决实际问题的能力。思政课教师要注重启发性教育，在平等沟通、民主讨论、互动交流中引导学生发现问题、分析问题、解决问题，在有效答疑解惑的过程中增强思政课的针对性。

3. 紧扣“三教三学”推进通识和专业课程思政教育实践

“三教三学”即教师、教材、教学和学生、学科、学院。基于通识课程和专业课程在思想政治教育中的浸润、深化和拓展的功能，“三教三学”是重要和关键抓手。

（1）要认真研究并制定人才培养方案和课程标准。各专业人才培养方案和课程标准是各门课程实施教学的指导性文件。高校要在顶层设计文件中，体现课程思政的理念，不是简单地增加课程思政的描述，而是应注重专业培养目标、人才培养规格、课程设置、课程目标、课程内容、教学评价等要素与思想政治教育之间的内在逻辑关联，使其前后呼应、方向一致、相互支撑，不断增强对教师在课程教学中实施课程思政的指导性。

（2）要基于学科和专业特点探索课程思政不同的实践策略。教师不是简单地在现有课程内容或教材知识体系中，机械地、生硬地挖掘所谓的思想政治教育元素，而是要基于学科或课程的教学目标，分析贴合教学目标和内容的思想政治教育结合点，采用适合学科或课程特点的教学方法，做到水到渠成、润物无声。教师还要防止专业课“思政化”，即虽然在专业课中强化了思想政治教育意识和功能，但是却忽视了专业课的教学特点和教育规律，结果把专业课上成了一门类似思政课的课程。

（3）要基于教学原理系统地思考课程思政的实施方法。一门课程，从课程性质定位、课程目标，到课程内容、教学实施以及教学评价，是一个系统的整体，并非是在某一环节做点思想政治教育就是课程思政。教师要按照教学的原理和规律，从教学目标开始，就要设定思政的教学目标，再以此选择和处理教学内容，选用恰当的教学方法，并重视对思政教学目标实现的教学评价。只有这样，课程思政的实施才是科学的，才可能具有可持续性，才能够取得实际效果。

（4）要充分发挥教师的主观能动性。高校所有的教师，不只是思政课教师，也不只是党员教师，都要旗帜鲜明地坚持贯彻党的教育方针，要坚持马克思主义指导地位，学习习近平新时代中国特色社会主义思想，坚持社会主义办学方向，落实立德树人根本任务，坚持教育为人民服务、为中国共产党治国理政服务、为巩固和发展中国特色社会主义制度服务、为改革开放和社会主义现代化建设服务。这是社会主义教育的政治性、政策性要求，教师要在所有课程教学中贯彻落实。教师要加强培训学习，提高自身的思想政治素养，掌握思想政治教育的特征、规律和话语。

（5）要加强对学生的研究。教师、学生和教学影响是学校教育的三个基本要素。学生是教学的主体，是教学效果的承载者，也是人才培养的归宿。教师要切实改变教育教学改革“目中无人”“自说自话”的现象，加强对学生年龄特征、社会特征、学习兴趣、学习方法、认知特点的调查研究。尤其是在高校扩招，生源类型日益多样化的背景下，教师更要深入了解学生，才能根据学生特点，因材施教开展课程思政。

4. 做好各层面实施课程思政的顶层设计，建立健全工作机制

（1）要做好顶层设计，正确处理好四种关系。一是处理好推进课程思政与“三全育人”体系之间的内在关系。课程思政作为一种全课程、全教师、全教学过程的课程理念及实践模式，实质上是“三全育人”体系的一部分，是对其的具体化，而不是两个孤立不同的、分属不同部门主管的业务工作。二是处理好教务处、学生处、思政部及各教学单位的职能划分和工作任务。高校要构建教务处统筹协调、思政部引领指导、学生处积极参与、各教学单位具体推进实施的职能分工体系。三是处理好局部试点和全面推进之间的步骤关系。高校应以学校申报的省级课程思政教改项目研究为引领、以学校立项的课程思政示范课程为试点，研究与实践同步进行，突出重点，由点到面，分步实施，以确保成效。四是处理好不同课程之间的功能关系。思政课价值引领，通识课浸润，专业课深化拓展，各有侧重，各具特色，形成相互支撑的思想政治教育网络。

（2）要建立健全工作机制，确保内生动力和可持续发展能力。一是要建立培训学习机制，校内外结合，思政课教师与其他教师配合，重点在厘清认识、端正态度、提高能力。二是要建立协作机制，包括各相关职能部门之间、思政课教师与其他教师之间、不同教学单位之间、不同专业之间的协作机制，要以制度形式明确职责、固化协作流程。三是建立健全保障机制，要在时间、经费、精力、资源建设等方面，为教师创造实施课程思政的必要条件。四是建立健全激励机制。所有的教育教学改革，如果建立在教师自发自觉的基础上，都是不可持续的。高校要将课程思政的改革与学校思想政治教育工作、教育教学改革工作等深度融合，与教师评优、评教、工作量计算、绩效考核等工作结合，激发教师参与动力。

第三章　职业院校课程思政的基本原则和路径研究

第一节　职业院校课程思政的实践教学改革探索

一、职业院校课程思政实践教学改革的基本方针

（一）坚持实践育人，完善社会实践教学培养体系

职业院校必须坚定不移地贯彻执行“实践育人”的教育理念，进一步加强对社会实践工作的领导和管理，确保其在教育体系中的重要地位。为此，职业院校应努力建立和完善一套全面的社会实践教学培养体系，确保其能够覆盖各个学科和领域，满足不同学生的需求。

在这一过程中，职业院校应将实践教学视为课程思政教学改革的核心内容之一，充分发挥其在巩固理论教学成果方面的重要作用。通过实践教学，学生能够将理论知识与实际问题相结合，提高分析和解决问题的能力，从而更好地理解和掌握所学知识。

为了确保实践教学的质量和效果，职业院校需要加强课程思政实践教学的规范化、制度化和科学化建设。这意味着职业院校要制定明确的实践教学目标、教学内容和教学方法，建立健全实践教学评价体系，确保实践教学活动的有序进行。同时，职业院校还应不断探索和创新实践教学的方式和手段，以适应不断变化的社会需求和教育发展趋势。

（二）整合资源，夯实基础，加强社会实践基地建设

根据“合作共建、双向受益”的基本原则，职业院校应当从地方发展的实际情况和促进大学生成长的切实需求出发，建立数量充足且形式多样

的社会实践基地。这些基地不仅能够为大学生提供丰富的实践机会，还能为地方经济社会发展注入新的活力。通过创新社会实践基地的运作模式和功能拓展，职业院校可以确保大学生的社会实践活动能够稳定、持续且健康地向前发展。

具体而言，社会实践基地的建设应当充分考虑地方的产业特色、文化背景和发展需求，同时结合大学生的专业特长和成长需求。例如，职业院校可以与地方企业合作，建立产学研结合的实践基地，让学生在实际工作中提升专业技能，同时也为企业解决实际问题，实现互利共赢。此外，职业院校还可以与地方政府、社区、非营利组织等合作，开展志愿服务、社会调研、文化传承等多种形式的社会实践活动，丰富学生的社会经验，增强其社会责任感。

在创新社会实践基地的模式方面，职业院校与企业可以探索校地合作的新机制，如建立长效合作机制，定期举办交流活动，促进资源共享和信息互通。同时，职业院校可以利用现代信息技术，如互联网、大数据等，建立线上社会实践平台，打破地域限制，扩大实践基地的覆盖面和影响力。

在功能拓展方面，社会实践基地不仅要为学生提供实践机会，还应当成为学生综合素质提升的平台。社会实践基地可以通过开展各类培训、讲座、研讨会等活动，帮助学生提升沟通能力、团队协作能力、创新思维等综合素质。此外，社会实践基地还可以建立实践成果展示平台，鼓励学生将实践成果进行展示和交流，激发他们的创新热情和成就感。

（三）创新内容和形式，增强实践教学的针对性和时效性

随着时代的不断进步和社会需求的日益多样化，职业院校必须积极探索并构建各种实践活动的载体，以丰富实践教育的内容，拓宽实践教育的途径。为此，职业院校应当建立一个综合性的实践内容体系，将社会实践与专业学习、服务社会、勤工助学、择业就业以及创新创业紧密结合在一起。通过这种方式，职业院校可以进一步提高实践教育的实效性和针对性，确保学生能够在实践中获得全面的发展。

同时，职业院校还应当重视对实践教学的研究和探索，力求使实践教学成为一种常态化的教学活动，并逐步实现规范化管理。通过不断优化实践教学的内容和方法，职业院校可以更好地激发学生的主动性和创造性，培养他们的实际操作能力和解决问题的能力。这样，学生在走出校门时，

不仅具备扎实的专业知识，还能够迅速适应社会的需求，成为具有创新精神和实践能力的高素质人才。

（四）完善实践教学考核评价机制

职业院校应将统一考核与独立考核相结合，既注重整体的评价标准，又兼顾个体的特殊性，确保评价的全面性和个性化。同时，职业院校还应将结果考核与过程考核相结合，不仅关注最终的成果，也重视过程中的努力和进步，从而更全面地反映学生的社会实践成绩和教师的教学效果。此外，职业院校应采用定性方法和定量方法相结合的方式，既通过具体的数字和数据来衡量，又结合主观的评价和分析，使得评价结果更加客观和真实。通过这种方式，职业院校可以确保评价体系的科学性和公正性，避免片面和偏颇的判断。同时，职业院校可以建立和完善一套科学的激励机制，旨在促进社会实践的有序运作、自我驱动和健康发展。这不仅能够激发学生的积极性和主动性，还能提高教师的教学质量和责任感，使他们在教学过程中更加投入和积极创新。

通过这种综合性的评价和激励机制，职业院校可以更好地培养学生的实践能力和创新精神，为社会输送更多高素质的人才。学生在这样的体系下，不仅能够获得知识和技能的提升，还能学会在实际工作中运用所学，培养解决问题的能力。教师在这样的激励机制下，也会更加注重教学方法的改进和教学内容的更新，从而提高整体的教学效果。最终，这种评价和激励机制将形成一个良性循环，推动教育和社会实践的共同发展。

（五）加强安全教育与管理

为了确保实践教育活动的安全进行，职业院校必须制定一套详细的安全教育规章制度。这些规章制度应当涵盖所有可能的安全风险，并提供相应的预防措施和应对策略。在活动开始前，组织者应认真做好安全防护工作，确保所有设备和设施都符合安全标准，并进行彻底的检查和维护。对于所有参加实践教育的学生，必须进行系统的安全教育，包括但不限于安全知识的讲解、安全操作规程的培训以及紧急情况下的应对措施。通过这些教育，学生能够了解潜在的风险，并掌握必要的安全技能，以确保自己和他人的安全。

此外，为了进一步加强安全责任意识，所有参加实践教育的学生都应签订必要的安全责任书。这份责任书应当明确学生在实践教育过程中的安全责任和义务，强调遵守安全规章制度的重要性。通过这种方式，学生将更加重视安全问题，从而最大程度地避免发生安全事故。

二、职业院校课程思政实践教学改革的基本方法

在课程思政的框架内，实践教学的实施必须遵循特定的原则和方法，以确保其严谨性、稳定性和理性。

首先，将理论与实践紧密结合是课程思政实践教学的核心所在。如果理论知识脱离了实际应用的土壤，其价值便会大打折扣，难以发挥出应有的作用。相反，如果实践缺乏理论的指导，那么它也难以实现质的飞跃和突破。课程思政不仅具有深厚的理论基础，还强调实际应用的重要性。因此，在教学过程中，职业院校必须将理论与实践紧密结合，确保学生能够在实际情景中运用所学的理论知识，并在实践中进一步深化对理论的理解和掌握。只有这样，学生才能真正将理论知识转化为解决实际问题的能力，从而在未来的社会实践中发挥更大的作用。

其次，职业院校与社会之间的互动是课程思政实践教学中不可或缺的重要环节。职业院校作为知识传播和人才培养的重要基地，其发展和进步离不开社会各界的大力支持和帮助。与此同时，职业院校也应当积极回馈社会，为社会的发展和进步做出应有的贡献，培养出能够适应社会需求、具备高素质和综合能力的人才。课程思政实践教学应当充分利用社会资源，积极拓展与社会各界的合作，为学生提供丰富多彩的实践机会和平台。通过这些实践机会，学生们能够在真实的社会环境中锻炼和提升自身的能力，增强他们的社会责任感和使命感，从而更好地为社会服务，实现个人价值与社会价值的有机结合。将指导性教育与自我教育有机融合，是课程思政实践教学的核心。在这一过程中，教师扮演着至关重要的引导者角色，他们不仅传授知识，更应帮助学生树立正确的价值观，培养学生科学的思维方式。教师的引导不仅仅是知识的灌输，更是对学生思想的启迪和精神的熏陶。与此同时，学生作为学习的主体，应当积极主动地参与到自我教育的过程中，充分发挥自身的主观能动性。学生需要在教师的指导下，学会自我反思、自我提升，通过不断的自我探索和实践，形成独立思考和解决问题的能力。通过这种教师指导与学生自我教育相结合的方式，可以更有效地实现思想政治教育的目标。教师的引导为学生提供了正确的方向和方法，而学生的自我教育则确保了教育的内化和持久性。这种双向互动的教育模式，不仅有助于学生在知识层面的提升，更能在思想和精神

层面产生深远的影响。

最后，学生能够在思想政治素质上得到全面的发展，成为既有知识又有道德的社会主义建设者和接班人。当前，职业院校课程思政教学存在一些挑战，如过分强调理论灌输，导致学生参与度不高，甚至产生抵触情绪。实践教学环节的引入能够有效解决这些问题。实践教学能够让学生在实际操作中深化对理论知识的理解，培养其实践能力和创新精神。将教师的主导作用与学生的主体作用相结合，是课程思政实践教学中一个至关重要的原则。在这一过程中，教师应当承担起引导和监督的责任，确保教学活动的顺利进行。与此同时，学生则应当成为学习活动的主体，充分发挥自己的主观能动性。为了实现这一目标，教师需要在实践教学中精心设计各种活动，并给予学生必要的指导和支持。而学生则应当积极参与这些活动，通过自己的努力和探索，不断提升自己的能力和素质。只有这样，才能真正实现教学目标，使学生在知识和能力上都得到全面的发展。综上所述，课程思政实践教学应坚持理论与实践相结合、学校与社会相结合、指导性教育与自我教育相结合以及教师主导作用与学生主体作用相结合的原则和方法。通过这些原则和方法的实施，职业院校能够培养出既有扎实理论基础又有实践能力、既有社会责任感又有创新精神的高素质人才。

三、职业院校课程思政实践教学改革的实现条件

为了确保实践教学的有效实施，必须满足一系列关键条件，这些条件包括对实践教学资源的充分开发和利用、对实践指导教师的培训与整合，以及建立完善的实践教学运行和保障机制。实践教学资源往往是有限的，因此需要不断地进行创新和开发，以满足教学需求。这些资源可以从两个方面进行开发和利用：地域资源和横向管理机构资源。

第一，地域资源的开发和利用是实践教学中不可或缺的一部分。地域资源主要包括校内外的实践教学基地，这些基地可以是博物馆、纪念馆、革命遗址等具有爱国主义教育意义的场所。此外，地域资源还可以是改革开放以来取得显著成就的小城镇、学校董事单位、校友所在单位等社会资源。职业院校还可以设立自己的实践基地，如大学生创业基地、就业基地、军民共建单位、科教合作单位等，这些都是宝贵的实践教学资源。在职业院校内部，校史馆、各种校园人文景观等也是实践教学的重要资源。

第二，横向管理机构资源的开发和利用同样重要，这需要课程思政课

实践教学管理者的特别关注。教学部门通常拥有理论功底扎实的师资队伍、丰富的学术资源以及少量的经费资源和组织资源。而学生管理工作机构则拥有广泛的组织资源、充足的活动经费和丰富的校外资源。通过加强这两个部门之间的沟通与合作，可以实现优势互补，从而更有效地利用和整合这些资源。

为了进一步提升实践教学的效果，职业院校还需要对实践指导教师进行系统的培训，以确保他们具备必要的教学能力和专业知识。此外，建立一个完善的实践教学运行和保障机制也是至关重要的，这包括制定明确的教学目标、评估标准和反馈机制，确保实践教学活动能够有序进行，并且能够及时调整和改进。总之，职业院校应该通过充分开发和利用地域资源和横向管理机构资源，加强教师培训和整合，建立完善的运行和保障机制，显著提升实践教学的质量和效果，为学生提供更加丰富和深入的学习体验。

针对实践指导教师的培训与整合，必须执行以下策略：首先，重视教师个人实践能力的提升。职业院校应通过系统培训，确保教师不仅具备扎实的理论知识，而且精通教学技巧，特别是理论与实践相结合的教学方法。教师应走出校园，深入社会，以增进对社会现实的了解，弥补个人社会经验与实践知识的不足。其次，对实践教学师资队伍进行整合。鉴于课程思政的教学对象涵盖全校各专业学生，仅依赖理论课教师开展实践教学活动显然力量有限。因此，职业院校应将各系、班级的学生辅导员和班主任纳入实践教学活动的组织架构。同时，可邀请校外专家参与指导学生的社会实践。实践教学的运行与保障机制是实践教学得以顺利实施的核心，也是确保实践教学长期有效运行的关键。因此，职业院校有必要从三个维度构建运行与保障机制：一是整合课程思政的实践教学内容，形成独立的教学体系，并将其课程化。二是明确职能部门的具体职责。思政课教学部负责制定实践教学大纲、教材和指导书，确立实践教学的具体要求和成绩评定标准，拟定实践教学计划的执行方案及调研课题指南，派遣实践教学指导教师，并对教师的实践教学活动进行检查与评估；教务处负责根据教学计划下达实践教学任务，制定教师实践教学工作量的计算方法并审核经费使用，监督和协调全校的实践教学活动；指导教师与团组织及学生工作部合作，根据教学任务组织实践教学并考核学生的实践课成绩。三是设立专项经费并合理分配。教育部已发布多项文件，要求各高校按学生人数划拨专项经费用于课程思政教学。职业院校教学管理部门应确保实践教学专项经费的落实，以保障实践教学活动的长期有效开展。

四、职业院校课程思政实践教学改革的基本原则

在实际操作过程中，职业院校必须坚定不移地以习近平新时代中国特色社会主义思想为指导，以理想信念教育为核心，以爱国主义教育为重心，以思想道德建设为基础，以大学生的全面发展为目标，坚持理论与实践相结合的学风，进一步提升学生运用马克思主义立场、观点、方法观察、分析和解决问题的能力。此外，职业院校还应遵循以下几个原则：一是针对性原则。实践教学应充分反映我国改革开放和社会主义现代化建设的新形势、新要求，体现社会发展的现实和时代特征，针对当代大学生的心理特征、文化水平和思想意识，精心选择适宜的教学实践活动，并在内容、形式、时间、规模上进行周密规划，确保实践教学的顺利进行和不断深化。二是发展性原则。职业院校课程思政面临的问题：教育者往往不考虑社会要求是否得到学生的认同和接受，而简单地将学生视为社会要求的接收器。例如，在确定教育目标时，往往只强调社会要求，忽视甚至否定学生的内在需求；在发挥教育功能时，往往只重视理论在促进社会发展方面的社会功能，忽视个体需求，导致学生对课程思政课程的认同感较低，学习的愿望和需求不强，自然无法将理论应用于实践，实践能力也无从谈起。在信息社会条件下，教育者与受教育者之间的信息差距基本消失，有时甚至会出现作为受教育者的学生对作为教育者的教师的信息优势或强势，课程思政如果仍然沿用旧方法，不仅不能达到预期效果，还可能引发学生的强烈逆反心理，破坏课程思政应有的魅力。课程思政只有充分考虑学生的内在需求，才能不断增强自身的吸引力、感染力、感召力，进而确保将社会需求内化为学生的思想体系。课程思政的实践教学环节正是要在充分考虑学生自身需求的前提下，激发学生强烈的参与意识，潜移默化地培养其理论联系实际的能力，参与社会实践的能力，通过隐性渗透达到显性目的。因此，实践教学环节从组织设计、实施到评价的全过程都应始终尊重学生的个体需求，既考虑到活动的科学性，又考虑到趣味性、现实性；既要使学生领悟马克思主义理论本身的魅力，又能逐步认识到课程思政课对其自身发展的现实意义——课程思政课不仅是党和国家愿望和要求的表达，也体现了整个社会对大学生的期待，同时，课程思政课还有助于

学生提高自己的人文素质和综合能力。第三是实效性原则。实践教学应以提高素质、增强能力、服务社会为出发点，使学生能够将所学理论转化为科学的世界观和方法论，内化为自身的自觉行动，针对社会需求，用所学知识服务社会，为社会发展做出贡献。

五、职业院校课程思政实践教学改革的基本路径

实践教学环节在提升和强化职业院校课程思政效果方面扮演着至关重要的角色。通过改革实践教学模式，职业院校能够找到一条有效的路径，以实现课程思政实践育人的目标。正如教育家们所强调的，学生要想健康成长，不仅需要掌握书本上的知识，还必须向社会实践学习，坚持教育与社会实践相结合的原则。因此，实践教学的开展应当是一个长期的过程，对实践教学环节有效模式的探索也必然是一个持续不断的过程。只有通过不断地实践，我们才能发现并总结出切实有效的实践教学模式，并在此基础上不断创新和发展实践教学模式。

本书的主旨在于强调，高等教育机构中的课程思政课实践教学应当聚焦于一种创新的3“L”模式的改革路径。

首先，3“L”模式强调在管理理念上，课程思政课实践教学需要遵循三个核心原则，即 lesson（课程性）、learned（研究性）和 lasting（持久性）。这三个原则中的“课程性”是整个模式的基石，它强调了课程内容的系统性和结构性。

其次，3“L”模式强调在实践教学的实施过程中，以及具体操作方法上，应当致力于实践教学场所的3“L”建设，这包括了 linkage（联合培养基地）、locality（事件发生的现场）和 laboratory（实验室）的有机结合。这种固化的3“L”建设旨在为学生提供一个多元化的学习环境，使他们能够在不同的场景中进行实践和探索。

再次，3“L”模式在实践教学环节上，应当确保过程优化，这包括 lay（学生拟订好计划、提出实践性问题）、leading（老师带领好、指导好学生实践）和 light（事后提交并交流好实践后的个人见解与收获）。这一过程的优化有助于学生在实践中更好地掌握知识，提升解决问题的能力，并在老师的引导下进行深入的思考和反思。

最后，3“L”模式还强调实践教学效果上的目标深化，这包括 leaven（使学生受到潜移默化的影响）、liability（使学生增强社会责任意识）和

live（使学生提高实践和行动能力）。这三个目标的实现，旨在通过实践教学，使学生在思想上、情感上和行动上得到全面提升，从而更好地适应社会的需求，成为具有社会责任感和实践能力的优秀人才。

综上所述，本书提出的3“L”模式，不仅是一种教学改革的理念，更是一种具体的实践路径，它涵盖了从管理理念到实施过程，再到教学效果的全方位改革，旨在通过课程思政课实践教学，全面提升学生的综合素质和能力。

第二节　职业院校课程思政实践教学改革要凸显“五情”教育

职业院校大学生的课程思政社会实践教学改革应当以培养和提升大学生的政治意识和政治能力为核心，通过这一改革，我们旨在引导学生深入理解当前国内外复杂多变的政治、经济和社会形势。通过这种方式，大学生们将学会如何分析和处理身边发生的各种问题，从而更好地适应社会的发展和变化。

为了实现这一目标，职业院校课程思政教学改革应当注重实践性、针对性和实效性，确保教学内容和教学方法能够真正地帮助学生在实际生活中应用所学知识。具体而言，职业院校课程思政课的社会实践教学改革应当着重强调“五情”教育，即世情、国情、党情、民情和学情教育。

世情教育旨在让学生了解和掌握国际形势和全球发展趋势，培养他们的国际视野和全球意识。国情教育旨在让学生深入了解国家的历史、文化、政治和经济状况，增强他们的国家认同感和责任感。党情教育旨在让学生理解中国共产党的历史、理论和路线方针政策，从而坚定他们的政治信仰和立场。民情教育旨在让学生了解和关心人民群众的生活状况和需求，培养他们的社会责任感和服务意识。学情教育瞄准学生自身的学习状况和成长需求，旨在帮助他们树立正确的学习目标和学习方法，提高他们的自我管理能力和自我发展能力。

通过这样的课程思政社会实践教学改革，大学生们不仅能够在理论学习中获得知识，更能在社会实践中得到锻炼，积累宝贵的社会经验。这将有助于他们更好地融入社会，成为具有社会责任感和创新精神的高素质人才。

一、职业院校课程思政社会实践教学改革要凸显世情教育

当前，职业院校课程思政社会实践教学改革显得尤为重要，而其中的关键之一就是必须强调世情教育的重要性。鉴于世纪之交，国际局势经历了剧烈的变动，国际社会环境也发生了根本性的变化，这对当代大学生的思想政治素质和能力构成了严峻的考验。深入研究世情变化的规律，并加强和改进对当代大学生的世情教育，意味着在复杂多变的国际形势中，引导大学生始终保持清醒的政治意识，不断扩展他们对世界的敏锐洞察力，坚守“世界潮流，浩浩荡荡，顺之者昌，逆之者亡”的历史法则，牢牢把握“和平、发展、合作”的时代主题。为了进一步增强我国的综合国力，包括经济、科技、国防实力和民族凝聚力，为了提升我国的国际地位和声誉，为了实现中国的和平崛起和中华民族伟大复兴，当代大学生必须努力学习，不懈奋斗，这也是当代大学生的责任和使命。

二、职业院校课程思政社会实践教学改革要凸显国情教育

在职业院校课程思政社会实践教学改革中，凸显国情教育的重要性尤为关键。当前我国正处于历史重大转折期，特别是进入新世纪新阶段，我国社会正处于改革开放的关键时期。

在新世纪新阶段，我国改革开放面临双重历史任务和现实压力，即在转换体制、机制的同时，还需加速发展。在这一双重任务和压力下，改革开放不可避免地会遭遇挑战、困难和问题。尤其是当前我国仍处于社会转型期和发展中国特色社会主义市场经济的初始阶段，社会经济结构和社会结构均在经历深刻变革。这种多元化的经济结构和社会结构决定了当代大学生的世界观、人生观、价值观还不成熟。同时，由于社会转型期社会主流文化尚未完全确立，原有的思想观念和价值体系已无法适应新的社会生活，导致职业院校中部分学生的思想容易产生困惑和迷茫。

因此，我们必须加强和凸显国情教育，持续研究和适应这些社会变动。

三、职业院校课程思政社会实践教学改革要凸显党情教育

在职业院校课程思政社会实践教学改革中，党情教育显得尤为重要。自新中国成立以来，尤其是改革开放后，中国共产党面临四大长期且严峻

的挑战：一是能否摆脱历史周期率的束缚；二是改革开放与社会主义市场经济建设中保持变革而不失本质、改革而不偏离方向的考验；三是应对发达国家在经济科技领域的优势及强权政治的挑战；四是抵御西方敌对势力的“西化”与“分化”策略。从外部环境来看，世情与国情的显著变化是党所面临的重大挑战；从内部环境来看，党情的深刻变化也是党所面临的重大挑战。我们必须以时代发展的要求审视自身，以改革创新的精神加强和完善党的建设，特别是高校党的建设，这是确保党保持马克思主义政党本质、不脱离群众、保持生机活力的根本保障，也是巩固党的执政地位、领导和坚持人民当家做主的关键所在。

研究党情不仅要分析党的地位、面临的历史条件和承担的历史任务所发生的变化，还要研究党员和党的干部队伍状况及其构成的变化。在党的事业发展过程中，明确这些基本情况，不仅是加强党的建设研究的重要依据，也是巩固党的执政地位、更好地执政为民的重要依据。研究党情的变化决定了加强政党学学科理论研究和执政党建设理论研究是加强和改进高校党的建设的重要内容，是中国共产党各级高校党组织不可推卸的历史任务和责任。政党学学科理论的发展内涵包括政党政治学、政党经济学、政党文化学、政党社会学、政党历史学、政党法学、政党管理学、政党伦理学、政党生态学等交叉边缘学科。执政党建设理论的发展内涵包括执政党领导理论、执政党执政理论、执政党治理理论和执政党自身建设理论。不断加强和改进当代大学生党情教育是新时代新阶段坚持不懈地加强、改进和创新职业院校课程思政教育工作的重要内容和重大永恒课题。

四、职业院校课程思政社会实践教学要凸显民情教育

当代大学生普遍关注党风建设，而对民风的重要性认识不足。实际上，党风与民风相辅相成，相互影响。首先，党风对民风具有显著的引导和推动作用；其次，民风也在不断影响党风，若民风恶化，党风亦难以独善其身；最后，塑造良好的民风是党的执政使命的重要组成部分。民族的强大不仅体现在物质力量上，更体现在精神力量上，民风所体现的正是精神力量。国内而言，民风优良则社会和谐，民风乖戾则社会扭曲；国际而言，民风优良的国家才能赢得尊重，拓展发展空间。

民风属于精神文明建设的范畴。近年来，无论是社会主义核心价值观的确立，还是中国特色社会主义荣辱观的实践，都对民风建设产生了积极

影响。但总体来看，我国民风建设仍滞后于经济和社会其他领域的发展，道德失范、价值观扭曲、是非混淆等社会问题时有发生。究其根本原因，信仰缺失是关键。因此，加强民风建设是时代赋予中国共产党的神圣使命，我们必须采取有效措施，增强民风建设的针对性和实效性，使党的优良风尚成为全社会共同尊崇的价值导向，从而显著提升中华民族的文明程度，实现中华民族伟大复兴。

民生、民意、民风、民主构成了当代中国民情的主要内容，是党的建设需要高度关注的重要领域。职业院校党的建设必须积极引导当代大学生高度关注民情，职业院校课程思政社会实践教学改革要凸显民情教育。只有深入研究民情、准确把握民情、积极引导民情，党的建设新的伟大工程才能真正得到巩固和加强。

五、职业院校课程思政社会实践教学改革要凸显学情教育

高等教育课程中的思想政治教育与社会实践教学改革，应深刻反映国家和社会对当代大学生个人成长的期望。从大学生能否有效吸收思想政治教育内容、理解国家和社会对其德育期望的角度出发，我们必须强调以学生发展为核心的教学理念。这意味着必须重视大学生人格的塑造和发展规律，同时考虑他们适应复杂社会实践和社会生活的能力。职业院校思想政治教育课程本身具有开放性、综合性、时代性、前瞻性和社会性，与时代和社会的发展紧密相连，与个人成长和成才息息相关。基于此，职业院校思想政治理论课程的组织和教学应当是开放的、发展的，并且能够促进学生个体（大学生）融入教学环境，接触社会生活和社会实践。职业院校课程思政社会实践教学改革的目标是塑造健全人格，培养全面发展的优秀人才，这与社会和国家的利益是一致的。

当前职业院校应积极倡导和实践大学生的“全人”发展理念，并致力于构建一个完整的“三位一体”工作体系和工作机制，包括职业院校学生工作体系、职业院校课程思政研究体系和学科理论发展体系。当代大学生的课程思政社会实践教学应提升至与职业院校学生工作体系、整体教学和科研学术事务同等重要的地位。当代大学生的“全人”发展理念应全面涵盖思想政治素质、道德素质、法律素质、科学技术素质和专业技术素质、文化艺术素质、生理和心理素质的全面发展。课程思政理论课程和社会实践教学应围绕大学生的“全人”发展理念，发挥“养德、启智、维权、调

控、整合”的功能作用，以实现培养德、智、体、美、劳全面发展的目标。

相比之下，传统的中小学课程思政教育往往“为考试而学，为考试而教”，在错误目标的驱动下，破坏了学生的积极性、主动性和创造性。因此，本书认为职业院校课程思政课程和社会实践教学改革应适应并展现八大改革趋势：一是从传统教育走向现代创新教育；二是从产学研分离走向产学研一体化；三是从学历型社会走向学习型社会；四是从教育国家化走向教育国际化；五是从封闭教育手段走向教育信息化；六是从教师的知识传承走向引导创新；七是从单一办学体制走向多元化；八是从集中统一模式走向非均衡发展模式。

在知识经济时代背景下，针对职业院校大学生的课程思政和社会实践教学改革，笔者坚信应将现代信息网络技术与职业院校课程思政社会实践教学改革紧密结合。现代信息技术，特别是以网络技术为核心的现代教育技术，为教学方法和教学模式的创新提供了坚实的物质基础，同时也为职业院校现代教育工作者带来了全新的挑战。如何积极适应现代社会信息化的发展需求，紧跟时代步伐，致力于教育改革，已成为一个亟待解决的时代课题。我们应当探索一种师生共同参与的“研究性学习”，这种学习方式以学生的自主性学习和操作性学习为核心，从学校生活和社会生活中挑选和确定研究主题，独立自主地进行研究，通过个人或小组合作的方式开展，旨在培养学生的创新精神和创造力。将研究性学习与现代信息网络技术教育相结合，不仅符合职业院校课程思政社会实践教学改革的时代性、开放性和实践性要求，而且是切实可行且有效的。

第三节　职业院校课程思政实践教学要优化规范建设

一、职业院校课程思政实践教学的操作规范

（一）明确目的，纳入计划

在进行实践教学的过程中，明确目标和目的性是至关重要的，因为这直接关系到教学活动是否能够达到预期的效果。特别是在课程思政的背景下，社会实践的开展形式往往与传统的知识教育实践的开展形式有所不同，但这两者之间并不是完全独立的。实际上，一次社会实践活动可以同

时涵盖多个方面的教育目标，使学生在不同领域都能有所收获。

教师在设计和实施实践教学时，不仅要注重提升学生的实际操作能力和技能，还应当致力于帮助学生树立坚定而正确的政治立场。此外，教师还应培养学生的社会责任感和服务意识，引导他们形成实事求是、艰苦奋斗的良好作风。通过这些实践活动，教师可以帮助学生构建正确的世界观、人生观和价值观，这些都是学生在未来社会中立足的重要基石。

对于学生而言，明确实践的目的和意义是他们能够积极参与并从中获益的关键。然而，对于教师来说，明确目的的重要性更是不言而喻。因为只有在明确目的的前提下，教师才能有效地组织和安排实践活动，确保这些活动与课堂教学内容紧密相连，形成有机的补充。

为了进一步确保社会实践能够系统地融入学生的教育和培养过程，职业院校应当将社会实践活动正式纳入教学计划，通过学分制的形式，将社会实践活动作为必修课程的一部分，这样可以确保每个学生都有机会参与并完成这些活动。只有这样，才能确保社会实践的质量和数量，真正实现实践教学的目的，使学生在实践中学习，在学习中成长。

（二）齐抓共管，周密安排

职业院校应当专门设立一个由校领导担任组长，党委宣传部、教务处、团委以及各二级学院的主要负责人共同组成的学生社会实践活动领导小组。这个领导小组将全面负责和落实全校学生的社会实践活动，确保这些活动能够顺利进行。为了更好地推动这些活动，职业院校还应将学生的社会实践纳入年度工作计划，精心设计和统筹安排，确保活动的有序进行。特别是在经费方面，职业院校需要给予大力支持，以确保活动的顺利开展。

为了更好地实施实践教学计划，职业院校不仅需要设立相应的指导机构，如教务处、团委和学生会等，还需要有思政教师的积极参与。这些教师将与学生一同参与到学生的实践活动中，以便更好地进行监督，随时提供引导和点拨。通过这种方式，教师可以更好地了解学生在实践中的表现和需求，及时给予帮助和指导，从而提高实践活动的效果和质量。

（三）分清特点，选好形式

不同教育阶段的大学生，其心理需求、认知方式、知识储备及实践技能存在显著的差异性。基于此，教育实践应采取与之相适应的教学策略。对于低年级学生，尤其是新生，他们展现出浓厚的好奇心，渴望对学校环境、人际关系、改革开放背景下的时代特征以及社会生活的多样性有所了解。同时，由于他们之前的学习经历多以书本知识为主，社会经验相对匮乏，独立生活能力有待提高，世界观和人生观尚在形成之中。因此，针对这一群体，职业院校应重点安排一系列参观学习活动（例如，参观文化古迹，到工厂、农村进行游览）、志愿服务活动（如学雷锋、植树、美化校园、敬老爱幼及义务劳动），以及人际交往活动（如参加舞会、团队建设、兴趣小组、心理沙龙等）。通过这些活动，学生能够深入了解革命传统、文化遗产以及改革开放的成就，深化对国家政策的理解，培养奉献精神、爱心和责任感，同时增强人际交往能力。

对于中年级学生，他们已经积累了一定的专业知识和技能，并对大学生活有了较好的适应。此时，职业院校适宜引导他们参与对社会热点和难点问题的调查研究，以培养其科学探究精神和研究能力。通过组织辩论赛、演讲比赛、专题论坛等竞赛活动，可以锻炼学生的独立思考和辩证思维能力，同时也有助于培养学生的集体责任感和荣誉感。此外，职业院校还应安排一些具有劳动收益的活动，不仅能够培养学生的劳动精神，还能在一定程度上改善其经济状况，激发他们参与社会实践的积极性。

对于高年级学生，他们已经具备较为扎实的专业知识，正处于从校园向社会过渡和求职就业的关键时期，迫切需要提升实践能力。因此，职业院校应鼓励他们结合专业特点参与实习，例如师范生可到中小学进行教育实习，管理专业的学生可到企业进行实习。这样的实习经历能够全面检视学生的知识和能力，帮助他们更好地认识自我，针对性地进行自我完善，为快速适应社会打下坚实基础。

值得注意的是，各种实践教学形式并非孤立使用，而是需要交叉结合，综合发挥作用。这就要求教师能够有选择地综合运用多种方法，设计出最优化的社会实践活动方案，以期达到最佳的教育效果。

（四）认真总结，严格考评

在实践过程圆满结束后，学生们从课外活动转向课堂学习，从校外探索回归到校内教育，但这并不意味着教育过程的终结。教师应当有意识地将从这些实践活动中获得的经验和知识与课堂教学内容紧密结合起来，从而促进自身与学生之间以及学生与学生之间的互动与交流。这种结合不仅能够巩固实践成果，还能为学生提供更深层次的理解和应用，可以说是整个实践活动中的“点睛之笔”。

与此同时，为了确保实践活动的质量，建立一套必要且规范的考核评价指标体系是至关重要的。这样的体系能够为实践活动提供明确的规章制度，确保实践活动有章可循、有制度可依、有具体内容可考核。通过这种方式，可以有效地保障实践的质量和效果。

此外，职业院校还应当规定每个学年参加实践活动的最低次数，确保学生有足够的时间和机会参与实践。同时，职业院校还应该建立专门的实践活动档案，记录学生在实践活动中的表现和成绩。只有当学生的实践成绩达到合格标准时，他们才能获得相应的实践课学分。这些学分是获得实践证书的前提条件，而实践证书可以作为学生未来求职时的重要依据之一。

不仅如此，实践学分还可以与评优挂钩，成为参与年度评优活动的前提条件。这样一来，获得实践学分的学生不仅能够证明自己在实践方面的努力和成就，还能在评优过程中获得一定的优势，从而激励更多的学生积极参与实践活动，全面提升自己的综合素质。通过这样的机制，教师可以更好地引导学生将理论知识与实际操作相结合，培养出更多具有实践能力和创新精神的优秀人才。

二、职业院校课程思政实践教学形式举例

为了更好地说明实践教学展开的具体过程，本书概要举例如下。

（一）演讲比赛形式

各个课程思政活动可以围绕一个特定的主题，精心策划并开展一场别开生面的演讲比赛。在这个过程中，每位学生都需要认真准备一份演讲稿，积极参与到初赛的角逐中。通过层层筛选，学生们将经历复赛和决赛的激烈竞争，最终获得出不同等级的奖项。这些奖项不仅包括荣誉证书，还会有相应的奖金作为奖励。此外，为了确保活动的顺利进行，组委会还会在学生中选拔出初赛、复赛和决赛的主持人。这些主持人在比赛的准备和进行过程中，也会经历一个严格的选拔和评优过程。

撰写演讲稿时，学生们需要确保主题明确、思想积极向上，内容丰富且有深度，结构条理清晰，语言富有文采和创意。在演讲时，学生们要表现出充沛的情感，以真挚的情感表达自己的思想，使演讲具有强烈的感染力。语言表达要准确、生动，普通话发音标准、流畅，语速要适中，语调要有起伏变化，以吸引听众的注意力。在仪表和仪态方面，学生们要表现出大方得体，修饰要恰到好处。

在比赛开始之前，教师们需要对学生进行细致入微的指导，帮助他们更好地理解演讲的主题和要求。比赛进行时，教师们要亲自参与或指派学生负责会场布置、设备调试以及现场的协调工作，确保比赛的顺利进行。比赛结束后，教师们要进行全面的分析和讲评，特别强调将比赛内容与课堂的教学内容相结合，帮助学生将感性的认识提升到理性的高度，从而加强学生思想体系的构建。

通过举行这样的主题演讲比赛，职业院校可以将课堂上的理论教学与课外的实践活动有机地结合起来，极大地激发学生参与活动的积极性和主动性。通过这样的活动，学生的多种能力，包括学习能力、组织协调能力、写作能力、语言表达能力以及辩证思维能力，都将得到显著的提升。同时，这样的活动也有助于培养学生的集体主义精神，增强他们的集体荣誉感，丰富他们的校园文化生活。最终，这将显著提高课程思政的针对性和实效性，使学生在思想上得到全面的提升和发展。

（二）诗词朗诵与赏析大赛形式

在每门课程的思政教学中，职业院校都可以举办各种不同主题的诗词朗诵与赏析大赛。学生们不仅可以根据大赛的主题自行创作诗词，还可以选择那些经典的、与主题紧密相关的诗词来参赛。比赛不仅要求学生们进行诗词的朗诵，还要求他们围绕诗词的背景、内容以及其时代意义等方面进行深入的赏析。通过这样的活动，学生们能够更全面地提升自己的动手和动脑能力，增强分析历史问题和解决现实问题的能力。

特别是对于毛泽东思想和中国特色社会主义理论体系概论以及中国近现代史纲要这两门课程，采取这种形式进行教学显得尤为必要，并且具有天然的优势。例如，为了让学生们更加全面地了解毛泽东思想，可以让学生们深入研究毛泽东的诗词作品。通过这些诗词，学生们可以窥见伟人的人生态度，领略其风采，从而加深对毛泽东思想内容的理解。这样的学习过程有助于促进学生将理论与实际相结合，坚定共产主义的理想信念，塑造新世纪大学生的人格魅力。

在进行诗词朗诵时，学生们应该确保语言的连贯性和流畅性，同时还要注意对抑扬顿挫的把握。普通话的发音要清晰标准，音色要甜美，富有感染力。在朗诵的过程中，学生们应该充分理解诗词的内容，并提出自己独到的感想。为了增强朗诵的效果，学生可以制作配套的幻灯片和选择合适的背景音乐。

在比赛过程中，还可以穿插一些关于伟人事迹的音频和视频资料，以此来丰富比赛内容。此外，还可以开展一些相关的有奖知识问答活动，以此来激发学生们的学习兴趣和参与热情。通过这些多样化的教学手段，学生们不仅能够学习到知识，还能够在轻松愉快的氛围中提升自己的综合素质。

（三）实践论文大赛形式

各门课程思政均可组织学生开展以不同主题为核心的实践论文大赛。例如，实践论文大赛可以围绕“以人为本，构建和谐社会”“树立社会主义荣辱观”“尚德守法，成才之道”等主题进行。具体操作流程如下：首先，将学生分成若干小组，每组围绕选定主题自定题目，拟定调研提纲，并设计相应的调查问卷。其次，利用实践教学时间及课余时间进行调查，收集数据后进行统计分析，并撰写调查报告。报告应详细记录小组的实践过程，对调查结果进行深入分析和总结，并提出具有建设性的对策和建议。报告中的论点必须有充分的调查数据作为支撑，数据分析力求准确、全面，视角需独特且新颖。报告应展现出清晰的思路、严谨的逻辑结构、较强的可操作性以及一定的创新性。小组成员须能够根据报告内容进行答辩。在答辩的基础上，选出部分小组将调研成果制作成幻灯片，并由小组选出的代表参与现场交流。评分将综合考虑调研报告、答辩表现、现场交流情况，以及小组在调查准备、开展和报告撰写过程中的团队合作和全员参与情况。最终，评选出的优秀成果将获得奖励。

通过开展社会调查和撰写调研报告，学生不仅能够增强对国情的了解，还能加深对自身、集体以及专业领域的认识。学生的写作能力、语言表达能力、组织协调能力、自我控制能力以及团队精神都将得到显著提升。实践证明，实践教学的教育效果是逐渐渗透、潜移默化的，学生通过接触实际、了解社会，逐步学会运用辩证唯物主义的基本观点，全面、客观地观察、分析和解决问题；运用历史唯物主义的观点和方法看待社会和人生，正确分析和评价现实生活中的政治、经济、文化、道德现象和各种社会思潮，在实践中认识自我，在了解国情中培养社会责任感和历史使命感，从而树立正确的世界观、人生观、价值观。实践教学的开展能够有效调动学生的积极性和主动性，极大激发学生对课程思政的兴趣，同时，也有利于学生主动调整知识结构，锻炼多方面的能力，提高自身的综合素质，逐步缩小自身与社会期望值的差距。简而言之，实践教学从思维方式、思维能力和实践能力等方面加速了高校学生的社会化进程，同时也能更好地培养和发展学生的个性，而这个过程正是高校课程思政教育实现教育教学目标的过程。

第四节 职业院校课程思政实践教学要强化机制建设

一、职业院校课程思政实践教学机制的内涵

职业院校课程思政课实践教学机制分为传播机理、接受机理和反馈机制。

（一）传播机理：认知、情感、信念

1. 认知

在解决问题的过程中，认知活动表现出几个显著的特征。首先，这些活动都是以特定目标为导向的行为，意味着每一个行为都是为了达成某个具体的目的而进行的。其次，任何一个行为在操作序列中都必须包含一系列的心理步骤，这些步骤涉及对信息的接收、处理和反应。此外，认知操作过程中涉及认知运算的参与，这些运算包括对信息的选择、判断和决策等。瑞士心理学家皮亚杰的认知发展理论进一步阐述了认知结构的组成，他认为认知结构由两种具体的成分构成：知识块和知识组织形式。知识块可以进一步细分为概念的组合、意象以及一种可控制的知识，它们以特定的形式组织在一起，在信息的接收和加工过程中发挥着重要的认知功能。皮亚杰将图式定义为认知结构的一种形式，它是一种知识的组织体，能够控制感知、思维和行动的各个方面，并且它始终处于不断发展和变化的状态。皮亚杰还提出了同化、顺化和调节等过程来表征认知结构建构的机制，这些过程反映了认知结构是如何通过与外界环境的相互作用而建构起来的。认知建构是一个渐进和累积性的自我建构过程，它发生在外部刺激与学习者个体特征相结合的情况下。在设置教学过程时，关键点之一是根据学生的认知状况和学科群的实际情况来进行教学设计。具体来说，可以从以下四个方面着手：首先，根据学生在不同阶段的认知状况，建立相应的大框架知识结构，确立主干教学内容。其次，加强各个知识块之间的统合，建立一个完整的教学体系结构。再次，从意象和概念出发，将理论教学与实践教学相结合，进行教学设置。最后，满足学生的个性化发展需

求，引导学生的创造性思维生成，并进行模块化教学，提供选课自由度，以促进学生的全面发展。

2. 情感

在公民自我认同的形成过程中，发展一种共同的政治认同意识是至关重要的。这种政治认同不仅包括对政治系统的深厚情感承诺，还涵盖了对同胞公民的强烈认同感。对于一个新兴国家而言，要成功地创建一种公民文化，它既需要通过革命或变革来提供统一的象征和系统感情，也需要通过教育来使人民具备所有必要的认知技能。

情感因素在认知过程中扮演着重要的角色，它伴随着认知过程的产生，并对认知过程产生深远的影响。情感因素与学习动机、自我效能感、学习态度、成就归因等方面紧密相连，共同作用于学生的认知学习过程，对学生的认知学习产生直接或间接的影响。教师可以通过多种方法和途径来培养学生的积极情感，从而促进学生的认知学习。例如，教师可以提高学生评价自我能力、自我调控能力，并通过自身情感与学生进行有效沟通。

此外，道德情感的陶冶是培养道德实践力的一个重要方面。人类活动的内驱力只有在一定的激化机制下才会转变为一定的外部行为。而情感正是这种激化作用的催化剂。通过情感的激发，人们能够更好地将内在的道德理念转化为实际的道德行为，从而在社会中发挥积极的作用。因此，在公民教育中，情感因素的培养与认知技能的提升同等重要，两者相辅相成，共同塑造了公民的全面素质。

3. 信念

内心信念是人们内心深处坚定不移地遵循的原则、理想以及各种观念，它们构成了人们行为的内在动机和驱动力。在伦理学的范畴内，内心信念通常特指道德信念，它是人们在面对道德选择和判断时所依赖的主要力量。在道德评价的过程中，内心信念主要体现在良心上，良心是一种自我反省的过程，是个体进行道德评价时最重要的手段之一。良心是个体对自己行为的是非、善恶进行自我认识、自我控制、自我调节和自我评价的综合体现，它代表了个体对自己应承担的道德责任的一种稳定而自觉的意识。这种意识并非与生俱来，而是通过社会和历史的教育因素在个体的道德实践过程中逐渐形成的。良心的形成受到个体的知识水平和生活方式的深刻影响。

世界观、人生观和价值观构成了一个内在统一的观念体系，它们在个人身上具体体现为信念，并通过这些信念来中介性地支配着个体的认识和行为。信念在认识过程中扮演着多方面的角色。首先，信念是认识事物的精神支柱，为认识活动提供无意识的根据；其次，信念具有辨别事物的功能，帮助个体区分是非善恶。信念是一种非理性的认识形式，它超越了纯粹的逻辑和证据，更多地依赖个体的情感和直觉。

教师信念是教师在教学情景和教学历程中，对教学工作、教师角色、学生、学习等相关因素所持有且深信不疑的观点。教师信念涵盖了教师的教学实践经验与生活经验，形成一个相互关联的系统，从而指导和影响教师的思考与行为。一方面，教师信念影响着教师的知觉和判断，进而影响教师在课堂上的言辞和教学行为；另一方面，教师信念往往是潜藏的，未被教师本人意识到。研究教师信念，可以让教师有机会反省自己的内隐信念，从而有可能改变这些信念，进而带来教学实践的改进和提升。

（二）接受机理：知识、学习、问题解决、行为

内化是使某种外部世界的样式，如外部文化结构、社会需求、道德意识、交往形式以及实践价值等，逐步转化为个体内在精神生活的一个深刻且细致的过程，并且这一过程还涉及使这些关于外部世界的内在表象对个体的思想和行为产生深远影响。

具体来说，内化并非简单的复制或模仿，而是一个需要个体主动参与和深刻体验的动态过程。个体通过观察、学习和反思，逐渐理解、认同并接受这些外部世界的元素，使它们在自己的内心深处扎根，进而成为驱动个体思想和行为的内在力量。

在这个过程中，个体不仅吸收知识，还内化情感和态度。例如，个体在与外部世界的互动中，会形成对某些事物的情感和态度，这些情感和态度也会逐渐内化为个体的一部分，进而影响其思想和行为。同时，个体还会根据外部世界的变化，不断调整自己的内在表象，使其更加符合现实的要求。

此外，内化是一个持续不断的过程，它需要个体与外部世界保持持续的互动和交流。通过这种互动，个体能够不断地修正和完善自己的内在世界，使其更加符合外部世界的真实情况。

总体来说，内化是一个将外部世界的样式转化为个体内在精神生活，并使这些内在表象对个体的思想和行为产生深远影响的过程。它涉及文

化、社会、道德、交往和实践等多个方面，是个体自我发展和自我完善的重要途径。通过内化，个体能够更好地适应外部世界，同时也能够不断提升自己的内在素质和能力。

1. 知识

知识论的核心内容涵盖了信息、知识及其相互之间的联系。在本体论视角下，信息被定义为事物对其自身运动状态及变化模式的自我表达。经验信息虽属于信息范畴，但并非仅是本体论信息在人类意识中的直接映射，而是经过人类实践、思维加工和系统整理后形成的认识论信息。从认识论角度出发，信息体现为事物运动状态及其变化规律的抽象，而非单纯的事物运动状态变化的表征。美国教育心理学家布鲁纳提出，知识具有表征模式、经济性和效能三个基本特征。表征模式涉及人类认知发展，从动作表征和影像表征演进至符号表征，个体通过这三种表征系统对复杂多变的外部信息进行整合，形成个人的知识体系。教育目标的设定包括知识、技能和情意三个维度，分别对应于事实知识、技能知识和规范知识的传授与学习。高等教育界普遍认同这一教学目标的分类，认为在课程思政教学体系构建中，应以教学目标为导向，将教学过程细分为知识、技能和情意三个认知领域。规范知识的形成过程大致会经历注意、反应、评价、组织和定型五个阶段。注意阶段是指产生道德学习意愿的初级阶段；反应阶段是基于意愿在行为上的积极表现与回应的阶段；评价阶段是对社会现象进行判断的过程；组织阶段是依据个人品格发展趋向，适当调整其价值结构的阶段；定型阶段则是逐渐形成稳定的价值观、社会观、人生观和宇宙观的阶段。

2. 学习

学习的特点可以进一步阐述如下：首先，学习策略结构中最为核心和基础的特性是操作性和监控性，这两种特性是学习知识过程中最直接和最有效的作用方式。其次，学习过程中外显性和内隐性的有机统一，意味着学习者在学习过程中既需要明确表达和展示自己的学习成果，也需要在内心深处理解和吸收知识，形成深刻的认知和理解。最后，变通性和迁移性的有机统一，强调学习者在掌握知识的同时，能够灵活运用所学知识，并将其应用到新的情景中，实现知识的迁移和创新。

学习型社会是一个终身学习、主动学习、学习型组织普遍存在的社会。在这个社会中，每个人都在不断地学习和进步，学习成为一种生活方式。高等教育在建设学习型社会中扮演着至关重要的角色，它不仅要传播先进的学习理念，还要培养学习者的学习能力，以及培养学习者创新的观念和能力。这是高等教育的历史使命和任务。

课程思政课的目标模式与课程思政课的内容模式是两个不同的概念。目标模式强调的是希望学生能够消化和吸收所选择的学习内容，而内容模式则侧重于如何最有效地将学习内容传递给学生。在信息封闭的社会里，灌输式学习是以目标实现与内容传送为宗旨的，这种教学理论试图将教学过程变成一个科学的过程。然而，这种课程思政课教学规划模式将教学视为知识的传输，其传输方式并不能充分满足教育活动所具有的广泛需求，如增进自主性，实现个人及社会的发展，增长审美意识、理性意识，实现经验和活动自身的价值。

3. 问题解决

问题解决者在面对问题时，会经历起始、中间和目标状态，将任务领域转化为人的问题空间，从而实现对问题的理解和表征。表征是问题解决的核心环节，它揭示了问题在思维中的呈现方式和表现形式。正确的表征意味着问题解决已经完成了一半。相关学者在认知心理学和教学论两个领域深入探讨了问题解决的心理机制、策略选择和技能形成，以及问题解决的教学模式和实践操作策略。美国心理学家杜威的五段论是问题解决行为中最具代表性的观点之一。五段论分为：第一，出现认知上的困惑、挫折感或对困难的意识。第二，确定问题的具体所在，包括不明确地指出追求的目的、需要填补的缺口或目标。第三步，提出各种假设。第四步，必要时对假设进行连续检验，并对问题进行更明确的阐述。第五步，进行验证、证实，驳斥或改正假设。此外，还有准备、沉思酝酿、灵感顿悟、验证的四段论，以及以几何问题解决为原型的四段模式，包括呈现问题情景命题、明确问题目标与已知条件、填补空隙过程和检验。

认知心理学将人视为积极主动的信息加工者，并将人与计算机进行类比，利用新的研究方法分析问题解决的微观发生机制，推动问题解决研究进入第二阶段。这一阶段的研究特点在于借助计算机模拟方法，探究人类问题解决的内部心理机制。其主要成果涉及问题解决的一般认知过程、问题表征与策略获得、元认知的监控等方面。在科学主义与人本主义理论的融合与发展中，认知心理学呈现出新的发展趋势，强调在信息加工的内在心理机制基础上，吸收建构主义观点，强调问题解决过程是主体内部信息加工与外界环境交互作用的结果。以下列举了几种不同的问题解决程序。第一，将问题解决教学过程分为五个环节：提出问题、解决问题、小组交流、活动汇报、解题后的反思。第二，问题解决程序包括：形成问题的初始表征、制订问题解决计划、执行计划检验结果、完成。第三，问题解决程序包括：理解与表征问题、寻求答案、尝试应答、评价、停止。课程思政课教学旨在培养学生素质，注重实践。在整个教学活动中，我们既要督促学生掌握基础理论知识，又要指导学生将社会与个人思想实际紧密联系，并创造条件使学生通过社会实践来开阔视野，进一步感受时代精神、社会意识、爱国情感、历史责任。同时，我们还要指导学生将实践活动中获得的感性材料与书本理论相结合，经过提炼，从理论高度进行认识。课程思政课可以将学校教育与社会教育相结合，将日常的道德品质和行为习惯的养成提升至社会主义现代化建设、人才培养需要的高度。

4. 行为

课程思政旨在实现知识与行动的统一，其终极目标是培养学生的道德行为和习惯。这一目标的实现依赖提升学生的道德认知和参与道德实践。在隐性教学中，活动教学特别关注学生的自主和谐发展，其核心任务是培养学生的道德能力和行为习惯。将活动课程纳入教学计划，并作为课程思政教学的重要组成部分，是因为活动在个性品德的塑造和发展中扮演着独特角色。道德原则和行为规范只有在活动中转化为个体稳定的行为特征，才能真正成为道德品质的一部分。

美国心理学家哈特·肖恩和梅的研究指出：在特定情景下得分较高的欺骗测验儿童，并不意味着他们在所有情景中都有欺骗的倾向。同样，一个在某种情景下表现诚实的儿童，在另一种情景中可能也会说谎。苦难倾向并非完全依赖个体的谨慎程度，而是更多受到直接情境的影响，而非内在道德原则的控制。道德知识的测验与道德行为的实验检验之间的相关性较低，了解道德行为的事实并不保证这些知识会在个人行为中体现出来。公立学校或宗教团体提供的直接道德指导对儿童说谎行为的影响并不显著。即使在没有惩罚和被发现的忧虑下，诚实行为也主要取决于诸如集体表扬或榜样等直接情景因素。一个诚实的儿童并不一定具备其他美德。研究显示，个人的品格特征和道德行为之间往往缺乏统一的整合模式。诚实作为一种道德品质，是具体且情景性的。在学生的日常行为中，并不存在一种普遍且一贯的诚实品质，他们的道德行为会因情景的不同而有所差异。传统的道德说教对道德品格的形成影响甚微，道德品格或良心并非可以简单教授。在道德学习中，经验至关重要。教师应关注儿童所处的情景和个人关系，为了理解儿童的行为，必须考虑他们的社会背景、家庭和同伴环境。

（三）反馈机制：教学评价

反馈机制作为维系机体功能平衡的关键途径，通过系统活动的成果来调整系统活动的运作模式。任何控制系统均由包括施控系统与受控系统在内的众多子系统构成，高校课程思政课作为一项多层次、结构复杂的系统工程，必须遵循系统工程的原则，构建高校课程思政课的信息反馈机制，以确保课程思政课目标明确，切实提升其针对性与有效性。高校课程思政课的有机系统对于保障自身运行安全具有重要作用，它能够预防课程思政课陷入恶性循环、畸形发展，促进其持续创新，实现可持续发展的机制即为课程思政课的保障机制。一旦资助决策付诸实施，接受反馈的行动随即启动。然而，反馈并非刻意设置的单一环节，而是确保反馈提供与处理渠道的畅通与影响力。此外，反馈机制还承担着权力制衡的重要职能。

为了实现课程思政课教学的功能与价值，需要进行两种主要的评价。首先，从结果与目标的角度，评价可以分为内在评价和结果评价。其次，从过程与结果的角度，评价可以分为形成性评价和总结性评价。

在内在评价与结果评价方面，内在评价侧重于教学目标的实现，评价者需研究特定内容的准确度、建议的经验类型以及所需资料的种类。鉴于目前的知识状况，评价者只能进行理论上的内在评价。结果评价则是基准性的、决定性的评价。狭义的结果评价主要提供教学效能的评估，而广义的结果评价则提供教学的主要效果与边际效果两方面的信息。边际效果包括因过分强调某些内容、组织原理、教学方法或评价方法而产生的偏见或误解。识别可能的边际效果是为了警告教师努力避免潜在风险。教学结果分为短期与长期，短期结果包括学生记忆的内容和在课程期间或之后立即能应用的知识，以及教师对教学的满意度和社区对教学的支持。长期结果则涉及学生在忘记教学细节后仍能有效运用知识，以及学生对教材的态度。显然，长期结果是最重要的。结果评价往往是操作性地界定的，评价者不仅考虑教学对学生的影响，还考虑对教师、家长和行政人员的影响。结果评价是教育者最为关注的，其支持者认为它是唯一有价值的。

在形成性评价与总结性评价方面，形成性评价包含改进现有方案的活动，总结性评价旨在获得教学质量的总体情况。形成性评价是教学在试行过程中进行的评价，用于改进、修订和发展教学。教师进行形成性评价的方式多样，不仅确定预期效果的发生，还记录和考察意外效果。形成性评价通过反馈和调整过程保持教学编制过程的开放性。总结性评价通常在项目完全编制好后和在学校范围内实施后进行。总结性评价是教学试行或实施后的评价，具有综合性，用于判断教学设计的成就，其结果也用于教学评价、鉴定和选拔。总结性评价关注整个教学或教学内整个过程的效能。总结性评价的主要目的是使参与者能够得出教学单元效果的结论。这种评价获得某一特定教学中各种不同的总体效果。因此，与总结性评价相比，形成性评价通常使用非正式方法，侧重于过程，而总结性评价可能使用更正式的手段来分析和收集数据。教学评价决策分为两类：如何改进教学的决定需要形成性评价，而是否继续使用教学的决定则需要总结性评价。对教学的实地检验就是一种形成性评价。形成性评价与总结性评价的重要差异在于决策者和评价位置或场所的不同。在形成性评价中，决策者参与教学编制的工作。形成性评价的主要目的是发现教学方案的弱点和不足并努力消除，形成性评价满足了教师、教学专业人员、学校行政管理人员以及其他人员的需要。而总结性评价在于判断教学是否起到了有效的作用，总结性评价满足了政策制定者、行政管理人员以及其他社会成员获得教育体系方面信息的需求。形成性评价与总结性评价不易区分。评价的作用在于：首先，作为对教学绩效考评的一个重要方面，评价目标是了解教学是否得到学生的认可和满意度。其次，作为对下一次教学行为实施的重要参考，评价使教学系统更趋向于合理化。最后，评价能够充分发扬以学生为中心的教学态度，给予学生更多权利和表达机会，有助于创造一个开明、公正、富有人性化的教学决策管理体系。

总之，课程思政课教学反馈中的评价机制起着重要的导向作用。如果没有反馈和评价机制，则无法衡量工作的绩效，因而也就无法对工作进行有针对性的改进。

二、职业院校课程思政实践教学机制的建设

（一）要推进课程思政教育社会化要素与课堂教学的融合与协调

为促进教育的融合与协调，职业院校需要采取有效措施将社会化要素融入课堂教学，以强化课堂教学的主渠道作用。职业院校还需要持续地认

识和理解当代大学生的特征，为课堂教学采取针对性措施提供依据。

第一，在教学内容方面，优化课堂教学内容，结合理论传播，及时解读大学生关心的社会热点难点，积极引导；在教学方式和方法方面，鼓励大学生主动参与课堂教学，发挥课堂民主。教师还需要积极利用社会资源，适当运用相关的图片、视频，有效弥补理论传播过程中的抽象性、理论性过强缺点，快速带领学生进行时空转换，感受特定的历史情景。针对当前大学生的认知和思维特点，成都工业职业技术学院大多数课程思政课堂在传统的说理式教育的基础之上都能采用平等对话、案例分析等互动式教学方法，力求找准切入点，做到通俗易懂，使学生能够理解与接受。在教学活动中，成都工业职业技术学院大多数课程思政课堂采取读（读课程思政原著等）、写（写论文）、看（看教学录像片）、议（课堂讨论）等相结合的教学形式，发展课堂民主，以便交流和引导，消弭歧见。同时，成都工业职业技术学院引进社会资源进课堂，更多地贴近社会、贴近实际，增强学校课程思政教育的效果，如聘请专兼职教授、专家和党政干部为大学生做报告等。

第二，推进课程思政教育的时空延伸、内容延伸。成都工业职业技术学院配合课程思政教育的核心课程进行原著导读和开设选修课程。从 1998 年开始，成都工业职业技术学院在课程思政教育课程中实施原著导读工程，以夯实学生的理论基础，提高大学生的理论兴趣；提高学生利用所学知识分析问题、解决问题的能力，培养学生的创新意识、创新精神和理论创新能力。同时，成都工业职业技术学院围绕思想政治教育核心课程开设众多的传统文化类、心理学类、经管类、艺术欣赏类等选修课程，在提高学生人文素质的同时进一步提高课程思政道德素质，增强当代大学生的价值判断、价值选择能力。在此基础上，成都工业职业技术学院探索将课程思政素质培养融入专业课程，增强专业课程育人作用。

第三，倡导研究性、自主性学习政治理论。成都工业职业技术学院鼓励大学生参与研究性学习，结合实验室、学生参与研究的课题（SRP 项目）、各种竞赛等，培养学生创新能力和创新精神，鼓励学生通过调查研究了解社会和人生、通过实践得出课程思政方面的结论。除了利用 SRP 项目引导学生进行课程思政研究外，成都工业职业技术学院马克思主义学院还拿出部分经费鼓励大学生进行思想政治教育调查研究、社会实践；引导和鼓励学生进行研究式的学习，选择一些题目，要求学生以组为单位，进行调查研究、理论探讨，运用正确的立场观点和方法，提出解决问题的对策，并要求学生在课堂中交流，回答老师和同学的提问，进一步增强大学生灵活运用科学理论的能力；鼓励教师开设教学讨论，组织力量开办学习网站，进一步加强课程思政教育课程进网络的力度，加强自主学习课件的开发，以学生喜闻乐见的形式推进政治理论教育。

第四，促进思政课堂教学与社会实践对接，以课堂教学指导社会实践，同时以社会实践充实提升大学生思想觉悟和理论水平。成都工业职业技术学院通过课堂教学引导学生以理论指导实践，通过实践解决问题，提高理论水平和觉悟，促进由知向行的转化；借助珠三角地区丰富的革命遗址和改革开放前沿阵地之利，先后建立了众多的大学生课程思政教育基地，各门课程安排一定学时进行社会调查活动。成都工业职业技术学院通过组织学生进行社会调查，积极引导学生认识社会、人生，引导学生将个人发展和社会发展结合起来，树立远大的目标和理想，使学生了解我国社会主义建设的成就，从而更加爱党爱国，使思想政治课程教学的针对性和实效性得到实实在在的提高。

第五，通过学生工作、社团活动、讲座等构筑育人氛围，形成良好的校园文化。成都工业职业技术学院通过细致的学生工作，以爱心、耐心和真心对待学生，构筑温暖的校园大家庭。学校积极引导学生参与到营造丰富多彩的校园文化氛围、浓厚的学习氛围、温馨的家园氛围的活动中来，培养和发掘多层次多方位的大学生榜样，发挥榜样示范作用。成都工业职业技术学院通过社团活动、讲座等方式丰富校园文化，并形成对外辐射品牌，如长达二十年的“清明义工”志愿者活动、“政管大讲堂”等，进而发挥校园环境对学生课程思政道德素质隐性影响的作用，增强大学校园文化潜移默化的育人作用。通过不懈努力，成都工业职业技术学院有效地激起了学生的学习兴趣，取得了较好的教育效果，得到了学生、领导、社会各界等多方面的一致好评。

（二）要建立高职院校课程思政教育课堂教学与社会化教育融合协调的长效

为构建高校课程思政教育与社会化教育融合协调的长效机制，职业院校需从以下三个层面着手：

第一，从国家层面来看，必须采取切实有效的措施，以确保各高校全面贯彻执行关于大学生思想政治教育的相关文件精神。特别需要关注师生比例、教育经费投入以及教学单位独立建制等关键问题，从而为精细化的课程思政教育提供必要条件。同时，应以宣传系统和高等教育系统为核心，构建由学术界、新闻传播界、文艺界、教育界及政工系统等多领域、多层次组成的课程思政教育团队，并促进各领域间的交流与合作，形成教育合力。此外，应满足大学生对大众传播媒体的需求，提升其媒介素养，并采取必要措施净化大众传播媒体环境。

第二，从职业院校层面来看，需打破校内课程思政教育的条块分割现状，建立一个融合多方的委员会或联席会议制度，以形成教育合力。通过这一平台，实现教学、学生工作、宣传、组织等部门之间的沟通与指导，协调工作。同时，应充分利用和引导学生社团、非正式群体、非政府组织（NGO）、校园文化活动、人际关系及大众传播媒介等构成大学生课程思政教育校园环境的因素，发挥其隐性教育功能。此外，增强校内代际和同辈间的交流与沟通，发挥其社会化教育功能。大学生骨干和榜样在朋辈亚群体交往中形成若干不同层级的中心，他们在意见领袖、观念传播和情绪感染等方面发挥着重要作用。这需要职业院校根据大学生受众对榜样的需求，更多地选择体现时代特点、来自大学生生活世界的各种典型，从典型的先进层次、先进内容等方面合理发掘、分类开发，激发大学生对典型的学习热情；发挥教工的引领作用，如名师教授讲述个人成长经历、广大教职员工以言传身教等；校关工委通过“乐为、乐助和乐育”活动影响青年大学生思想政治素质。

第三，从学校制度层面来看，需设计具体制度以落实执行，在课程设计和安排、大学生课程思政教育经费开支、教师业绩考评等方面加强落实，创造有利于两者融合协调的有利局面。学校在加强思想政治核心课程建设的同时，应实施“德育课程（课程思政课）主辅制，按主辅制的原则在学校的人文选修课中开设一些选修课程作为课程思政课的辅助课程”，采用“人文素质教育课程内容融入德育内容”的方式进一步提高大学生课程思政素质和人文素质，培养一批青年马克思主义者；完善社会实践制度，落实人员和经费保障；建设大学生自主互动学习马克思主义的网站，加大经费支持力度；逐步完善教师考评制度，鼓励教师参与社会化教育活动。

第四章　积极心理学在职业院校课程思政实践中的应用

第一节　积极心理学在职业院校课程思政中的重要性和价值

在快速发展的现代社会，职业院校作为技术技能人才培养的重要基地，其教育质量和学生的全面发展程度备受关注。传统的教育模式往往侧重于知识的传授和技能的训练，却在一定程度上忽视了学生心理素质的培养和道德品质的塑造。然而，面对日益复杂的社会环境和激烈的就业竞争态势，职业院校的学生不仅需要具备扎实的专业技能，还需要拥有积极的心态、健康的心理和强烈的社会责任感。因此，积极心理学在职业院校课程思政中的应用显得尤为重要。积极心理学作为一门专注于人类积极心理特质与潜能的科学，强调通过正向引导和心理干预，激发个体的内在优势，促进全面发展。在职业院校课程思政中融入积极心理学，不仅有助于提升学生的心理健康水平，增强其面对挑战和困难的心理韧性，还能够激发学生的优势品质，提升其道德认知和社会责任感。这种融合创新的教育模式，不仅能够培养出具有专业技能和良好心理素质的高素质技能型人才，还能够为社会输送具有强烈社会责任感和良好道德品质的未来公民。

在职业院校课程思政中应用积极心理学的原理，能够显著增强思政工作的效果。利用积极心理学，思政教师能够显著提升心理健康教育的品质，助力学生保持稳定的心态，这对于学生的长期发展具有极其重要的作用。目前，我国一些职业院校根据自身的教育需求，对传统的思政教育模式进行了创新性的尝试，并以积极心理学为突破口，推进思政教育的创新，从而确保学生全面发展的需求得到满足。积极心理学与课程思政教育的结合，已经引起了学术界的高度重视。众多学者认为，职业院校在进行课程思政建设时存在一定的难度，部分教师对思政教育的目标缺乏全面的认识，这常常会显著降低教育效果。将积极心理学融入课程思政建设，有助于引导教师的教学活动，帮助教师及时调整教学方法，提高思政教育的品质，从而营造出有利于学生思想建设的教育氛围。此外，将课程思政与积极心理学相结合，能够激励学生自主学习，并规范学生的行为，最终为学生的学业成就和社会化发展奠定坚实的基础。

一、积极心理学与课程思政教育目标的一致性

从教育目标的角度进行细致分析，职业院校所实施的课程思政教育，其核心宗旨在于重视和强化学生的社会责任感、道德观念以及集体主义精神的培养。积极心理学专注于激发个体的正面情感，塑造其积极心理特质，增强其自我效能感，从而助力个体实现人生的幸福与满足。职业院校实施课程思政教育，旨在使学生在掌握专业知识和技能的同时，深刻理解和践行社会责任，具备良好的道德判断力和行为准则，以及在集体中发挥积极作用的意识和能力。而积极心理学则通过研究和应用，激发和增强个体的正面情感体验，塑造和培养个体的积极心理特质，提升个体的自我效能感。通过这种方式，个体能够在面对挑战和困难时保持积极乐观的态度，更加自信地应对生活中的各种问题，从而在实现个人成长和发展的过程中，获得更多的幸福感和满足感。综上所述，职业院校通过课程思政教育和积极心理学的有机结合，不仅能够全面提升学生的综合素质，还能够帮助他们在未来的职业生涯中更好地适应社会、贡献社会，实现个人价值和社会价值的双重提升。这种教育模式的推行，无疑将为社会培养出更多具有社会责任感、道德观念和集体主义精神的优秀人才，同时也为个体的幸福与满足提供了坚实的理论和实践基础。

首先，积极心理学提倡关注个体的优势和积极情感，这与课程思政教育中强调的培养学生的道德情操和人文关怀不谋而合。通过积极心理学的引导，学生能够更好地认识自我，挖掘内在潜力，从而在思政课程中更加积极地参与讨论和实践，形成正确的价值观和人生观。其次，积极心理学所提倡的积极心态和乐观精神，有助于学生在应对各种困难和挑战时，具有显著的促进作用。这种心态能够使学生在逆境中保持坚定的意志，不轻

易退缩，勇敢地面对各种挑战。积极心理学所倡导的这种心态和精神，对于课程思政教育中培养学生的社会责任感和集体主义精神，具有极其重要的意义。在积极心理学的指导下，学生能够更加深入地理解个人与社会的关系，认识到个人的成长和发展离不开社会的支持，社会的进步也需要每个人的贡献。这样，学生在进入社会后，就能够更加自觉地承担起社会责任，积极参与到社会建设中去，为社会的发展贡献自己的力量。学生不仅会关注个人的成长和发展，还会关心社会的进步和繁荣，努力成为一个对社会有用的人。学生在面对困难和挑战时，也保持积极的心态，勇敢地面对和克服各种困难。最后，积极心理学与课程思政教育的结合有助于培养学生的创新能力和实践能力。积极心理学鼓励个体追求自我实现，这与课程思政教育中强调的培养学生的创新精神和实践能力相辅相成。学生在积极心理学的指导下，能够更好地发挥自己的创造力，积极参与社会实践，从而在思政课程中更好地实现知行合一。积极心理学与课程思政教育在培养全面发展的人才方面具有高度的一致性。通过将积极心理学的理念融入课程思政教育，可以更好地实现教育目标，培养出具有社会责任感、道德情操和创新能力的优秀人才。

二、积极心理学有助于提升课程思政的育人效果

在传统的课程思政建设实践中，教师注重理论知识的传授和行为规范的约束，而往往未能充分关注学生内在的积极品质和潜在能力的培养。此类教育模式可能导致学生主动性和积极性的削弱，进而影响其主观幸福感和自我效能感的形成。然而，积极心理学的引入为课程思政提供了新的视角和方法。积极心理学强调在教育过程中营造积极、健康的课堂氛围，通过提升学生的参与度，重视他们在学习过程中的积极情绪体验和人格特质的培养。该方法注重激发学生的内在动力和积极情感，从而促进学生的全面发展。

在职业院校的课程思政实践中，积极心理学的应用可以为学生提供更加丰富和多元的学习体验。例如，教师可以运用积极心理学的干预手段，设计更多互动性强、参与度高的教学活动，让学生在参与的过程中体验到学习的乐趣和成就感。通过这种方式，学生不仅能够更好地掌握知识，还能在实践中培养团队合作和沟通能力。此外，积极心理学的技巧和方法还可以帮助学生更好地管理自己的情绪，缓解压力，使他们在面对各种挑战

时能够保持积极的心态和高效的学习状态。通过培养学生的抗挫能力和自我调节能力，积极心理学为学生未来的职业生涯打下了坚实的基础，使他们能够在复杂多变的社会环境中更好地适应和发展。

积极心理学在职业院校课程思政中的应用还可以显著促进教师的专业成长和发展。教师在运用积极心理学理念进行教学设计和实施过程中，不仅能够提升自身的教学技能和专业素养，还能够更好地理解学生的需求、特点和心理状态，从而实现教学相长，达到师生共同进步的效果。通过参与积极心理学的培训和实践，教师可以更加关注学生的个体差异，采用更加灵活多样的教学方法，激发学生的潜能，帮助他们实现自我价值和职业目标。积极心理学在职业院校课程思政实践中的应用具有重要的意义和价值。它不仅能够帮助学生培养积极的心理素质，提高心理健康水平，还能够提升教师的教育质量，促进学生和教师的共同成长和进步。因此，将积极心理学融入职业院校课程思政教育，不仅是一种创新的教育理念，更是一种有效的教育实践路径，有助于构建一个更加和谐、积极的学习环境，为学生的全面发展奠定坚实的基础。

三、积极心理学促进课程思政与心理健康教育的融合

积极心理学在促进课程思政与心理健康教育的整合方面发挥着至关重要的作用。通过引入积极心理学的理念与方法，教育方式得以创新，教育范围得以拓展，教育模式得以优化，积极的校园文化得以构建，从而共同推动学生的全面发展。积极心理学强调个体的优势与潜能，倡导积极的心态与行为。将这些理念融入课程思政，有助于学生树立正确的价值观与人生观，激发内在动力与学习兴趣。同时，运用积极心理学的方法，教师能够更好地关注学生的心理健康，及时发现并解决学生在学习与生活中遇到的心理问题，为学生创造一个更加健康、和谐的学习环境。此外，积极心理学的应用有助于培养学生的积极人际交往能力，增强团队合作精神，提升抗挫折能力，使学生在面对各种挑战时能够保持积极向上的心态。通过这些综合性的教育措施，学生不仅能够在学业上取得优异成绩，还能在心理素质与人格品质上得到全面提升，最终实现全面发展，成为社会的有用之才。

一是有共同理念的支撑。积极心理学的理念为课程思政与心理健康教育的融合提供了坚实的理论基础。该理念强调学生的主体性，注重学生的

积极体验和成长，这些核心观点在两者中均有体现。通过积极心理学的视角，我们能够更准确地理解学生的需求和潜力，从而在课程思政和心理健康教育中实现更有效的结合和互补。这种理念的融合不仅有助于提升学生的心理健康水平，还能促进他们在学习和生活中展现出更多的积极品质和能力。

二是有互补的教育内容。课程思政的核心目的在于全面提升学生的政治素养，培育其社会责任感，并强化其道德品质。通过将思想政治教育融入各类课程，学生不仅能够掌握专业知识，还能深入理解国家的发展方向、社会的核心价值观以及个人在社会中的责任与使命。此类教育方式旨在引导学生树立正确的世界观、人生观和价值观，使其成为既有专业能力又具备高尚道德情操的全面发展人才。心理健康教育则专注于关注和提升学生的心理素质，促进其心理健康发展。这包括帮助学生建立积极的心态，培养良好的情绪调节能力，增强自我认知与自我管理能力，以及提高人际交往和沟通技巧。通过系统的心理健康教育，学生能够更好地应对学习和生活中的压力与挑战，从而实现全面而健康的成长。这两者在教育内容上相互补充，共同促进学生的全面发展。在课程思政的实施过程中，教师精心设计了一系列与学生生活紧密相关的教学活动，如模拟联合国、社区服务项目以及历史人物角色扮演等，这些活动不仅激发了学生的学习兴趣，还让他们在实践中体会到理论知识与现实世界的联系。同时，心理健康教育也采取了多种方式，如团体辅导、心理剧和情绪管理工作坊等，这些活动帮助学生在轻松愉快的氛围中学习如何处理压力，如何与他人建立和谐的关系，以及如何在复杂多变的社会环境中保持心理平衡。通过这些精心设计的教育活动，学生不仅在知识层面得到了提升，更在情感和心理层面获得了成长。他们学会了如何将个人梦想与国家发展相结合，如何在社会中找到自己的位置，并为实现个人价值和社会责任而努力。我们相信，通过这样的教育，学生将能够成为社会的栋梁之材，不仅具备扎实的专业知识，更拥有健全的人格和积极向上的生活态度。

三是协同教育方式。在课程思政的实施过程中，融入心理健康教育的相关元素具有重要意义。教师可选取具有代表性的社会热点问题，通过案例分析的方式，引导学生深入思考和讨论这些问题背后的心理动因和社会影响。通过这种方式，学生不仅能够了解社会现象，还能学会从心理学的角度去分析和理解问题，从而培养他们的同理心和社会责任感。此外，角色扮演是一种有效的教学方法，教师可以设计一些与心理健康相关的角色扮演活动，让学生在模拟的情景中扮演不同的角色，体验不同人物的心理状态和情感反应。通过这种互动式的教学方式，学生能够更加直观地感受到心理健康的重要性，同时也能够提高他们的沟通能力和团队协作能力。在心理健康教育领域融入课程思政的理念与方法，有助于学生构建正确的世界观、人生观和价值观。通过这一过程，学生不仅在心理健康方面获得提升，还在思想道德层面得到积极的引导和培养。首先，课程思政的理念主张将思想政治教育与各类课程相结合，使学生在掌握专业知识的同时，接受思想道德的熏陶。心理健康教育作为一门关注学生内心世界的课程，自然成为课程思政的重要载体之一。通过心理健康教育，教师可以引导学生正确认识自我，学会管理情绪，培养良好的人际关系，从而在潜移默化中构建正确的世界观、人生观和价值观。其次，课程思政的方法注重通过具体案例、实践活动等方式，使学生在参与中感悟和体验。心理健康教育可以结合课程思政的方法，设计一些富有教育意义的活动，如角色扮演、情景模拟、小组讨论等。这些活动不仅能帮助学生更好地理解和掌握心理健康知识，还能在互动中培养他们的团队合作精神、社会责任感和道德判断力。例如，在心理健康教育中，教师可以引入一些真实的心理案例，让学生进行分析和讨论。通过这种方式，学生不仅能学会如何应对心理问题，还能在讨论中体会到尊重他人、关爱他人的重要性。最后，教师还可以组织学生参与志愿服务活动，如关爱留守儿童、帮助孤寡老人等，使他们在实践中感受到助人为乐的快乐，从而进一步构建正确的价值观。通过这种方式，学生能够在学习和实践中逐步构建正确的世界观、人生观和价值观，成为德才兼备的社会主义建设者和接班人。

第二节　构建基于积极心理学的职业院校课程思政实践框架

一、深化教育目标，树立积极的教学理念

在课程规划的过程中，融入积极心理学的原则显得尤为重要。教师应当重视学生的情感体验和内在激励，从而帮助他们在学习过程中培养积极的心态和优秀的品质。确立教学目标时，教师不仅要关注知识和技能的传

授，更要致力于塑造学生的积极心态，激发他们的内在激励机制。通过这种方式，学生能够在学习过程中感受到成就感和满足感，进而更加积极地投入到学习中。教师可以通过设计富有挑战性而又切实可行的任务，鼓励学生面对困难时保持乐观和坚韧的态度。同时，教师还应关注学生的个体差异，提供个性化的支持和指导，帮助每个学生发现自己的潜力和兴趣，从而在学习过程中不断进步和成长。通过融入积极心理学的原则，教师不仅能够通过课程规划提升学生的学业成绩，还能帮助他们在情感和心理层面获得全面发展。

首先，培养学生的职业道德。对于职业院校而言，思政课程的核心在于加强学生的课程思政素养和职业行为标准，以社会主义核心价值观为根本，塑造他们良好的职业道德，这包括培养正面的价值观、高尚的职业道德标准、端正的职业态度和规范的职业行为。为了实现这一目标，职业院校应当将思政课程与学生的职业生涯规划紧密结合，通过这种结合，不仅能够提升教学的深度，还能增强其实用性。具体来说，课程内容应当涵盖职业道德的基本原则、职业行为的规范要求以及在实际工作中践行社会主义核心价值观的方式。教师应当通过案例分析、角色扮演、讨论等多种教学方法，引导学生深入理解职业道德的重要性，并在实际生活中加以应用。此外，职业院校还可以邀请行业内的优秀专家和模范人物开展讲座或交流，让学生近距离感受职业道德的力量，从而激发他们自觉地培养和提升自身的职业道德素养。通过这些综合性的教学手段，职业院校能够更好地完成培养学生职业道德的首要任务，为社会输送具有高尚职业素养的优秀人才。

其次，重视培育学生积极的人格特质。在教育过程中，我们应当认识到，除了智力因素之外，优秀的非智力因素也是职业成功的关键。在思政课程中，关于中华传统美德、民族精神、时代精神的传授，与积极心理学的理论紧密相连、相辅相成。这些文化基因不仅是学生精神世界的基石，更是塑造他们积极人格特质的重要资源。我们应当以这些文化基因为基础，培养学生的智慧、仁慈、公正、好学、感恩、宽容等积极的人格特质。通过这种方式，我们能够激发他们的内在潜能，使他们在面对困难和挑战时，能够展现出主动、积极的行为，从而更好地应对生活中的各种挑战。这样的教育不仅有助于学生个人的成长和发展，也有助于社会的进步和繁荣。

最后，我们必须重视培养学生在学习过程中的积极情绪体验。如果课程思政被贴上“说教”的标签，学生往往会感到枯燥乏味，游离于课堂之外，无所作为，从而导致教学效果大打折扣。因此，课程思政应当关注学生的学习和生活，合理回应学生面临的具体问题，以促进学生的健康成长为目标。为了达到这一目标，我们可以采用多种情景教学方法，激发学生的情绪体验，调动学生学习的积极性、主动性和创造性。通过创设生动有趣的情景，让学生在实际体验中感受到思政课程的魅力，从而激发他们的学习兴趣，提高他们的学习效果。同时，我们还可以通过小组讨论、角色扮演、案例分析等多种互动形式，让学生在参与中体验到学习的乐趣，增强他们的团队合作精神和解决问题的能力。只有这样，课程思政才能真正发挥其应有的教育功能，帮助学生树立正确的价值观，培养他们的社会责任感和历史使命感。

二、整合教学内容，培养积极的学习心态

在进行教学内容整合的过程中，教师不仅应关注知识的传授，还应重视对学生积极心态和心理素质的培养。教师必须深入研究并巧妙地将积极心理学的核心理念融入课程设计，将积极情绪、积极品质以及积极人际关系等关键要素巧妙地整合进课程设计，帮助学生在学习过程中培养出乐观的心态、心理的韧性以及勇敢面对挑战的勇气。教师需要认识到，教学不仅仅是知识的灌输，更是对学生心灵的培养。因此，在课程设计中，教师应当注重激发学生的内在动力，引导他们树立积极的人生观和价值观。通过巧妙地融入积极心理学的核心理念，教师可以设计出富有启发性的教学活动，让学生在参与过程中体验到成就感和满足感，从而培养出积极的情绪和品质。在进行教学内容整合的过程中，教师应深入研究并巧妙地将积极心理学的核心理念融入课程设计之中。通过将积极情绪、积极品质以及积极人际关系等关键要素整合进课程设计中，教师可以帮助学生在学习过程中培养出乐观的心态、心理的韧性以及勇敢面对挑战的勇气。这样的教育不仅能够提升学生的学业成绩，更能为他们的全面发展打下坚实的基础。

教师在教学过程中应当有意识地精心挑选和设计课程内容，以确保这些内容能够有效地激发学生内在的学习动机。通过选择与学生兴趣和需求相契合的教学材料，教师可以增强学生的自我效能感，即学生对自己完成

任务和达成目标的信心。此外，教师还应设计课程内容，以促进学生积极情绪的体验，帮助他们在学习过程中感受到愉悦和满足感。这样，学生不仅能够更好地吸收知识，还能在学习过程中建立起积极的心态和持久的学习兴趣。

首先，教学内容应与国家政策及社会发展同步。自改革开放以来，我国城乡发展迅速，为课程思政教学提供了丰富的素材。教师应定期收看中央电视台《新闻联播》，定期浏览人民网、新华网等主流网站，定期组织重大新闻研讨等教研活动，及时将国家政策和社会正能量融入教材，传递给学生，以增强教学的时效性。其次，教学内容应贴近高职学生的生活实际，与学生建立紧密联系。例如，思政课案例教学可尽量选取当地近期发生的新闻事件，选取高职学生同龄人的故事，选取相关行业新闻，这些案例既生动又亲切，贴近学生实际，具有较强的说服力。最后，教学内容应与学生未来就业的职场环境相衔接，营造职业氛围，培养具有高尚职业操守的未来职场人士。思政课从教学目标的制定、疑难问题的设定、案例的选取、视频的选择、实践环节的确定、课后练习的安排等各方面都应适当考虑未来职场的实际情况，与学生就业紧密相关。这样，既能吸引学生的注意力、聚集人气，也能提高教学的针对性和实效性。

三、创新教学方法，培育积极的情绪体验

在职业院校推进课程思政教学活动中，将积极心理学融入其中，是一项至关重要的举措，此举能够显著提升教学效果。积极心理学的核心理念，强调个体的积极品质和心理力量，通过将其应用于实体课堂以及线上网络课程，可以有效地激发学生的学习动机，提高他们的参与度。这种教学方法不仅能够帮助学生在学习过程中保持积极的心态，还能够培养他们的自信心和抗挫能力，从而在学习过程中取得更好的成绩。

积极心理学在实体课堂理论讲授中的应用，主要体现在如何通过积极心理学的理论框架，构建一个鼓励学生积极参与、主动探索的学习环境。首先，采纳微课程教学法。教师可以依据教学需求，挑选出具有典型性的重点和难点，制作成微视频。学生可以利用他们偏爱的手机或电脑等学习设备，灵活地安排学习时间，自主选择学习内容，这不仅能够激发学生的学习兴趣，而且有助于学生深化对教学内容的理解。其次，引入项目教学法。这种方法以明确的教学目标为出发点，精心设计出一系列与实际应用

场景紧密相关的任务体系。通过这些任务，教师可以引导学生进行深入的探究式学习，使他们在实践中学习，在学习中实践。在这种教学模式下，教师的角色发生了转变，他们不再仅仅是知识的传授者，而是成为学生学习过程中的组织者和指导者。教师需要密切关注学生的学习进度，及时提供必要的帮助和支持，确保学生能够在项目实践中充分发挥自己的潜力，从而达到最佳的学习效果。最后，引入自拍微电影。学生在教师的指导下组建团队，围绕一定的主题展开讨论和分析，并撰写剧本。在特定的场景下，团队成员分别扮演不同的角色，用镜头把他们的所思、所想、所做记录下来，在课堂上展播他们拍摄的微电影，并由教师组织点评分析。实践证明，自拍微电影对于培养学生的分析能力、组织能力等综合素质具有很好的效果。教师还可以利用积极心理学的原理，通过设定明确的学习目标、提供积极的激励和表扬，以及营造一个支持性和包容性的学习氛围，进一步增强学生的自我效能感和归属感。通过这些方法，学生不仅能够在学习过程中感受到更多的乐趣和成就感，还能在面对挑战和困难时保持积极的心态，从而提高学习效果和整体的学习体验。此外，积极心理学的教学方法包括但不限于案例分析、角色扮演和心理互动游戏等。积极心理学在职业院校课程思政中的应用，不仅能够丰富教学内容，还能够有效提升学生的学习兴趣和参与度，进而提高教学效果。教师应积极探索和运用这些创新的教学方法，为学生创造一个更加积极、健康的学习环境。

四、创新实践模式，重塑积极的自我品质

教师应深刻理解课程思政实践教学的重要性，并致力于将理论知识融入实际活动中，从学生的角度出发，设计实践教学方案；通过创新和改进传统实践教学模式，显著提高教学效果；深入探究学生的需求，设定合理的学习目标，协助学生克服不足，进一步激发其学习兴趣。同时，教师还应注重培养学生的创新思维和实践能力，使他们在实际操作中更好地理解和掌握知识。教师应通过多样化的教学手段，如案例分析、角色扮演、实地考察等，使学生在轻松愉快的氛围中学习，从而提高他们的学习积极性和主动性。此外，教师还应注重课程思政与专业课程的有机结合，使学生在学习专业知识的同时，也能深刻理解社会主义核心价值观，培养他们的社会责任感和使命感。通过这些措施，课程思政实践教学将更加贴近学生实际，更好地发挥其教育功能，为培养高素质人才提供有力支持。

同时，教师还应深入挖掘学生的需求，结合积极心理学的理论，与学生保持积极的互动，并针对学生遇到的实际问题提供帮助和建议。关键在于，教师应积极鼓励学生，使他们能够以积极的心态投入到学习中。高等职业院校的课程思政教师应当在教育教学实践中全面贯彻以学生为中心的理念。一方面，需深入了解学生在自主学习过程中的体验与感受；另一方面，应基于学生各自的兴趣爱好，为他们创造多样化的自我表达平台。职业院校应积极评价学生，以增强其自主学习热情和信心，促进自主学习活动。积极评估有助于实践活动的顺利进行。相反，否定或惩罚会削弱学生信心，降低心理体验。创新实践活动需明确学生差异，通过鼓励和积极评价促进学生自主学习，满足学生需求，提升教育价值，体现积极心理学价值。教师的及时鼓励、肯定和赞扬对内向学生尤为重要，有助于消除疲惫和自卑，提升学生自主学习信心，提升综合素养，促进优质发展。

五、建立激励机制，构建积极的教师队伍

为了进一步提升教师在积极心理学领域的知识与技能水平，职业院校须加强对专业培训及讲座的重视，显著提高教师的专业素养与教学能力，从而更有效地指导学生。首先，贯彻教育部《新时代高校课程思政课教学工作基本要求》（教社科〔2018〕2 号）等文件精神，完善思政部机构和教师队伍的建设，在教学设施、教学时数、教师收入、进修培训、职称评定、评优评先等方面给予政策上的支持，以提升教师的地位，增强他们的职业自豪感和使命感，激励他们以积极的心态投身教学工作。通过增加教学设施的投入，确保教师有足够的教学时数，提高教师的收入水平，提供更多的进修培训机会，优化职称评定机制，以及开展评优评先活动，从而全方位地提升思政课教师的整体素质和教学水平。其次，构建学习型教师队伍，鼓励思政课教师通过高级访问学者项目、学历提升、学术交流、实践研修等方式，拓宽专业视野，积累深厚的学识，增强创新力，提高综合素养，为学生树立积极的情绪标杆。这意味着，职业院校需要为教师提供更多的学习和发展机会，使他们能够不断更新知识，提升自身的专业能力。通过参与高级访问学者项目，教师可以与国内外的专家学者进行深入交流，吸收先进的教育理念和方法。通过学历提升，教师可以系统地学习相关领域的知识，提高自身的学术水平。通过学术交流和实践研修，教师可以将理论与实践相结合，提升自身的教学能力和创新能力。最后，引导

教师积极定位，志向高远，踏实工作。思政课教学是一项长期的精神投资，难以量化，不宜与专业教学进行比较，更不宜与政商人士进行对比，以免产生心理失衡或挫败感。职业院校应引导思政课教师对所从事的工作进行积极定位，坚守道德信念，淡泊名利，脚踏实地，相信未来桃李满天下，这也是思政课教师的价值所在。教师应树立正确的价值观，认识到思政课教学的重要性，不以短期的成果和物质利益为追求目标，而是以培养学生的全面发展和综合素质为己任。通过积极的心态和坚定的信念，教师可以在教学工作中发挥更大的作用，为学生的成长和发展做出更大的贡献。

六、完善教学评价，融入积极的考核元素

职业院校应基于积极心理学的理论框架，致力于对课程思政教学效果的评价方法进行改进。职业院校应通过构建一个融合积极心理学理念的多维评价体系，从多个维度对教学成效进行综合评估，以更科学的方式促进学生的全面发展。首先，实施多元立体化评价。具体措施包括：一是实现评价主体的多元化，教师、学生、学校、社会、家长等均能参与学生评价，打破传统由教师单独评判的模式，提升评价的公正性；二是扩展评价内容，将学生的出勤、课堂表现、学习态度、自主学习、阶段性考试、思维与表达能力、创新能力等纳入评价范围，增加评价的客观性；三是将评价过程与促进学生学习紧密结合，重视过程性评价，实践“教中学”“做中学”“学中评”“评中学”，使评价成为推动学生学习的动力，实现评价与学习的有机结合。其次，进行个性化纵向评价。与多元立体化评价侧重于学生间的横向比较不同，个性化纵向评价强调学生自我比较，通过对比分析自身过去、现在、未来的发展，凸显个人的成长性和可持续性。具体操作方法：期末阶段组织学生进行自我总结，包括发现优点、反思缺点、撰写自评报告、公布报告、自我评价、教师评价、学生互评，最终得出评价结论。这种过程性动态评价有助于学生树立自信，增强学习的积极性和主动性，促进学生将道德观念、法治思维和党的理论创新成果转化为实际行动，实现知行合一、理论与实践相结合，从而提升思政课教学的实效性。最后，开展追踪式评价。在思政课教学任务完成后，教师应进行追踪式评价，定期了解学生的思想动态和行为变化。对于成绩较差的学生，关注其变化趋势，及时发现并积极评价其进步；对于成绩优秀的学生，跟踪

其政治动向，观察是否积极向党组织靠拢，是否在学生中起到模范作用；对于成绩中等的学生，也需关注其日常行为，预防可能的突发情况。在学生正式毕业前，教师可根据追踪情况，在一定范围内对学生的成绩进行适度调整。

七、营造校园文化，推广积极的育人理念

职业院校教育环境和校园文化建设是培养大学生积极人格的重要途径之一。职业院校应推广积极心理学的理念，致力于营造一个充满正能量和积极向上的校园文化氛围。职业院校应通过各种形式的活动和教育手段，引导学生们树立积极的心态，培养乐观的生活态度，从而在学习和生活中都能展现出最佳的状态。这种文化的建设不仅有助于提升学生的心理健康水平，还能增强他们的抗压能力和适应能力，使他们在面对各种挑战时能够更加从容不迫。同时，积极向上的校园文化也能激发学生的创造力和团队协作精神，为他们的全面发展奠定坚实的基础。职业院校应当具备独特的特色和文化底蕴，这不仅能够增强学校的吸引力，还能提升其整体形象。为了实现这一目标，职业院校需要加强自身的基础设施建设，包括现代化的教学楼、实验室、图书馆等，以确保学生和教师能够在良好的环境中进行教学和研究活动。同时，职业院校还应注重提高自身的教育素质，通过引进高水平的师资队伍和先进的教学方法，为学生提供高质量的教育。此外，职业院校还应致力于形成一个积极向上的教育环境和校纪校风，包括建立严格的学术规范和行为准则，鼓励学生和教师遵守规章制度，形成良好的学习和工作氛围。通过这种方式，职业院校可以培养学生的自律意识和责任感，为他们未来的发展打下坚实的基础。

为了进一步丰富校园文化，职业院校应努力构建多层次、全方位的学校文化体系，包括举办各种学术讲座、文化活动、体育比赛和社会实践等，以满足不同学生的需求和兴趣。通过这些活动，学生不仅能够拓宽知识面，还能培养团队合作精神和领导能力。职业院校的教育环境和校园文化应当与其教育目标相一致。这意味着职业院校应当明确其教育使命和愿景，确保所有的教育活动和文化建设都围绕这一核心展开。只有这样，职业院校才能培养出具有创新精神和实践能力的高素质人才，为社会的发展做出贡献。

八、构建支持系统，营造积极的校园氛围

积极心理学强调一个能够推动个体获得更多积极体验，并且有助于个体塑造积极人格特质的环境系统，这被称为积极的环境系统。为了让高职课程成为大学生真心喜爱且终身受益的课程，职业院校必须优化环境支持系统，构建一个有利于大学生积极成长的大思政德育氛围。为此，职业院校需要构建一个由学校、家庭和企业三方共同参与的支持体系，全面提供学生在学习和生活方面的辅导与支持。

在这个体系中，职业院校将发挥其教育和引导的核心作用，通过各种教育活动和课程设置，引导学生形成正确的价值观和积极的人生态度。在教学过程中，教师应勇于尝试多元互动式和开放式教学方法，结合课程特点和高职学生的实际情况，以学生的成长进步为教学的着力点，通过运用多样化的教学方法及手段，营造积极的课堂教学氛围，让学生在课堂上充分挑战自我、表现自我，从而体验成功，树立自信，积累积极的情感体验，最终形成积极人格。这样的教学环境不仅能够激发学生的学习兴趣，还能帮助他们在未来的人生道路上，以更加积极和乐观的态度面对各种挑战。家庭不仅为学生提供了一个充满爱与关怀的港湾，还给予他们情感上的支持和生活上的必要关怀。在这个温馨的家庭环境中，学生能够找到心灵的慰藉，感受到来自家人的关爱与理解。家庭的温暖如同一股力量的源泉，激励着他们在面对生活中的各种挑战时，能够勇敢地站起来，充满信心地迎接每一个新的日子。家庭的支持不仅帮助他们在学业上取得优异的成绩，更在情感上给予他们坚定的依靠，使他们在成长的道路上更加自信和坚强。企业通过提供实习和就业机会，使学生能够将他们在学校学到的理论知识应用到实际工作中，从而积累宝贵的职业经验。这种实践经验不仅有助于学生更好地理解和掌握所学知识，还能帮助他们在未来的职业道路上更加顺利地发展。通过在企业中的实习和工作，学生可以了解行业现状，掌握实际操作技能，培养团队合作精神和解决问题的能力。这些经验将为他们未来的职业生涯打下坚实的基础，使他们在激烈的就业市场中更具竞争力。

这种学校、家庭和企业三方合作的模式，有助于及时有效地解决学生在学习和生活中遇到的各种困难和问题，进而促进学生的全面而健康的成长。通过这种多方参与的合作机制，学生不仅能在学术上取得显著的进步，还能在情感、社交和职业规划等方面获得全面的支持和指导。

第三节　积极心理学在职业院校课程思政中的实践效果

一、提高心理素质，增强应对压力和抗挫的能力

积极心理学在职业院校课程思政中的运用，对于增强学生的心理素质和提升其抗压和应对挑战的能力，具有显著的正面影响。积极心理学专注于激发和培养个体的积极特质，例如乐观、自信、坚韧等，这些特质对于职业院校学生而言至关重要。职业院校学生经常会遭遇学业与就业等多方面的压力，而积极心理学通过一系列方法和技术，帮助学生塑造积极心态，以便更好地应对这些挑战。具体而言，积极心理学在职业院校课程思政中的运用效果主要表现在以下几个方面：首先，它提高了学生的心理素质。通过实施积极心理学教育，学生能够更深入地洞察自我，学会调整情绪和心态的策略。这种自我洞察和自我调节能力的提升，有助于学生在面对困难和挑战时保持冷静和理智，更有效地应对各种压力。其次，它增强了学生应对压力和挑战的能力。积极心理学注重培育学生的积极心态和应对策略，通过教授学生如何运用积极心理学的方法和技术来应对压力和挑战，学生能够更有效地管理情绪，降低焦虑和抑郁等负面情绪的影响。同时，积极心理学还鼓励学生发掘自身的优势和潜力，从而在面对困难时更加自信和充满动力。最后，它促进了学生的全面发展。积极心理学不仅关注学生的心理素质和应对能力，还致力于促进学生的全面发展。通过培养学生的积极品质，如乐观、自信、坚韧等，学生能够更加积极地面对学习和生活中的各种挑战，从而取得更好的成绩和更优异的表现。因此，职业院校应积极推广和应用积极心理学的理念和方法，为学生的健康成长和全面发展提供更坚实的支持和保障。

二、优化个性品质，培养积极人格特质

积极心理学在职业院校课程思政中的运用，对于改善学生个性特质及塑造积极人格具有显著的实践成效。将积极心理学的原理与方法整合进思政课程，有助于推动学生全面、健康地成长。在职业院校的课程思政实践中，教师应将积极心理学的核心原理与实践技巧融入教学活动。通过设计诸如感恩日记、优势探索、积极心态训练等教学活动，引导学生逐步塑造

积极的人格特质。同时，教师应借助课堂教学，帮助学生理解和掌握积极心理学的基础理论与技巧，从而更深入地认识自我，增强自我调节能力，应对生活与学习中的挑战。

积极心理学，作为一门专注于研究人类积极品质、关注健康幸福与和谐发展的科学领域，其核心原理与职业院校推行的课程思政育人目标高度一致。两者均强调以人为本的教育理念，致力于挖掘学生的内在潜能，培养其积极向上的生活态度和价值观。具体而言，积极心理学通过研究个体的积极特质，如感恩、希望、韧性、乐观等，帮助人们更好地应对生活中的困境和挑战。它倡导一种积极的生活态度，鼓励人们在面对困难时保持积极的心态，从而实现个人的心理健康和幸福感。而职业院校的课程思政则是在专业课程教学中融入课程思政教育的元素，旨在通过课程内容的引导，培养学生的社会责任感、职业道德和正确的价值观。这种教育模式不仅关注学生的专业技能培养，更重视学生综合素质的提升。通过将积极心理学的原理融入课程思政，职业院校能够更好地激发学生的内在潜能，培养他们积极向上、乐观进取的生活态度和价值观。这样，学生不仅能够在专业领域取得优异的成绩，还能在心理素质和社会适应能力上得到全面提升，为他们未来的职业生涯和社会生活打下坚实的基础。积极心理学与职业院校的课程思政育人目标在本质上是相通的，两者都致力于培养具有积极心态和健康人格的个体，为社会培养出更多具有社会责任感和创新精神的优秀人才。通过这种教育模式的实施，学生能够在学习和生活中不断进步，实现自我价值，为社会的发展做出积极贡献。

在职业院校思政课程的实施过程中，积极心理学的应用主要体现在以下几个方面：首先，通过引导积极情绪，助力学生摆脱消极心理状态，进而提升其自信心和乐观主义精神；其次，通过培养积极的人格特质，塑造学生坚忍不拔、勇于承担责任的品质；最后，通过营造积极的环境，为学生提供一个优良的学习氛围和成长环境。教师可以将积极心理学的原理和方法融入思政课程的教学设计，创造愉悦、积极的课堂氛围，引发学生对思政课程的兴趣。教师通过讲述情感故事、播放音乐等方式，创设积极的情景，引发学生共鸣，使他们更好地体验和理解思政课程传递的正能量。同时，教师还可以引入正向心理训练、个人成长小组等方法，让学生通过讨论、合作的方式，积极主动思考思政课程的教学内容，以更好地激发学生的学习热情。在积极心理学的指导下，思政课程不再是教师单方面的输出，而是学生积极参与、互动体验的过程。学生可以在互动中减少对思政课程的抵触情绪，产生更多的积极情绪体验，从而自觉增强学习主动性，改变对思政课程的刻板印象，发自内心地认同思政课程，并在实践中真正内化理论知识。此外，积极心理学还强调个体与环境的相互作用。在职业院校中，教师可以通过创建积极的校园环境，如开展丰富多彩的校园文化活动、提供心理咨询服务等方式，为学生提供良好的心理支持和成长环境。这些措施有助于培养学生的积极品质，促进其个性发展和人格完善。

三、提升社交能力，提高人际交往能力

积极心理学聚焦个体潜能的挖掘、积极情绪的培育以及社会关系的构建，与职业院校课程思政的目标高度契合。在课程思政的框架下，积极心理学的引入不仅丰富了课程思政的内涵，更为学生未来职业生涯中的社会适应与人际互动奠定了坚实的基础，增强学生的社会交往技能，促进其形成健康、和谐的人际关系。

具体而言，职业院校在课程思政中融入积极心理学，采取了多样化的教学策略。首先，通过角色扮演和情景模拟等互动教学方法，使学生在模拟的社交环境中掌握沟通技巧、情绪管理和冲突解决策略。这种方法能够让学生在安全的环境中进行尝试和实践，体验各种社交场景，从而在实际人际交往中表现得更自信和从容。例如，学生可以在课堂上扮演不同的角色，模拟在工作面试、商务谈判、家庭聚会等场合下的交流，通过这种方式，他们可以更好地理解不同情景下的沟通需求和技巧。其次，通过团队合作项目，鼓励学生在共同完成任务的过程中学会倾听、尊重与协作。通过这种方式，学生可以在实践中体验团队合作的重要性，培养团队精神和领导力。团队合作项目可以是课堂上的小组讨论、课外的社区服务项目，甚至是跨学科的大型研究课题。在这些项目中，学生不仅要学会倾听他人的意见，还要学会尊重不同的观点，学会在团队中发挥自己的优势，同时也要学会如何协调团队成员之间的关系，解决可能出现的冲突。这些都是社交能力的重要组成部分，对于学生未来在职场和生活中建立良好的人际关系具有重要意义。此外，积极心理学还强调自我认知与自我接纳的重要性，认为这是提升社交能力的前提。自我认知是指个体对自己性格、情感、行为和思维方式的理解和认识。通过自我认知，学生可以更好地了解自己的优势和劣势，从而有针对性地提升自己的社交能力。自我接纳则是

指个体对自己的全面接纳，包括接受自己的优点和缺点。只有当学生能够接纳自己，他们才能更加自信地与他人交往，才能在社交过程中更加真诚和自然。因此，教师应当引导学生进行自我反思，帮助他们建立积极的自我形象，从而为提升社交能力打下坚实的基础。

在课程思政的实践中，教师通过引导学生进行深入的自我反思、情绪识别与调节的练习，助力他们塑造积极的自我形象，增强自我价值感。这使得学生在社交活动中变得更加主动，进而提高了他们的人际交往质量。积极心理学还强调了构建一个支持性的校园环境的重要性，包括促进师生之间、同学之间的正向互动关系，以及提供心理咨询与辅导服务。这些措施为学生创造了一个安全、包容的社交环境，有助于他们在实践中不断练习和巩固所学技能。积极心理学在职业院校课程思政中的应用，不仅有效提升了学生的社交能力和人际交往能力，还促进了他们的全面发展，为培养具有社会责任感、良好职业道德和较强社会适应能力的高素质技能型人才提供了有力支持。这一模式的成功实施，为职业院校课程思政的改革与发展提供了新的思路与方向。

四、增强道德修养，提高社会责任感

积极心理学致力于研究人类积极心理特质与行为模式，其核心理念旨在挖掘和激发个体的内在潜能，促进个体在各个方面的全面发展。在职业院校课程思政的框架下，积极心理学的引入具有重要意义。其目的在于通过正向引导和心理干预，增强学生的道德认知水平，提升他们的道德实践能力，从而帮助他们形成高度的社会责任感和使命感。在职业院校的实际应用中，课程思政已经展现出其在增强学生道德修养和提升社会责任感方面的独特优势和显著成效。这种融合创新不仅深化了课程思政的内涵，还为培养新时代具备高尚品德和社会责任感的技术技能人才提供了重要途径。积极心理学强调个体的积极特质和潜力，鼓励学生发掘并发挥自己的优势，从而在学习过程中形成积极的心态和价值观。这种心理学的应用使得职业院校的课程不仅仅是知识和技能的传授，更是通过课程内容和教学方法，引导学生树立正确的世界观、人生观和价值观。通过这种方式，学生能够在学习专业知识的同时，提升自身的道德修养，增强社会责任感。

职业院校在课程思政的实施过程中融入积极心理学，有助于提升学生的道德修养。首先，在课程设置方面，应重视积极心理学理念的融入，通过设置相关课程和举办讲座，使学生掌握积极心理学的核心理论与实践方法。其次，教师在教学活动中应注重引导学生发掘个人的优势与潜能，激励他们树立积极向上的目标，并给予必要的心理辅导与指导。最后，职业院校应策划并开展多样化的实践活动，例如志愿服务、社区参与等，使学生在实践中体验并实践道德行为，进而提高其道德修养。通过这样的教育方式，职业院校的学生不仅在专业知识和技能上获得提升，更在道德认知和实践能力上得到显著增强。这不仅有助于他们成为具有社会责任感的优秀公民，也为他们未来的职业生涯奠定了坚实的基础。

首先，采用案例教学法和角色扮演等互动教学手段，使学生在模拟情景中经历道德冲突和决策过程，以加深对道德原则的理解和认同。同时，引入道德楷模和杰出校友的事迹，激发学生内在的积极向上的动力，引导他们树立正确的世界观、人生观和价值观。其次，积极心理学强调自我反思和情感共鸣的重要性。在课程思政中，教师通过引导学生进行自我道德审视，鼓励他们反思自身行为是否符合道德标准，从而培养自我约束与自我提升的能力。此外，教师通过情感共鸣与同理心训练，让学生在理解他人、关心社会的过程中，增强社会责任感与公民意识。最后，职业院校还应利用积极心理学的理论与方法，构建支持性、包容性的校园文化环境。通过组织志愿服务、社会实践等活动，让学生在参与中体验服务社会的乐趣与价值，将道德修养与社会责任转化为实际行动。同时，提供心理健康教育与辅导服务，帮助学生建立积极的心态，增强面对挑战与困难时的心理韧性。

积极心理学在职业院校课程思政中的实践应用，不仅有效增强了学生的道德修养，提升了他们的社会责任感，也为职业院校培养德才兼备、具有社会责任感的高素质技能型人才提供了有力支撑。这一模式的成功实施，不仅丰富了课程思政的理论与实践，也为职业教育的人才培养模式创新提供了有益的参考。

五、激发优势品质，增强就业竞争力

积极心理学通过正面引导与心理干预，致力于挖掘个体的内在潜能，促进其全面成长。在职业院校课程思政的框架下，积极心理学的引入旨在通过一系列精心设计的教学策略与活动，帮助学生识别、培养与展示自身的优势，进而增强其在就业市场中的竞争力。职业院校应注重关注个体的积极特质，如乐观、韧性、创造力和感恩等，而非仅仅聚焦问题和缺陷。通过这种积极的心理学视角，学生能够更深入地了解自身的优点和潜力，从而在学习和未来的职业生涯中发挥更大的作用。教师可以通过多种教学方法，如案例分析、角色扮演、小组讨论和反思日记等，引导学生深入思考和挖掘自身的优点。

积极心理学的教育理念进一步强调了对学生积极情绪和心态的培养，旨在帮助他们树立坚定的自信和强大的抗挫能力。通过精心设计的心理干预措施和专业的辅导课程，学生能够学习到如何有效地应对生活和学习中遇到的压力与挑战，从而培养出一种积极向上的生活态度。这种态度不仅使他们在面对就业市场的激烈竞争时能够保持冷静和从容，还能够帮助他们在职业生涯中持续成长和进步。最终，积极心理学的引入，不仅为学生在职业院校的学习过程中提供了取得优异成绩的助力，更为他们未来的职业发展打下了坚实的基础，使他们能够在未来的职场中展现出更加卓越的能力和更加积极的形象。在激发学生优势品质、增强就业竞争力方面，积极心理学也展现出非凡的潜力与显著的实践效果。这一创新性的融合，不仅丰富了课程思政的内涵，也为职业院校学生未来的职业生涯发展铺设了坚实的基石。

在课程思政的实施过程中，通过精心设计的情绪管理训练和压力应对策略等教学内容，有助于学生构建积极的心态。这些教学内容不仅有助于学生在学业上取得优异成绩，更能使其在未来的职场中保持乐观向上的心态，勇于面对各种挑战，从而在激烈的竞争中脱颖而出。职业院校在这方面也做出了积极的努力，运用积极心理学的理论与方法构建一套以实践为导向的课程体系。职业院校通过校企合作、工学结合等多种方式，让学生们有机会在真实的工作环境中锻炼自己的技能，从而提升他们的实践能力。此外，职业院校还鼓励学生们积极参与到创新创业项目中，以此激发他们的创新思维与创业精神，培养他们适应未来职业发展所需的综合能力。

为了进一步深化课程思政的效果，教师在教学过程中应注重引导学生进行自我反思，帮助他们认识到情绪管理的重要性，并通过模拟实际工作场景的训练，增强学生的心理韧性。同时，职业院校还应与企业紧密合作，共同开发课程，确保教学内容与行业需求紧密对接。学生们在实习过程中，不仅能够将理论知识应用于实际工作，还能通过与企业导师的互动，获得宝贵的职场经验。此外，职业院校还应定期举办创新创业竞赛和讲座，邀请行业专家分享经验，为学生提供更广阔的视野和更多的学习机会。通过这些举措，学生们不仅在学术上取得了显著进步，更在心理素质和职业技能上得到了全面提升，为他们未来的职业生涯奠定了坚实的基础。

第五章　积极心理学在职业院校课程思政中的创新实践案例研究

成都工业职业技术学院马克思主义学院（积极心理体验中心），集全院优秀骨干教师力量，组建课程思政实践推进团队。团队在校级思政育人的课程思政示范团队的基础上，于 2022 年成功申报并获批为四川省教育厅第三批高校省级课程思政示范教学团队。团队成员与多个二级学院进行合作共建课程思政，取得了一定成效。同时，2024 年 7 月，西部首家职业院校积极心理教育研究中心，在清华大学彭凯平教授团队的指导下建成。马克思主义学院（积极心理体验中心）的课程思政示范教学团队的骨干成员全部参与到积极心理教育的研究中来，试图将积极教育的理念通过课程思政的方式，有机融合到学院开设的各类型课程中，更好地促进立德树人根本任务的有效贯彻和落实。

第一节　积极心理学视域下的课程思政

在当代教育体系中，积极心理学与课程思政作为两大重要教育理念，各自以其独特的视角和方法，促进着学生的全面发展与健康成长。积极心理学作为心理学领域的一场革命，关注人的积极心理品质，如乐观、韧性、感恩、希望等，致力于提升个体的幸福感与生活质量。而课程思政则是我国高等教育领域的重要创新，强调在专业课程中融入思想政治教育元素，实现知识传授与价值引领的有机结合。两者虽侧重点不同，但在育人目标、教育理念以及对学生个体发展的关注等多个方面存在显著的契合性，两者都注重促进学生心理素养与思想政治素质同步提升中的协同效应。

积极心理学的理念融入课程思政，有利于我们更好地理解和把握思政教育的目标，为思政教学提供了新的方法和路径，有助于实现课程思政的目标。

一、提供新视角

积极心理学强调关注人的积极品质和美好经历，这与课程思政的目标高度吻合。课程思政的核心在于培养学生的价值观、人格品德和社会责任感，这些都是人的积极品质的体现。因此，将积极心理学的理念融入课程思政，有助于我们更好地理解和把握思政教育的目标定位。积极心理学的理念和方法也为课程思政提供了新的视角和路径。

二、提供新思路

积极心理学重视个体的主观体验和内在动机，这为课程思政注入了新的活力。传统的思政教育倾向于灌输式教育，缺乏对学生内心世界的重视。而积极心理学强调尊重个体，激发内在动机，这为课程思政提供了新的思路。我们可以通过挖掘学生的内在需求和价值追求，让思政教育真正融入专业课程，成为学生自主学习和个人发展的一部分。

三、提供新维度

积极心理学关注个体、群体和组织的积极发展，为课程思政的实践提供了新的维度。思政教育不仅要注重个人品德修养，也要关注学生在群体中的角色定位和社会责任。积极心理学的理念可以帮助我们设计更加丰富多样的课程思政实践活动，培养学生的团队协作精神、社会参与意识和组织管理能力。

第二节　积极心理学与课程思政融合的可能性

积极心理学作为心理学的一个分支，关注人的积极品质和心理健康，强调发挥人的潜能和优势，培养人的正向情绪、积极态度、健康行为。其核心价值观包括积极情绪、积极性格特质、积极的人际关系、积极的意义与目标以及积极的制度。

课程思政作为新时代高校立德树人根本任务的重要抓手，是把思想政治工作贯穿教育教学全过程的教育理念和实践。它旨在充分发挥各类课程的育人功能，引导学生树立正确的世界观、人生观和价值观，培养学生的家国情怀、社会责任感和职业操守，提高学生的思想政治素质，全面推进高校人才培养。

课程思政和积极心理学似乎属于不同的学科领域，侧重点也有所差异，但细究起来，两者实际上存在着密切的内在联系。

一、从教育目标来看，两者都致力于促进学生的全面发展

课程思政强调培养学生的理想信念、道德品质和社会责任感，这些都与个体的积极心理品质密切相关。而积极心理学也提出要发掘学生的内在优势，帮助他们实现自我价值，这无疑能为课程思政的实施提供有力支撑。

二、从教学内容上看，两者都强调要引导学生树立正确的人生观和价值观

课程思政要求在专业课程中渗透社会主义核心价值观，而积极心理学也提倡树立积极向上的价值取向。这些价值观的引导，都有助于学生形成积极向上的思维方式和行为习惯。

三、从教学方法来看，两者都倡导以学生为中心，强调激发学生的主动性和创造性

课程思政要求“以学生为本”，采取启发式、互动式的教学方法，这与积极心理学提出的“强项培养”理念不谋而合。通过积极的教学互动，不仅能培养学生的专业技能，也能促进他们的心理健康发展。

由此可见，课程思政与积极心理学在教育目标、教学内容和教学方法等方面都存在密切的契合点，两者如能有机结合，必将为学生的全面发展注入强大动力。

第三节　积极心理学与课程思政的融合点

一、全面发展的培养目标

积极心理学理念与课程思政目标有着天然的契合点。积极心理学的核心理念包括拓展视野、挖掘优势、培养美德、增强韧性、增进幸福等。这与课程思政所追求的学生全面发展、健康成才的教育目标不谋而合。积极心理学强调充分发挥人的内生动力和积极品质，课程思政则注重引导学生树立正确的价值观，两者都以培养人的全面发展为最终目标。将两者有机融合，有助于增强学生的积极心理品质，提升学生的思想政治素质，为他们健康成长和未来事业发展奠定坚实的基础。

二、以人为本的教育理念

积极心理学是一门研究人类积极心理品质的科学，旨在挖掘和培养人的内在潜能，促进个体和社会的和谐发展。而课程思政则是将思想政治教育融入各类课程，实现知识传授与价值引领的有机结合。两者看似独立，实则在人本主义理论的框架下找到了共鸣点。无论是积极心理学还是课程思政，都坚持以学生为本，关注学生的全面发展。积极心理学通过培养积极心理品质，增强学生的内在动力；课程思政则通过价值观的引导，帮助学生树立正确的世界观、人生观、价值观。两者在促进学生自我成长、自我完善方面殊途同归。

三、情感与认知的双重关注

积极心理学重视情感的正向作用，认为积极的情感体验能够促进认知发展。它通过设计各种积极心理干预活动，如感恩练习、优势识别等，让学生在参与中体验积极情感，增强自我认知和自我效能感。同时，积极心理学强调通过感恩、乐观等积极情绪的培养，帮助学生建立积极向上的心态。课程思政也强调情感共鸣与价值认同，通过情感激发和促进学生对思想政治内容的内化。例如，积极心理学通过讲述感人至深的故事和国家发展成就、英雄人物事迹等展示社会正能量，激发学生的情感共鸣，使他们在潜移默化中接受并认同社会主义核心价值观。课程思政引导学生深入思考社会现象和问题，形成正确的价值判断和价值选择，激发学生的民族自豪感和爱国情怀，进而转化为积极向上的学习动力。这种对情感与认知的双重关注，使得两者在教学方法和策略上具有相通之处。

四、社会责任感的培养

积极心理学作为一门致力于探索人类心理积极面的科学，始终强调个体与社会之间的紧密联系。它不仅关注个人的心理健康与幸福感，更鼓励个体超越自我、关注社会、参与公益，将目光投向更广阔的社会领域。在这一理念的指引下，积极心理学倡导个体积极参与社会活动，关注社会热点，通过实际行动为社会贡献自己的一份力量。这种参与不仅有助于个体提升自我价值感，更能培养其强烈的社会责任感，使其明白个人的成长与社会的进步是相辅相成的。而课程思政作为教育领域的一项创新实践，更是将社会责任感的培养提升至前所未有的高度。它不仅仅是在专业课程中融入思想政治教育的内容，更是将社会责任感的塑造贯穿整个教育过程，通过精心设计的教学内容与丰富多样的教学活动，引导学生深刻理解个人与社会的关系，认识到作为社会成员所应承担的责任与使命。在这个过程中，学生不仅学到了专业知识，更学会了如何以更加积极、负责任的态度去面对生活、面对社会。

无论是积极心理学还是课程思政，都深刻认识到个体成长与社会进步之间的内在联系。它们共同指向了一个核心目标：培养具有强烈社会责任感的人才。这样的人才不仅能够在各自的领域取得卓越的成就，更能够积极投身于社会公益事业，为推动社会的和谐与进步贡献自己的力量。因此，将社会责任感作为教育的重要目标之一，不仅是时代赋予我们的使命与责任，更是实现个人价值与社会价值双赢的必由之路。

五、和谐社会关系的构建

积极心理学认为，良好的人际关系是幸福生活的关键。积极心理学倡导建立和谐、尊重、信任的社会关系，认为这是促进个人成长的重要条件。积极心理学通过教师自身的积极心态和情绪管理，为学生营造一个积极向上的学习环境。而课程思政可以加强师生、生生之间的互动与交流，培养学生的团队协作能力和人际交往能力，为构建和谐社会奠定坚实基础。课程思政强调教师的言传身教和榜样作用，通过教师的行为示范和价值引领，影响学生的思想和行为。两者在构建和谐的师生关系上的共同努力，有助于形成积极向上的校园文化和和谐的社会关系。

积极心理学与课程思政在人本主义理论的框架下找到了契合点，共同关注学生的成长与自我实现，强调情感体验与价值认同，构建和谐的社会关系。这一融合不仅丰富了教学内容和教学形式，更在深层次上促进了学生全面发展与健康成长。

第四节　积极心理学在课程思政中的应用实践

积极心理学作为培养人积极品质、关注人健康幸福与和谐发展的科学，与课程思政具有异曲同工的育人目标。通过融入积极心理学的理念和方法，可以增强课程的趣味性、提升学生的学习体验、创新理论课堂教学方式以及培养学生的积极品质。这些实践不仅有助于提高学生的思想政治素质和心理健康水平，还有助于培养学生的社会责任感和奉献精神。所以，积极心理学在课程思政中的应用实践具有显著的效果和意义。

一、融入积极心理学元素，增强课程思政的吸引力

教师在课程思政的开展中引入积极心理学的理念和方法，如通过案例分析、角色扮演、讲述情感故事、播放音乐等形式，可以创造积极愉悦的课堂氛围，引发学生共鸣，给予学生发挥自身优势的机会，让学生在轻松愉快的氛围中一边学习理论知识，一边体验成功、感受幸福、理解课程中传递的正能量，从而增强课程的趣味性和实效性。

二、开展积极体验式教学，提升学生的学习体验

教师可以利用积极心理学的工具和技术，引入正向心理训练，如感恩日记、乐观训练等，让学生通过讨论、合作的方式，积极主动思考课程教学内容，帮助学生建立积极的心态和思维模式，使其在面对困难和挑战时

更加坚韧不拔，从而提升课堂教学的效果。同时，教师通过定期开展课外实践活动，如志愿服务、社会调研等，也可以激发学生的学习热情，让学生在实践中深化对理论课程的理解，同时培养学生的社会责任感和奉献精神。

三、推动数字化转型，创新课程思政教学方式

教师可以利用数字化技术实现课程从同质化、同构化向个性化的转变，满足学生一般性求学求知需求的同时，精准供给满足个性化发展需求的内容。教师可以搭建数字化教学平台，探索翻转课堂、混合式教学等教学模式，丰富课程思政教学方式，引导学生积极主动地学习和参与。教师还可以依托数字技术创设沉浸式、体验式教学场景，使学生在互动体验中深化理论认同、增进爱国情感、激发实践动力。

四、提升积极情感体验，关注和培养个体积极品质

积极心理学以每个人积极潜能作为培养基础，坚信每个人都具有积极向上的发展能力。积极心理学教育通过研究积极情感、人格特质和社会环境对个体的影响，致力于把积极的心态传达给学生，提升学生的积极情感体验。积极心理学提倡尊重学生的个性和实际需要，关注学生的心理感受，鼓励学生表达自己的观点和想法。课程思政注重通过思政教育提升学生的情感体验，增强学生对思政课的认同度，助力学生树立正确的世界观、人生观和价值观。积极心理学也注重培养学生的正向能力和积极精神，通过积极心理训练等方式，帮助学生挖掘自身潜能，培养积极品质。课程思政则通过在所有课程中开展思政教育，将思政教育融入学生的日常学习和生活，潜移默化地培养学生的思想政治素质和道德品质。

积极心理学与课程思政理念在促进学生全面发展、培养时代新人的目标上高度契合。将积极心理学的理念和方法融入课程思政，不仅能够增强课程的吸引力和实效性，还能够更好地培养学生的积极心理品质和社会责任感。未来，我们应继续探索两者之间的深度融合路径，探索更多符合时代要求和学生需求的教学模式和方法，为培养德智体美劳全面发展的社会主义建设者和接班人贡献智慧和力量。

以下是以成都工业职业技术学院在开展将积极教育理念融入具体课程中的课程思政实践案例。我们选取了不同类型的课程作为范例，从课程标准和具体授课教案入手，在挖掘思政元素的同时，运用积极心理学的方法来进行教学。由于当前该项目的实践操作仍然处于初探阶段，以下内容仅供参考。

第五节 积极心理学范式下职业院校课程思政建设方案的路径探索

——以成都工业职业技术学院为例

习近平总书记强调，“大学是立德树人、培养人才的地方，是青年人学习知识、增长才干、放飞梦想的地方。”在素质教育全面发展的今天，课程思政已成为新时代职业院校实现立德树人根本任务的根本遵循。作为成都市重点打造的一所工科职业院校——成都工业职业技术学院，在“双高计划”建设的道路上，坚持立德树人根本任务，高水平做好思想政治工作，构建“价值塑造、能力培养、知识传授”三位一体的教学模式，打造有灵魂的课程思政建设方案。

一、积极心理学范式下职业院校工科专业类课程课程思政建设思路

在一般人眼里，工科类专业课程就是冷冰冰的机器和枯燥深奥的方程式，既缺乏人文情怀，又缺失人文精神。而事实上，工科类专业课程不仅重逻辑知识也重人文思想。在课程思政的建设过程中，成都工业职业技术学院结合积极心理学的理论知识，逐步形成了以“五级联动”的运行模式为核心、“54321”系统为主线的基于积极心理学范式下的课程思政建设方案工作模板，见图 5-1。

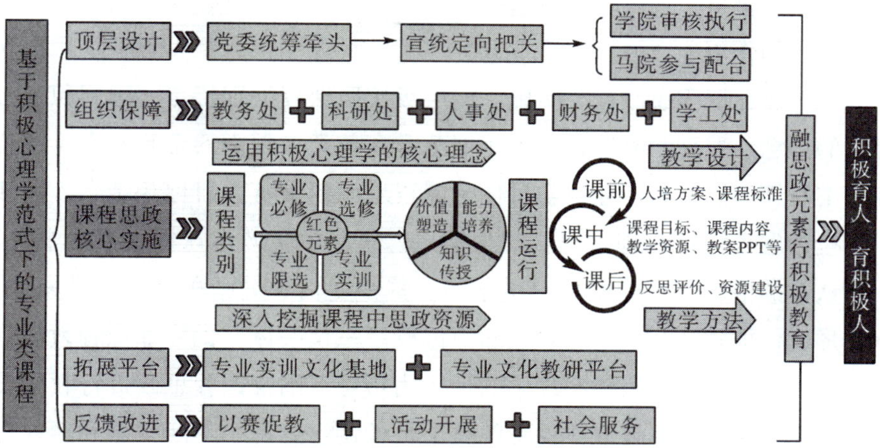

图 5-1　积极心理学范式下职业院校专业类课程课程思政实施工作模板

由图 5-1 可知，本方案实施执行“五级联动”运行模式。

第一级：顶层设计。顶层设计由学校党委牵头，宣传统战部进行方向把关，在学校马克思主义学院（积极心理体验中心）的积极参与配合下，各二级学院课程思政教学改革小组具体执行。该层级为课程思政高效推行的关键环节，起着提纲挈领、统揽全局的作用。

第二级：组织保障。积极心理学范式下的课程思政建设是一项综合性改革，需要全校各部门之间交流沟通、探索创新出适合校本特色的实施方案。

教务处：统筹管理、政策制定、以赛促建、专项教学督导、实施学科教学合作；

科研处：方向引领、项目申报、科研选题、增强科研意识、提高科研素养；

人事处：教师培训、团队建设、职称评定、激励制度制定、助推教师素质提升；

财务处：政策落实、专项预算、资金保障、优先绩效考核、调动教师积极性；

学生处：学生活动、大赛筹备、育德育心、紧扣协同育人、共育正确三观；

该层级是积极心理学范式下课程思政组织实施的重要保障力量，有效确保全校一盘棋。该层级起着系统统筹，合力共促积极心理学范式下课程思政建设的作用。

第三级：课程思政核心实施。该层级按照课程类别特点，运用积极心理学的理念、原理和方法，深入挖掘蕴含在各类课程中的思政元素，结合课程本身知识点，将专业教学目标与课程思政积极育人目标相结合，在知识传授中融入积极心理建设、价值塑造、筑牢学生政治认同、家国情怀、职业认知的根基；培养学生热爱学习、热爱生活、健康积极的心理素质，逐步形成价值塑造、能力培养、知识传授“三位一体”的专业课程教学目标。同时，该层级以积极心理学的理念为指导，围绕课程思政进行教学设计和教学方法改革，在专业课程的整个教学运行过程中不断挖掘和融入思政元素，达到专业课程与思政课程同向同行的协同育人目的。本级层为积极心理学范式下课程思政组织实施的主体部分，涉及多部门、多学科、多人员的联动互补，是该方案运行的核心。

第四级：拓展平台。该层级依据各专业课程自身特点和行业文化要求，搭建专业文化教研平台和专业实训文化基地，在实践中加强学生的人文情怀培养、职业素养训练和科学精神塑造。该级层为积极心理学范式下课程思政组织实施搭建了外延施展平台，符合职业院校理实一体化原则，在课程思政的推进过程中起着实践验证作用。

第五级：反馈改进。该层级组织开展并积极参与积极心理学范式下课程思政方面的各级各类比赛竞赛、文化活动、社会服务，并以此为契机，高质量推进融入积极理念和以课程思政为目标的课堂教学改革，使各类课程与思想政治教育同向而行，推进学校教学水平不断提高。该级层为课程思政组织实施的效果提供数据支撑和反馈改进，通过效能反馈，找差距，学经验，不断改进和提高课程思政改革的效能和辐射影响力。

“54321”系统包括以下方面。

5 类专业：机械制造类、轨道交通类、财经商贸类、建筑工程类、信息工程类；

4 类课程：专业必修课、专业选修课、专业限选课、专业实训课；

3 个目标：价值塑造、能力培养、知识传授；

2 个渠道：教学设计、教学方法；

1 个核心：立德树人。

“54321”系统为开放系统，当前为 1.0 版本，适用于成都工业职业技术学院各类专业课程。该系统在学校积极心理学范式下的课程思政建设推进过程中将不断完善升级。

二、积极心理学范式下职业院校工科通识类课程课程思政建设思路

积极心理学范式下通识类课程的课程思政建设方案模板与专业课课程思政建设方案模板相类似，主要区别在于核心实施层的课程类别划分上，见图 5-2。

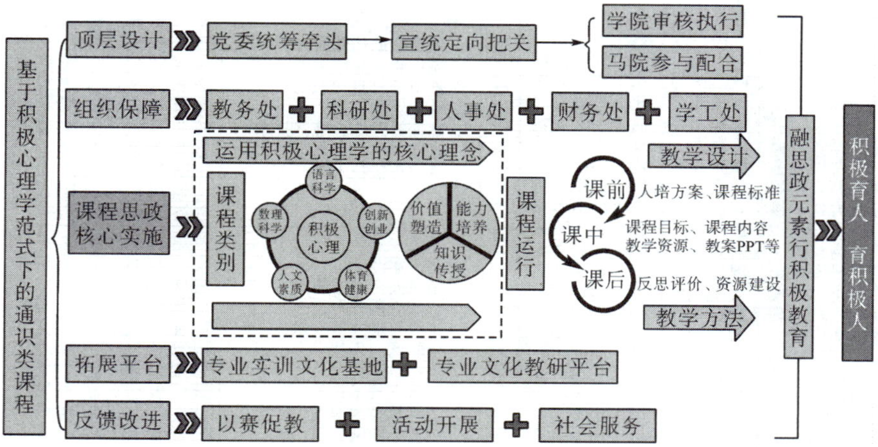

图 5-2　积极心理学范式下职业院校通识类课程课程思政实施工作模板

三、积极心理学范式下职业院校专业类课程思政元素的融入点

积极心理学范式下职业院校专业类课程思政元素的融入点，见表 5-1。

表 5-1　积极心理学范式下职业院校专业类课程思政元素的融入点

<table>
<tr><th colspan="3">教育部相关要求和规定</th><th colspan="3">积极理念、思政元素融入
——以成都工业职业技术学院为例</th></tr>
<tr><th>课程思政建设目标要求</th><th>课程思政建设内容重点</th><th>工学类专业课程要求</th><th>学院</th><th>专业</th><th>积极理念、思政元素</th></tr>
<tr><td rowspan="5">课程思政建设工作要围绕全面提高人才培养能力这个核心点，在全国所有高校、所有学科专业全面推进，促使课程思政的理念形成广泛共识，广大教师开展课程思政建设的意识和能力全面提升，协同推进课程思政建设的体制机制基本健全，高校立德树人成效进一步提高</td><td rowspan="5">课程思政建设内容要紧紧围绕坚定学生理想信念，以爱党、爱国、爱社会主义、爱人民、爱集体为主线，围绕政治认同、家国情怀、文化素养、宪法法治意识、道德修养等重点优化课程思政内容供给，系统进行中国特色社会主义和中国梦教育、社会主义核心价值观教育、法治教育、劳动教育、心理健康教育、中华优秀传统文化教育。
——推进习近平新时代中国特色社会主义思想进教材进课堂进头脑。
——培育和践行社会主义核心价值观。
——加强中华优秀传统文化教育。
——深入开展宪法法治教育。
——深化职业理想和职业道德教育</td><td rowspan="5">1. 在课程教学中把马克思主义立场观点方法的教育与科学精神的培养结合起来，提高学生正确认识问题、分析问题和解决问题的能力。
2. 要注重强化学生工程伦理教育，培养学生精益求精的大国工匠精神，激发学生科技报国的家国情怀和使命担当</td><td>智能制造与汽车学院</td><td>（机械制造类）
1. 机械制造及自动化；
2. 汽车制造与试验技术；
3. 工业机器人技术；
4. 智能焊接技术；
5. 汽车检测与维修技术；
6. 智能网络汽车技术；
7. 新能源汽车技术；
8. 智能控制技术</td><td>工匠精神、实业报国、团队协作、爱岗敬业、以人为本、科学精神、精益求精、全局意识、踏实认真、勇于实践、制度自信、创新意识、工程伦理、吃苦耐劳、大胆尝试、坚持不懈、敬畏自然、绿色生态、环境保护、安全意识、文明生产、科技强国、责任意识、民族自豪</td></tr>
<tr><td>轨道交通学院</td><td>（轨道交通类）
1. 铁道交通运营管理；
2. 城市轨道交通运营管理；
3. 铁道信号自动控制；
4. 铁道工程技术；
5. 高速铁路综合维修技术；
6. 铁道机车运用与维护；
7. 铁道车辆技术</td><td>工匠精神、道路自信、热情服务、吃苦耐劳、系统思维、家国情怀、遵纪守法、责任担当、诚实守信、底线思维、谦和好礼、言信行果、宽以待人、文明礼貌、履职尽责、人文情怀、自我关怀、情绪调控、文明操作、规范操作、沟通协调、交通强国、创新精神、实践第一</td></tr>
<tr><td>新华三芯云学院</td><td>（信息工程类）
1. 信息安全技术应用；
2. 移动应用开发；
3. 现代移动通信技术；
4. 物联网应用技术；
5. 软件技术；
6. 大数据技术；
7. 云计算技术应用；
8. 工业互联网技术</td><td>改革创新、信息意识、安全教育、科学精神、整体部分、法治思维、探索未知、是非辨别、辩证思维、规则意识、国家认同、主权捍卫、思维缜密、善于反思、诚信友善、独立思维、公平正义、奉献精神、工程伦理、隐私保护、平等意识、权利意识</td></tr>
<tr><td>建筑工程学院</td><td>（建筑工程类）
1. 建筑工程技术；
2. 建筑装饰工程技术；
3. 建筑智能化工程技术；
4. 建筑经济信息化管理；
5. 电梯工程技术</td><td>工匠精神、精益求精、以人为本、系统思维、主动作为、兼容并包、多元合作、艺术创意、审美鉴赏、文化自信、大胆尝试、不惧困难、劳动意识、尊重劳动、履职尽责、安全消防、文明生产、规范操作、程序意识、爱岗敬业、注重细节</td></tr>
<tr><td>财经商贸学院</td><td>（财经商贸类）
1. 现代物流管理；
2. 关务与外贸服务；
3. 冷链物流技术与管理；
4. 供应链运营；
5. 大数据与会计；
6. 会计信息管理；
7. 电子商务；
8. 跨境电子商务；
9. 金融科技应用</td><td>认真仔细、热情服务、诚实守信、法治思维、规则意识、自强自律、坚韧乐观、政策学习、自信自爱、国家认同、民族情怀、团结合作、互帮互助、系统思维、终身学习、独立判断、沟通协调、言语交流、契约精神、风险意识、经世济民、德法兼修、精打细算、统筹管理</td></tr>
</table>

四、积极心理学范式下职业院校通识类课程思政元素的融入点

积极心理学范式下职业院校通识类课程思政元素的融入点，见表5-2。

表5-2　积极心理学范式下职业院校通识类课程思政元素的融入点

<table>
<tr><th colspan="3">教育部相关要求和规定</th><th colspan="4">积极理念、思政元素融入
——以成都工业职业技术学院为例</th></tr>
<tr><th>课程思政建设目标要求</th><th>课程思政建设内容重点</th><th>公共基础课课程要求</th><th>学院</th><th>课程类别</th><th>课程名称</th><th>积极理念、思政元素</th></tr>
<tr><td rowspan="7">课程思政建设工作要围绕全面提高人才培养能力这个核心点，在全国所有高校、所有学科专业全面推进，促使课程思政的理念形成广泛共识，广大教师开展课程思政建设的意识和能力全面提升，协同推进课程思政建设的体制机制基本健全，高校立德树人成效进一步提高</td><td rowspan="7">课程思政建设内容要紧紧围绕坚定学生理想信念，以爱党、爱国、爱社会主义、爱人民、爱集体为主线，围绕政治认同、家国情怀、文化素养、宪法法治意识、道德修养等重点优化课程思政内容供给，系统进行中国特色社会主义和中国梦教育、社会主义核心价值观教育、法治教育、劳动教育、心理健康教育、中华优秀传统文化教育。
——推进习近平新时代中国特色社会主义思想进教材进课堂进头脑。
——培育和践行社会主义核心价值观。
——加强中华优秀传统文化教育。
——深入开展宪法法治教育。
——深化职业理想和职业道德教育</td><td rowspan="7">要重点建设一批提高大学生思想道德修养、人文素质、科学精神、宪法法治意识、国家安全意识和认知能力的课程，注重在潜移默化中坚定学生理想信念、厚植爱国主义情怀、加强品德修养、增长知识见识、培养奋斗精神，提升学生综合素质。打造一批有特色的体育、美育类课程，帮助学生在体育锻炼中享受乐趣、增强体质、健全人格、锤炼意志，在美育教学中提升审美素养、陶冶情操、温润心灵、激发创造创新活力</td><td>马克思主义学院</td><td rowspan="2">体育健康</td><td>大学生心理健康教育</td><td>健全人格、自尊自律、感恩之心、人际交往、公益服务、敬畏自然、尊重生命、爱人爱己、积极乐观、助人自助、诚信友善、沟通协调、言语表达、热情服务、情绪管理、自我认知、安全意识、危机预防、社会责任、挫折应对、时代担当</td></tr>
<tr><td rowspan="6">通识教育学院</td><td>体育与健康</td><td>锤炼意志、健全人格、大胆尝试、坚持不懈、吃苦耐劳、公平竞争、公正公开、诚实守信、拼搏进取、团结协作、创新争先、胆大敢为、爱国情怀、集体主义、大局意识、争先创优、求真务实、国家认同、责任意识、规则意识、法治思维、热爱生活、乐观向上、顽强拼搏、时间管理、自我挑战</td></tr>
<tr><td>语言科学</td><td>大学英语</td><td>包容合作、开放心态、全球意识、和谐社会、家国情怀、国家认同、遵纪守法、尊重人权、谦和好礼、中华礼仪、人文素养、审美能力、文化自信、言语表达、沟通能力、历史共情、命运共同、思辨能力</td></tr>
<tr><td rowspan="2">数理科学</td><td>高等数学</td><td>逻辑思维、精益求精、数理分析、终身学习、自主研究、探索未知、辩证思维、客观评价、不畏权威、勤学好问、善于反思、钻研精神、执着肯干、奉献精神、认真仔细、思维缜密、克服困难、坚强意志、淡泊名利、数学素养、注重细节</td></tr>
<tr><td>计算机应用基础</td><td>改革创新、信息处理、客观公正、安全教育、创新意识、法治思维、规则意识、探索未知、是非辨别、辩证思维、规则意识、国家认同、思维缜密、善于反思、诚信友善、独立思维、公平正义、奉献精神</td></tr>
<tr><td>创新创业</td><td>职业发展与就业指导、创新创业基础</td><td>创新思维、敬业执着、法律意识、互帮互助、谦虚学习、企业文明、绿色发展、生态理念、诚实守信、勤学好问、协作创新、团队合作、集体主义、自主学习、自主管理、自主发展、积极乐观、勇于探索</td></tr>
<tr><td>人文素养</td><td>工匠精神</td><td>爱岗敬业、专注认真、敬业乐群、忠于职守、凝神聚力、追求卓越、团结合作、集体意识、精益求精、吃苦耐劳、文明生产、以人为本、人际交往、文化自信、崇尚劳动、勤奋自律、耐心执着、注重细节、踏实奋进、任劳任怨、契约精神、大国重器、实干兴邦、专注一事、修身律己、时代风尚、国之大者、美育欣赏</td></tr>
</table>

第六章 积极心理学在职业院校课程思政中的实证案例

——以成都工业职业技术学院为例

第一节 积极心理学在职业院校通识类课程课程思政中的应用

——以大学生心理健康教育课程为例

一、积极心理学与大学生心理健康课程的课程思政融合

（一）案例选取的缘由及背景

积极心理学与大学生心理健康课程之间存在着密切的联系，这种联系体现在积极心理学对大学生心理健康课程的积极影响和渗透上。

首先，积极心理学为大学生心理健康课程提供了新的视角和理念。积极心理学将心理学研究的重点放在培养人的积极品质和挖掘人的潜力上，这有助于大学生心理健康课程在治疗和矫正大学生心理创伤的同时，发展大学生积极的心理因素。通过引入积极心理学的理念，大学生心理健康课程可以更加注重培养学生的积极品质，如乐观、自信、坚韧等，从而使学生获得真正的健康。

其次，积极心理学为大学生心理健康课程提供了丰富的内容和方法。积极心理学的研究内容包括积极主观体验、积极人格特质和积极社会环境等方面，这为大学生心理健康课程提供了丰富的教学资源。同时，积极心理学还倡导使用量表法、问卷法、访谈法等研究方法，以及人本主义的现象学方法、经验分析法等研究方法，这些研究方法可以应用于大学生心理

健康课程的评估、诊断和干预过程，提高课程的针对性和实效性。

再次，积极心理学在大学生心理健康课程中的应用还有助于构建积极心理健康教育模式。这种教育模式认同人类所具有的潜能，并把它作为逻辑起点，把潜能开发、创造力培养作为重要任务。通过构建积极心理健康教育模式，大学生心理健康课程可以更加注重激发学生的内在动力，培养他们的积极品质，从而使学生具有积极的意向、愿望、动机、抱负、兴趣、信念和价值观等。

最后，将积极心理学融入大学生心理健康课程还有助于提升学生的幸福感和生活质量。积极心理学的研究表明，积极情绪、积极人格特质和积极的社会环境都与个体的幸福感密切相关。因此，通过引入积极心理学的理念和方法，大学生心理健康课程可以帮助学生提升积极情绪体验，培养积极的人格特质，并营造积极的社会环境，从而提升学生的幸福感和生活质量。

由此可见，积极心理学与大学生心理健康课程之间存在着密切的联系。将积极心理学融入大学生心理健康课程不仅可以为课程提供新的视角和理念、丰富的内容和方法，还有助于构建积极心理健康教育模式并提升学生的幸福感和生活质量。因此，职业院校应该积极探索和实践将积极心理学与大学生心理健康课程相结合的方法，以更好地促进学生的心理健康发展。

（二）课程性质与定位

大学生心理健康教育课程是成都工业职业技术学院各专业人才培养方案公共基础平台课中的必修课之一。课程共计 32 学时，2 学分。课程目的是培养身心健康、积极向上、信念坚定、德技并修，能胜任职业技术岗位的高素质技能型人才。该课程结合积极心理学理论与职业教育的特点，在学生通用能力、职业能力、职业素质等方面起到了明显的促进作用。该课程通过知识传授、心理体验、行为训练，培养并维护学生的心理健康、健全学生的积极人格，提升学生岗位需要的认识自我、管理自我能力，沟通与合作能力，情绪管理能力，抗压与应对挫折等能力，发展学生积极心理品质。

（三）课程目标与教学计划安排

将积极心理学的理念融入大学生心理健康课程的课程思政教学实践，旨在通过教学与实践，实现以下多维度的目标，见表 6-1。

表 6-1 将积极心理学融入大学生心理健康课程的目标

知识目标	1. 能描述心理学、积极心理学的有关理论和基本概念
	2. 能分析心理健康的标准及意义
	3. 能解释大学生的心理发展特征及异常表现
	4. 能掌握自我心理调适的基本知识
	5. 能全面了解心理健康的内涵，包括心理健康的标准、心理活动的实质等，以及心理健康对个人成长发展的重要性
	6. 能理解突发事件（如自然灾害、事故灾难等）发生后，人的心理变化规律以及身心应激反应
能力目标	1. 能掌握心理调适技能；帮助学生认识自己，体察自己，掌握自我调适的方法，能够不断提高自身的心理素质，开发潜能，做一个适应社会需求的应用型人才
	2. 能完成初步自我探索，清楚认识到自己的优势品质，树立自信心的同时学会扬长避短，发挥自己的优势力量
	3. 能掌握心理发展技能，如学习发展技能、环境适应技能、压力管理技能、沟通技能、问题解决技能、自我管理技能、人际交往技能等
	4. 通过课堂学习及相关教学实践，使大学生具备实际应用心理知识的能力，如适应能力、学习能力、压力应对能力、情绪管理能力、人际管理能力等
	5. 培养学生的创造性思维能力。积极心理学关注学生的创造性思维发展，通过引导学生进行问题解决和创造性的学习，培养他们的创造性思维和解决问题的能力
	6. 能掌握预防心理危机的技能，提高应对心理危机的能力
素质目标	1. 心理健康意识层面：能树立心理健康发展的自主意识，努力培育自尊自信、理性平和、积极向上的健康心态；促进心理健康素质与思想道德素质、科学文化素质协调发展
	2. 自我认知层面：通过本课程的教学，使学生树立心理健康发展的自主意识，了解自身的心理特点和性格特征，能够对自己的身体条件、心理状况、行为能力等进行客观评价，正确认识自己、接纳自己。在遇到心理问题时能够进行自我调适或寻求帮助，积极探索适合自己并适应社会的生活状态
	3. 培养吃苦耐劳的劳动精神、追求卓越的工匠精神，发挥在平凡的岗位上续写不平凡的精神
	4. 培养积极品质。通过心理健康课程教育体系，引导学生养成良好的心理品质和积极应对危机的意识，如坚韧性、抗挫力和创造力等，这些品质能够帮助学生更好地应对生活中的挑战和困难
	5. 培养积极的人生态度。积极心理学鼓励学生树立自信和自尊，通过培养学生的自主性和自我管理能力，使他们能够更好地应对未来的挑战，形成积极向上的人生态度
	6. 结合各项实事，使学生知党史，感党恩，提高学生敬畏生命、珍爱生命、勇于担当、保持理性、遵守规则的责任意识

为了有效达成以上教学目标，教研室联合团队成员拟定了该课程的教学授课计划，见表6-2。

表6-2　教学授课计划

学期	序号	课程教学模块	课程教学专题	学时	教学形式与课时分配	
					理论	实践
第一学期：大学生心理健康教育（一）	1	模块一、科学认识积极面对	专题一：新生入学教育 ——积极心理点亮未来	4		4
	2		专题二：沐浴阳光心理 ——大学生常见心理困惑及异常心理	4	2	2
	3		专题三：打开心灵之窗 ——大学生心理咨询	2	2	
	4	模块二、认识自我悦纳自我	专题四：活出积极人生 ——大学生生命教育与心理危机应对	4	2	2
	5		专题五：绽放出色自我 ——大学生自我意识发展与培养	2	2	
第二学期：大学生心理健康教育（二）	6	模块三、管理自我发展自我	专题六：激发积极情绪 ——大学生情绪管理	4	2	2
	7		专题七：逆境中的成长 ——大学生压力管理与挫折应对	4	2	2
	8		专题八：积极交往沟通 ——大学生人际交往	4	2	2
	9		专题九：启航爱的风帆 ——大学生恋爱与性心理	4	2	2
合　　计				32	16	16

（四）整体教学设计

大学生心理健康教育课程以赛里格曼提出的积极心理学为指导，关注学生优点和积极情感。该课程旨在帮助学生认识到自己的优点和积极特质，并通过培养这些特质来提高学生的幸福感和心理健康。该课程要注重理论联系实际，注重培养学生实际应用能力。该课程要求充分发挥师生在教学中的主动性和创造性。教师要尊重学生的主体性，充分调动学生参与的积极性，开展课堂互动活动，避免单向的理论灌输和知识传授。

1. 设计理念

大学生心理健康教育课程的教学设计理念：以积极心理学理念为导向，以心理健康知识普及为切入点，以心理活动体验为载体，以心理调适技能训练为重点，以思政元素融入为育人目标，开展专题式教学。

该课程采用混合式教学模式开展教学活动，突出动感第一、主体抉择、现场生成、和谐有序四个要点。动感第一：严禁用教师说教替代学生活动，要设计丰富的活动，使学生在活动中收获感悟、体验成长；主体抉择：课堂的主人是学生，教师做好引导的角色；现场生成：教师灵活运用课堂现场资源，启发学生思考，提升感悟；和谐有序：课堂活动丰富，将课堂的主权交还给学生，课堂在教师的引导下，呈现出和谐有序的画面。

2. 内容组织与安排

该课程分为两个部分，分别在大一上学期和下学期开设。学校在大一上学期组织学生完成专题一至专题五共计 16 学时的学习；大一下学期组织学生完成专题六至专题九共计 16 学时的学习。课程共计 32 学时，其中理论教学 16 学时、实践教学 16 学时。

（1）理论教学（16 学时）。

理论教学采取主题式教学，除专题一为新生入学教育外，其余 8 个主题均安排 2 个学时的理论知识教学。理论教学通过系统的知识讲授对学生进行普及性质的心理健康知识教育，以提升学生心理素质。

（2）实践教学（16 学时）。

教师在对重点章节理论讲述的基础上，通过不同形式的实践活动，进一步加深学生对心理健康知识的理解和对技能的应用。实践教学内容及安排，见表 6-3。

表 6-3　实践教学内容及安排

序号	实践专题名称	实践形式
1	专题一：新生入学教育——积极心理点亮未来	团体心理辅导
2	专题二：沐浴阳光心理——大学生常见心理困惑及异常心理	心理知识比赛
3	专题三：打开心灵之窗——大学生心理咨询	心理咨询活动
4	专题四：活出积极人生——大学生生命教育与心理危机应对	园艺健心活动
5	专题五：缩放出色自我——大学生的自我意识与培养	自我探索活动
6	专题六：激发积极情绪——大学生情绪管理	感恩日记活动

表6-3(续)

序号	实践专题名称	实践形式
7	专题七：逆境中的成长 ——大学生压力管理与挫折应对	心理摄影比赛
8	专题八：积极交往沟通——大学生人际交往	三件好事打卡
9	专题九：启航爱的风帆——大学生恋爱与性心理	微视频比赛

（五）理论教学方案的具体设计

1. 模块一：科学认识、积极应对（10 课时）

（1）专题一：新生入学教育——积极心理点亮未来（4 课时）。

教学要求：通过引导学生参与心理体验活动等形式，激发学生积极情绪，引导学生体会福流体验，帮助学生了解自己的积极心理品质，为自己的积极心理品质画像，并为未来提升自我心理品质设立目标；帮助新生以积极的心理状态适应大学生活，维护自身的心理健康。

授课要点：实践活动；新生入学教育；6 大类、24 种积极心理品质；积极心理品质画像；积极情绪的力量。

专题一的教学实施说明如下。

教师：介绍积极心理学相关知识，指导学生通过心理测验探索自我积极心理品质；通过活动、案例讲解等激发学生积极情绪；引导学生在觉察自身积极情绪的基础上树立奋斗目标。

学生：了解积极心理学的基本概念；理解积极情绪与幸福的联系；积极参与心理活动，以积极的心理状态适应大学生活。

（2）专题二：沐浴阳光心理——大学生常见心理困惑及异常心理（4 课时）。

教学要求：通过教学使学生了解常见的大学生心理困惑及异常心理，了解心理疾病，懂得哪些状态可以通过自我调整或心理咨询进行解决，哪些心理疾病需要专业医疗机构诊治。

授课要点：大学生常见的心理困惑及其应对；大学生常见的心理疾病（异常心理）及其应对；实践活动：心理健康科普知识；

专题二的教学实施说明如下。

教师：通过介绍“人生的灰色地带”理论，让学生理解心理健康与不健康、正常与异常的心理的概念和界限；让学生掌握心理不健康、心理疾病的差异及其应对方法；给学生布置心理知识比赛的任务。

学生：讨论并总结大学生常见的心理困惑及其应对方法；领取并完成心理知识比赛的任务。

（3）专题三：打开心灵之窗——大学生心理咨询（2 课时）。

教学要求：通过教学使学生了解心理咨询的基本概念和功能、心理咨询的内容与类型，建立正确的心理咨询观念以及自助求助的意识。

授课要点：心理咨询的概念和功能；心理咨询的意义和特点；心理咨询的内容与类型；心理咨询的性质和原则。

专题三的教学实施说明如下。

教师：在科学介绍心理咨询的概念和功能基础上，改变传统观念中学生对心理咨询的误解；指导学生通过实践活动认识心理咨询的性质和原则；使学生理解保密与保密例外；带领学生参观心理中心，保证每一个学生都能找到心理中心，组织学生体验各类心理设备。

学生：积极参与教师设计的体验活动，理解心理咨询的性质。

2. 模块二：认识自我、悦纳自我（6 课时）

（1）专题四：活出积极人生——大学生生命教育与心理危机应对（4 课时）。

教学要求：通过教学使学生认识生命，尊重生命，珍爱生命；帮助大学生识别心理危机的信号，掌握初步的干预方法，预防心理危机，维护生命安全。

授课要点：生命教育概述；理解生与死和生命的意义；心理危机预防与应对。

实践活动：园艺健心。

专题四的教学实施说明如下。

教师：通过知识讲授让学生理解生命的内涵、特征；结合时事让学生理解生命的意义；通过案例分析使学生掌握心理危机预防与应对的方法；发布实践活动任务：园艺健心。

学生：通过知识学习、活动参与理解生命的意义，培养积极的生命观；通过园艺健心实践活动，促进对生命的觉察与反思。

（2）专题五：绽放出色自我——大学生的自我意识与培养（2 课时）。

教学要求：通过教学使学生认识自我发展的重要性，了解并掌握自我意识发展的特点，能够识别在自我意识发展过程中出现的偏差及原因，并能够对其进行调适，建立自尊自信的自我意识。

授课要点：自我意识概述；大学生自我意识发展的特点；大学生自我意识偏差及其调适。

专题五的教学实施说明如下。

教师：通过团体辅导的形式，使学生在不同的活动中探索自我；向学生介绍居哈里窗户理论，使其了解自我的重要性。

学生：积极参与课堂活动，在活动中收获感悟、启发。

3. 模块三：管理自我、发展自我（16 课时）

（1）专题六：激发积极情绪——大学生情绪管理（4 课时）。

教学要求：通过教学使学生了解自身的情绪特点，掌握情绪调适的方法，自主调控情绪，保持积极的情绪状态。

授课要点：情绪概述；积极情绪与消极情绪；大学生情绪特点及其影响；理解情商的概念和重要性；实践活动，书写感恩日记。

专题六的教学实施说明如下。

教师：指导学生理解情绪的概念和分类；指导学生学习情绪调节的方法；教给学生情绪 ABC 理论及其他认知调节方法；布置实践活动任务，书写感恩日记。

学生：正确认识情绪，提升对情绪的感知能力；理解并掌握情绪 ABC 理论，提高情绪管理能力。领取并完成书写感恩日记实践任务。

（2）专题七：逆境中的成长——大学生压力管理与挫折应对（4 课时）。

教学要求：通过教学使学生正确理解压力和挫折，了解大学生面临的压力及挫折的主要来源，了解压力与挫折对人生的意义，学会正确管理压力和应对挫折。

授课要点：压力与挫折的内涵、产生、特点及其影响；心理复原力的内涵及表现；压力管理与挫折应对的策略。

实践活动：心理摄影比赛。

专题七的教学实施说明如下。

教师：通过对压力相关理论的介绍以及课堂活动，促使学生理解困境的积极意义，掌握应对困境的策略；布置实践活动任务：心理摄影比赛。

学生：通过学习，能够运用压力管理与挫折应对的策略积极应对自己面临的困境；领取并完成心理摄影比赛实践任务。

（3）专题八：积极交往沟通——大学生人际交往（4课时）。

教学要求：通过教学使学生了解人际交往的意义、特点及类型，理解影响大学生人际交往的因素，掌握基本的交往原则和技巧，了解人际关系障碍的类型及调适方法，增强人际交往能力。

授课要点：人际关系概述；大学生人际交往及影响因素；大学生人际交往原则及技巧；大学生人际关系障碍及调适。

实践活动：三件好事打卡。

专题八的教学实施说明如下。

教师：通过马斯洛需要层次理论来说明人类有交往的需求；通过团体辅导，使学生探索自身人际交往的模式，进而更深入地了解自我；使学生理解人际交往的原则和技巧。

实践活动：三件好事打卡。

学生：通过人际交往心理测量，分析自己的人际交往特点及人际关系现状；积极参与人际交往团辅活动，并积极反思和总结；领取并完成三件好事实践任务。

（4）专题九：启航爱的风帆——大学生恋爱与性心理（4课时）。

教学要求：通过教学使学生认识大学生恋爱心理的特点，了解自身性生理和心理的发展，形成对恋爱与性的正确认识。

授课要点：大学生恋爱心理发展的规律特点和常见问题；培养健康恋爱观和择偶观；性心理的发展和大学生性心理的特点；大学生性心理问题及调适。

实践活动：微视频比赛。

专题九的教学实施说明。

教师：爱情与性相关理论介绍；讲解影响亲密关系的相关因素以及心理学中的爱情三角理论；介绍大学生常见的恋爱心理困扰、性心理困扰及其排解方法；发布微视频比赛的任务。

学生：讨论大学生恋爱与性心理的特点；形成积极健康的恋爱观；领取并完成微视频比赛任务。

（六）实践教学方案的具体设计

（1）实践教学一：新生入学教育——开学第一课（4课时）。

实践目的：以心理互动体验为核心，采用心理测验、团体心理辅导、电影沙龙等教学形式，引导全体新生深刻领会积极心理学“育积极之人，更积极育人”的精神实质，进一步明确人生价值、明晰个人特质、发现个人特长、找准突破方向、找到发展动力，增强“人人皆可成才”的自信。

实践时间：开学第一周。

实践形式：心理测验、电影沙龙、团体辅导。

实践流程如下。

教师：从积极心理学的角度引导学生理解幸福人生的要义与实现途径，以积极的心态迎接大学生活；为团体心理辅导作知识铺垫与情绪情感准备。

学生：在教师指导下，完成24项积极心理品质测试，获得心理测试结果即积极心理品质雷达图；通过团体辅导的形式，为自身积极心理品质画像，讲述成长经历中的积极事件，强化优势，激发积极情绪；观看红色电影，梳理电影中人物角色的积极心理品质；从英雄优秀品质中汲取成长力量，思考如何建设自我积极心理品质；以团队形式分享革命影视作品故事，与红色经典共情，厚植家国情怀，从经典中汲取成长力量，积极畅享未来学习奋斗目标；掌握激发积极情绪的方法，热爱大学生活，提升自我积极心理品质，追寻幸福有意义的人生。

实践成果：个人积极心理品质雷达图。

考核评价：评分表，见表6-4。

表6-4　实践教学一评分表

评价项目	评分标准	满分	得分
前期准备情况	前期准备充分、态度认真，视频或PPT制作优良	30	
现场表现情况	现场发言紧扣主题、观点鲜明、条理清晰、逻辑严密、表达流畅、形式新颖	50	
团队协作情况	团队配合、协作完成	20	
总分		100	

（2）实践教学二：心理知识竞赛（2课时）。

实践目的：通过完成线上心理学知识答题增进大学生的心理知识储备，助力大学生正确认知心理健康知识，实现人人都懂点心理学的宣传普及和自助教育，督促学生愿意主动且积极地学习、分享心理知识，更科学地关注自我、关注健康、关注心灵成长。

实践时间：课外（9—12 月）。

实践形式：知识竞赛。

实践流程：心理健康教研室统一发布实践任务，心理知识竞赛依托问卷星平台，采取线上答题的方式进行；竞赛内容以心理理论知识、心理保健常识、心理科普知识、身心放松方法、积极心态建设等内容为主；学生以个人名义参与，积极报名，踊跃参与，扫码答题；竞赛成绩优异的学生由学校心理健康中心颁发知识竞赛优胜个人奖状。

实践成果：心理知识竞赛成绩。

考核评价：评分表，见表 6-5。

表 6-5　实践教学二评分表

评价项目	评分标准	满分	得分
参与比赛	积极参与、完成比赛	50	
竞赛得分	比赛得分	50	
总分		100	

（3）实践教学三：园艺健心活动（2 课时）。

实践目的：发现自然、了解自然、感恩自然，通过与自然互动，促进学生对生命价值与意义的思考；在作品创作过程中，舒缓学生的消极情绪，激发学生的积极情绪，提升学生发现美、欣赏美、感受美、创造美、追求美的能力和素养。

实践时间：课外（9—12 月）。

实践形式：叶贴画。

实践流程：在活动准备阶段，教师讲授活动方案，强调安全事项以及爱护花草树木的倡议，学生进行分组，自主选择伙伴；在活动实施阶段，学生采集树叶、讨论设计、团体创作、作品欣赏；在活动总结阶段，学生进行叶贴画成果汇报展示、分享成果、互动评价，各小组通过各自不同的形式，交流活动体验，互相评价。

实践成果：叶贴画（小组创作）

考核评价：叶贴画成果汇报计分表，见表 6-6。

表 6-6　叶贴画成果汇报计分表

评价项目	评分标准	满分	得分
讲述内容	紧扣主题、观点正确鲜明、故事情节具有感染力和吸引力	50	
讲述形式	形式新颖生动、受欢迎	20	
语言表达	脱稿讲述、表达流畅、声音洪亮、语速恰当	20	
团队协作	组织有序、团队配合、协作完成	10	
总分		100	

（4）实践教学四：三件好事打卡（2 课时）。

实践目的：通过持续记录每天发生的三件好事，帮助学生调整大脑的注意力资源，更多关注积极事件，提升学生积极关注的能力；通过坚持练习，明显提高学生的幸福感，有效缓解学生的焦虑和抑郁等心理问题。

实践时间：课外（9—12 月）。

实践形式：交流讨论。

实践流程：学生每天睡前或者空闲的时候将自己当天遇到的值得感恩、令自己感到快乐的事情记录下来；至少坚持连续打卡 14 天；与同学交流参与该项活动的心得；撰写活动总结，并提交打卡记录与总结。

实践成果：打卡记录与活动总结。

考核评价：评分表，见表 6-7。

表 6-7　实践教学四评分表

评价项目	评分标准	满分	得分
打卡情况	态度认真、记录清晰，打卡至少完成 14 天	70	
活动总结	紧扣主题，观点鲜明，条理清晰，真情实感	30	
总分		100	

（5）实践教学五：微视频比赛（2 课时）。

心理微视频，是在日常生活场景中拍摄的，具有完整故事情节的，描写心理困扰发生、发展和结果的微型电影作品。

实践目的：通过学生“自己演、演自己”的方式，再现大学校园生活中常见的冲突、烦恼和困惑，让大学生学会面对并调试日常生活中的常见心理问题，提升大学生心理自助与互助的能力。

实践时间：课外（9—12 月）。

实践形式：微视频制作。

实践流程：在活动准备阶段，教师讲授活动方案，强调安全事项；学生分组，自主选择伙伴；要求创作内容应契合主题、积极健康、富有创意、彰显心理元素；紧紧围绕成都工业职业技术学院学生现实生活中的常见、共性心理困扰进行创作，着重反映不同角色内在的心理冲突和心理调适过程，展现成都工业职业技术学院学生奋发向上、不屈不挠、团结互助等精神风貌。在活动实施阶段，讨论设计、团体创作、拍摄视频；作品声音清晰、画面流畅，时长不超过 5 分钟，录制作品大小在 300M 以内，视频要求 MP4 格式。在活动总结阶段，展开微视频成果汇报展示、分享成果、互动评价，各小组通过各自不同的形式，交流活动体验，互为评价。

实践成果：微视频（小组创作）。

奖项设置：马克思主义学院积极心理体验中心将组织专家对推荐的优秀作品从剧本内容、心理主题、演员展示、整体效果等多方面进行综合评审，并最终确定特等奖 3 个、一等奖 5 个、二等奖 10 个、三等奖 20 个、优胜奖若干。特等奖获奖作品将代表成都工业职业技术学院参加四川省大学生心理健康微视频大赛。

考核评价：评分表，见表 6-8。

表 6-8　实践教学五评分表

评价项目	评分标准	满分	得分
剧本内容	剧本原创，内容契合主题、积极健康、富有创意，展现成都工业职业技术学院学生奋发向上、不屈不挠、团结互助等精神风貌	30	
心理元素	彰显心理元素。紧紧围绕成都工业职业技术学院学生现实生活中的常见、共性心理困扰进行创作，着重反映不同角色内在的心理冲突和心理调适过程	30	
演员展示	所有演职人员须为成都工业职业技术学院全日制在读学生，禁止低俗语言与动作，根据剧情需要流露真情实感	20	
整体效果	作品应声音清晰、画面流畅，并在屏幕底端配中文字幕（对白、旁白、独白、解说等均须配字幕）	20	
总分		100	

（6）实践教学六：心理摄影大赛（2 课时）。

实践目的：用镜头记录生活，用心感受美好。用摄影引导学生关注事物最美好的一面，在光影交织中体味百态人生，帮助学生探寻生命的意义与责任。

实践时间：课外（9—12 月）。

实践形式：拍摄照片。

作品要求：①参赛作品贴合活动主题，作品题材不限，可以是暖心治愈的花草树木，可以是祖国大好河山，可以是让人感动的斑驳身影，也可以是与亲人的点滴生活……内容健康积极向上，能传递心理正能量。②参展作品彩色、黑白不限，大小不低于 3M，文件格式为 JPG；作品取景、构图、曝光、色调、清晰度等符合摄影技术基本要求，色彩和谐，构图比例协调；作品仅可作亮度、对比度、色饱和度的适度调整，但不得做合成、添加等技术处理。③作品表达形式新颖，构思独特，能够通过形象化的摄影语言符号和创新的立意去诠释摄影作品的主题。

实践成果：照片。

奖项设置：马克思主义学院积极心理体验中心将组织专家对推荐的优秀作品进行综合评审，并最终确定特等奖 3 个、一等奖 5 个、二等奖 10 个、三等奖 20 个、优胜奖若干，并为获奖学生颁发荣誉证书。优秀作品将推荐至学校公众号、校园宣传栏等进行公开展览。

考核评价：评分表，见表 6-9。

表 6-9　实践教学六评分表

评价项目	评分标准	满分	得分
技术水平	曝光、对焦、构图、色彩等方面的准确性及运用技巧	30	
创意性	作品是否展现独特的视角和新颖的构思	20	
主题表达	作品是否有效地传达出拍摄者的意图和情感	20	
作品内涵	作品是否具有心理健康的寓意和艺术价值	30	
总分		100	

（七）课程教学实施条件

1. 师资要求

课程负责人：熟悉心理学专业相关技术和职业教育规律，实践经验丰富，教学效果好，在行业有一定影响，具有国家二级心理咨询师、中国心理学会注册心理师资格，或者曾在省级以上教学竞赛中获得一等奖以及具有中级及以上职称的“双师型”教师。

教学团队：基于分两轮开展 120 个教学班的规模，专任教师与兼课教师合计 15 人，其中，专任教师 5 人，兼课教师 10 人，职称和年龄结构合理，互补性强。

教师专业背景与能力要求：主讲教师应为心理学或教育学类专业本科以上学历，熟悉心理学、教育学、心理健康等相关知识，具备一定团体辅导与心理咨询经验，具有较强的语言表达能力及职业教学能力，掌握一定的教学方法与教学艺术。

2. 教学硬件设施及配备：校内实践教学基地

教学硬件，见表 6-10。

表 6-10　教学硬件

基地名称	硬件设施及配备要求	实践项目	实践类型	学时数	是否为生产性实训
心理健康教育中心	团体辅导室 1 间、心理咨询室 3 间、VR 活动室 1 间，配备沙盘、生物反馈仪等设备	参观心理健康教育中心、体验心理健康教育设备与活动	基本技能训练	1	否

3. 教学资源

教学资源，见表 6-11。

表 6-11　教学资源

序号	资源名称	网址	备注
1	大学生心理健康教育	https://www.xueyinonline.com/detail/232748272	学银在线

学生使用教材：根据成都工业职业技术学院高职学生近三年心理测评数据及课程开展情况，教研室全体教师参与校本教材的编写，该教材于 2023 年成功入选为四川省“十四五”省级规划教材，见表 6-12。

表 6-12 校本教材

序号	教材名称	主编	出版社
1	《大学生心理健康教育》	韩兹莹、刘绪、李泽虹	高等教育出版社

教师使用的教学参考书，见表 6-13。

表 6-13 教师使用的教学参考书

序号	教材名称	主编	出版社
1	《大学生心理健康教育》	黄希庭	华东师范大学出版社
2	《心理健康教育》	陈艳、朱静、袁海燕等	高等教育出版社（“十四五”职业教育国家规划教材）
3	《大学生心理健康教育教程》	杨世昌、黄国平	人民卫生出版社
4	《大学生心理健康素养》	江光荣	湖南师范大学出版社
5	《运用积极心理学提高学生成绩》	蒂娜·瑞伊	中国青年出版社
6	《幸福的科学——积极心理学在教育中的运用》	曾光、赵昱鲲等	人民邮电出版社
7	《清华积极心理学十六讲》	赵昱鲲、彭凯平	清华大学出版社

（八）课程考核

本课程考核采用形成性考核（平时）和终结性考核（期末）相结合方式进行。为方便记录，形成性考核成绩和终结性考核均采用百分制计分，然后按下述公式折算计入总评成绩：课程总评成绩=形成性考核成绩×百分比 + 终结性考核成绩×百分比。

课程教学评估内容包括学生对知识的理解和掌握程度，以及学生心理调适能力的提高等方面，以学生解决实际问题的能力为评估重点。形成性考核包括学生出勤、课堂表现、作业完成情况等。终结性考核包括撰写自我成长分析报告、线上慕课学习、知识测验。因两学期学习侧重不同，考核项目及分值占比略有不同，见表 6-14。

表 6-14　考核项目及分值占比

序号	第一学期主要考核项目	配分	分值在形成性考核成绩中的占比/%
1	实践活动	30	60
2	出勤	40	
3	课堂表现与作业	30	
4	精品在线开放课程学习	60	40
5	心理健康知识测验	40	
合　　计			100

二、积极心理学范式职业院校课程思政具体实施教案

资料 6-1　第一份教案：积极适应　悦对挫折

本教案根据 2024 年度上学期成都工业职业技术学院大学生心理健康教育课程集体备课 PPT 内容进行编制。内容来源于课程专题一：新生入学教育——积极心理点亮未来，标题为“积极适应　悦对挫折”。教案具体内容陈述如下。

亲爱的同学们，欢迎来到“积极心理点亮未来”的开学第一课课堂，首先祝贺大家圆满完成了“充满挑战”的军训锻炼，公众号上大家的军训表演，相当震撼，一个个精神十足，英姿飒爽，非常了不起！给你们点赞！你们是最棒的！我是今天的主讲老师 XXX。

接下来，将由我试着用这几年我学习到的积极心理学知识，带领大家一起走进“积极适应、悦对生活”的积极心理学的课堂，去开启大学生活的“新篇章”。

首先我们来做个暖身活动。

暖身活动具体指导语：从前有座山，山下有一个小村庄，村庄里有个小伙子名字叫阿呆，他养了一条小狗叫阿水。阿呆每天早上都会提着两个大水桶，去村子的小河边抓鱼，抓鱼后就会挑着两桶水回家。阿呆每天心情都很愉快，回家路上，野花点点，青草幽幽，一派大自然美景，和谐的田园风光，他的那只小狗也在他身边溜来蹿去。“阿水乖，慢点跑，别捣乱”，阿呆经常笑着说。回家后，阿呆把水倒进家中的水缸里，正好满满一缸，不多不少，然后开始给小狗喂食。阿呆对着小狗说，“阿呆喂你吃骨头，要吃吗？骨头可好吃了”“阿水啊，要吃你就说啊，你不说我怎么知

道你要吃呢？虽然你很有诚意地看着我，可是还是要说啊，不可能你说了我不给你吃的。”看着小狗围着骨头急得直打转，阿呆就很高兴地笑，再把骨头丢给可怜的阿水，阿水啃着骨头，阿呆就开始了一天的辛勤劳作。狗是非常有灵性的动物，看见阿呆累了就给他去衔毛巾，让他擦汗，阿呆渴了，只需一招手，阿水就会摇头晃脑地给他去衔水壶。一人一狗就这样快快乐乐地生活在这个风景如画的小山村里，怡然自得。（教师念指导语时，根据学生的现场反应可以进行文字调节，注意语言语气的抑扬顿挫）

课程导入：最近《黑神话·悟空》带火了很多话题。今天我们就借悟空的成长，和大家一起聊聊大学阶段，我们的心理发展特点和需要学习成长的点。孙悟空可以说是我们每个人都知道的角色，他的成长经历充满了传奇色彩，从一只石猴最终成为斗战胜佛，这一过程其实给了我们很多成长的启示。（选用当前学生们关注的游戏案例，进行正能量引导，快速代入课程内容）

如果说大学一年级入学是懵懂的石猴，那么在成长过程中，需要学习什么，经历什么，才能成长为斗战胜佛呢？在座的同学们，你们想做孙悟空吗？喜欢孙悟空的哪个名字？石猴、美猴王、孙悟空、弼马温、齐天大圣、孙行者、斗战胜佛？你们喜欢哪一个？说说自己喜欢的原因……（课程互动，目的是激发学生积极投入课堂，让课堂活跃起来）

从石猴到美猴王，孙悟空开始意识到自己的能力。作为新生，认识自己，建立自信，了解自己在学校这个新环境中的角色是非常重要的事情。无论在哪个学习阶段，对自己来说都是一层新的突破。当我们入学的时候，想想悟空拜师菩提祖师门下学习的过程，漂洋过海，历尽艰辛，有了学习的机会。在新的环境中，他不再是美猴王，而是一名学徒，从学习最基本的规则开始。对于我们来说，也是要从学习学校规则，遵守纪律，尊重老师，友爱同学等基础内容学起，这些都是成长的过程。有人会觉得规矩就像孙悟空的紧箍咒，对自己是一种束缚。紧箍咒对孙悟空而言，是帮助他戒恶戒嗔的规则。从一开始的束缚，到后来，准则内化成自己的行为标准，禁锢自然不存在了。我们生活在一个法治社会，每个人都要学法、守法、懂法。大学给我们带来的不仅是向往已久的独立、自由，更是责任和担当。大学的学习过程，不仅是成长的过程，也是不断认识自我、发展自我的过程。

接下来，让我们进入今天的话题。

一、赢在心商，积极适应

（一）积极适应

1. 适应的定义

“适应”是英国著名生物学家达尔文提出的观点。该观点主张适者生存，用进废退。心理学上的适应是指有机体对所受到的刺激和周围环境变化所作出的反应。心理学家沃尔曼认为“适应是一种与环境融洽和谐的关系”。适应的目的是消除紧张，使身心恢复到以前的平衡状态。

“温水煮青蛙”来源于19世纪末美国康奈尔大学科学家做过的一个“水煮青蛙实验”。科学家将青蛙投入40 ℃的水（不是沸水）中时，青蛙因受不了突如其来的高温刺激立即奋力从开水中跳出来得以成功逃生。当科研人员把青蛙先放入装着冷水的容器中，然后再缓慢加热（每分钟上升0.2 ℃），结果就不一样了。青蛙反倒因为开始时水温的舒适而在水中悠然自得。当青蛙发现无法忍受高温时，已经心有余而力不足了，不知不觉被煮死在热水中。

心理学上，第一种情况被称为“危机圈”，这是一种对生存和环境产生危机感，力求革新和变化的环境；第二种情况称为“舒适圈”，这是一种对现有的一切感觉适应、舒服，让人因循守旧，不思进取的环境。我们每个人在自己的生存环境中都面临危机圈和舒适圈这两个圈子。当你沉溺于舒适圈时，你就会丧失变革的欲望，对眼前的一切感觉很满足，进而像青蛙那样，被自己的舒适圈吞没；而当你刻意把自己带入危机圈时，你就会积聚你全身的能量最大限度地去发展自己，完善自己。其实我们的成长过程，正是从一个个危机圈走向舒适圈的过程。

2. 适应的形式

人与环境的适应通过两种途径来实现：①根据环境的要求对自身做出改变；②改造环境来适应自己。

通常情况下，人们只是被动选择环境，因为改变环境是有一定限度和难度的，大多数时候，人只能适应既定的环境。对于个人来说，我们能做的只是直接支配和控制自己的行为，对他人有时候都无能为力，何况偌大的环境。如果要想周围环境发生有利于自己的改变，哦我们只能通过自己做或不做某些事来间接实现。而且在许多情况下，环境的力量太强大，个人操控环境的能力是极其有限的。每个人都有许多自己无法选择，强加于本人的生活条件。这种情况下，个人只能主要依靠调整自己来适应环境。

例如，一名大学新生，他最初的理想大学是某名牌院校，但由于种种原因，只是进入了一所自己不太喜欢的普通院校，理想没能实现。在这种情况下，要使环境做出改变是很困难的，个人要在大学期间有所收获，最有效的办法是调节自己，努力适应现实环境，既来之、则安之。

适应的目的是消除紧张，使身心恢复到以前的平衡状态。从心理学观点来看，只要能够适当减轻个体的紧张或焦虑程度，就可以说是适应了环境。根据每个人对待压力的态度和减压的方式，适应可以分为消极的适应和积极的适应。

（1）消极的适应。这种适应是人与环境的消极互动过程。在这一过程中，个体顺应了环境中的消极因素，压抑了自身的积极因素及自身的潜能，违背了人的心理发展方向，其作用只是求得一时的心理平衡。最终环境改变了人，而人在这一过程中没有发挥主观能动性。例如，人在遭受了挫折的环境下所采取的消极、悲观的态度，这是以压抑自己的潜能，牺牲个人心理机能和品质的发展为代价的消极适应。这种适应是退化，而不是发展。

案例：小 A 是家里的独生子女，从未住过集体宿舍，也没有远离过父母独立安排自己的起居学习。刚进入大学她就出现了很多不适，于是找到辅导员老师，说自己生病了，需要退学。辅导员老师询问她身体哪里不舒服。她说，进了大学，自己就没了动力，心里特别空虚，对老师讲的内容没有兴趣，学习起来特别吃力，心里特别焦虑，可是越着急火气越大，和宿舍同学的关系也处不好，觉得自己特别失败，高中的好友都在别的大学，觉得自己特别孤单，实在没有办法适应大学的生活。即便老师再三开导，她还是坚持退学。最后，她办理了休学手续。

面对大学生活的种种不如意，小 A 选择逃避现实，其本质便是一种消极的适应。

（2）积极的适应。这是一种健康的适应。它有两层含义：①改变自己以顺应环境或环境中的某些变革；②不断抗争，从一个目标走向另一个目标，这是发展的适应。任何环境中都存在着有利于个人成长的积极因素和不利于个人成长的消极因素。如果我们能够将环境中的有利因素和自身的积极因素统一起来，通过对这两者的分析找到自己的生长点，充分发挥自己的能动性，就能获得一种积极的适应。

那么，初入大学的同学们遇到的最大不适应可能是什么？我们该怎样协助他们顺利适应大学新生活？接下来我们先分析近年来大学新生适应性问卷调查中位列前三名的不适应情景，然后再给出10个帮助大学新生适应大学新生活的小锦囊。

三个不适应：

第一，对大学集体生活方式的不适应。

（热点案例导入）近日，湖南某高校，女生凌晨在宿舍开大灯学习影响室友而引发争吵的视频在网上走红，面对该女生提出的“你可以把脑袋埋到被窝里睡”的建议，如果你是她的室友能接受吗？该怎样处理？

大学集体生活方式的不适应包括很现实的吃、喝、拉、撒、睡等日常事务的不适应，也包括心态与氛围的不适应。举个例子，可能有不少新同学在来长江之前都听说过长江食堂挺出名的！有的同学甚至可能就是冲着大学食堂的美味佳肴而来！当然，为期待插上想象的翅膀肯定是好的，大学食堂饭菜的味道也对得起大家的想象。不过，什么东西天天吃，久了以后，新鲜感一过，也就没什么兴奋劲儿了。一个道理，当刚进入大学的新鲜感很快消退后，大学新生的一些不良反应就会开始出现。比如以前在家里一个人当老大，而现在要和来自四面八方的不同生活背景的几个同学挤在一起。某人袜子乱丢，某人打鼾太响，某人嗓门太大等，少不了一些磕磕绊绊。再比如，以前上学的时候什么事都是老师安排、家长安排，自己照做就行。现在发现很多事情得自己安排，没人追着屁股提醒，这就是被动安排与自主安排的区别。总之，集体生活与个体家庭生活差别很大，大学新生要对这种差别有足够的心理准备。

第二，对社会关系变化的不适应。

（结合理论进行分析）根据社会心理学家阿兰·费斯克的分析，人类的社会关系主要有四种类型：第一种叫作“爱和分享”的关系，家庭就是这种关系的典型代表。第二种是“等级与服从”关系，单位是上下级之间的关系，家里爸爸妈妈和孩子之间的关系，学校里老师和学生之间的关系等，都算。第三种是陌生人之间的社会关系，主要体现为独立、边界感、平等、尊重、合作。第四种是“市场交换关系”，就是劳动雇佣，按劳分配。所谓对社会关系变化的不适应，主要是指大学新生从原来以血缘关系所建立起来的待人接物方式突然转变为以与陌生人打交道为主的方式时表现出来的不适应。大学新生以前更多是面对家庭中的爱、分享与宽容，就算有点过失、发点小脾气也都不怕，可一上大学都变了，没人惯你脾气了，大家都一样的人格平等，找人办事得按照契约精神，规则与信用，更得学会和陌生人如何交往，沟通与合作。总之，对社会关系的变化适应，其实对很多大学新生来说是挺大的一个挑战。

第三，对“自我变化的不适应”。

在座的各位同学从小大到多半是众星捧月的对象，也许还有很多父母眼中的“别人家的孩子”，也就是别人羡慕、崇拜甚至是暗恋的对象。而现在来到大学里，发现自己就是普通学生中的一员，还有可能在有些方面不如其他人，那些往日的光环似乎一下子就消失掉了。有些同学就会产生一种失落的情绪，影响到接下来的学习、生活与交际。所以，一个人需要有自我期待，但是，自我期待也要遵循科学的理性。如果把自我期待情绪化地变成了自我膨胀或者自我贬损，那这个代价就付出的太大了。所以，正确自我认知就显得非常重要了。

接下来，为了更好帮助大学新生尽快适应大学生活，我整理了十个小锦囊。

1. 把过去归零

不管你过去多优秀或多糟糕，那都是过去，上大学后把过去归零，一切重新开始。进入大学，就是迈入一个新的环境，接触新的人，你的所有过去对于他们来说都是一张白纸，这是你最好的重新塑造自己形象的时候，每进入一个新的环境，都应该以全新的、你更想变成的形象出现。

2. 学着独立生活

或许你第一次住集体宿舍，或许你一直在父母的庇护下生活。来到大学，你们需要尽快熟悉大学生活的作息，独立整理内务，独立照顾自己，独立完成大学生活中各项事务。刚开始有些不适应没关系，重要的不是你自己能处理得多完美，而是你能学会自理、自立，这是你长大成人，面对社会的一项技能。

3. 接纳比拒绝有益

你可能是经专业调剂入学的，或者对专业根本不了解，因为是父母做主填报的志愿，或者你高考没考好被迫选择了这所学校。这时候的你可能在心理上是不接纳，甚至是“拒绝”的。但是，既来之，则安之，每个专业都有它存在的必然，任何专业如果学好、学精，都会使你在未来社会上拥有立足之地。所以，行动起来，试着去接纳它，或许等你接纳后你会爱上它，你也可以在这个舞台上大放异彩。

4. 设立新的目标很重要

大学学习与中学学习截然不同。在学习目标上，要制定对自己的未来负责，能让自己成为有责任担当的人的目标；在学习要求上，要考虑更多的是掌握专业知识与能力，培养全面素质；在所学内容上，中学少而浅，大学多而深。对于大学的学习，你至少要记得几点：学习是自主自觉的，没有人会赶着你；图书馆资源一定要好好利用，课堂上的书本知识只是皮毛，你要有计划、有系统地广泛阅读课外专业书；大学学习还需要你有创造性，能提出自己的观点和主张；对于各种提升职业技能的学习和实践更应该多学习和参与。

5. 处理好宿舍关系

寝室作为你们学习、休息、交流的生活空间，在你们的大学生活中扮演着至关重要的角色。和室友之间的相处，不仅会影响你们的日常生活习惯和作息，也会影响你们的情绪和体验。我们提倡“魔法多元镜”：尊重室友之间的差异；良好的沟通是解决任何冲突的关键；规则是你们的隐形保护屏障，保证你们的个人空间和心理健康；共情是你们在处理寝室关系时一项强大的“魔法技能”；施放“冷静咒语”应对冲突；合理期待宿舍关系不一定必须要成为好朋友。

6. 安全恋爱，正确对待失恋

上大学了，父母不再限制你谈恋爱了，于是你总是想试试。这里温馨提示大家，在说“我爱你”之前，一定要认真考察对方，在没有了解对方之前不要轻易恋爱，更不要轻易尝试性行为。当然，如果你很了解他（她），也喜欢，就勇敢地告诉他或者她，追求你真正爱的人，只要自己认为值得，那就是值得的；“我爱你”这句话别对很多人说，希望你可以把这句话说给你心中真正最爱也最值得爱的人，这是尊重你爱的人，更是尊重你自己的感情；爱你的人，向你表白时，即使你不接受，也要感谢对方对自己的喜爱；如果你不爱他，他又向你表白了，一定要正面回答，是就是，不是就不是，不可以模棱两可，给人盲目的希望。如果恋爱过程中，你看清了一个人，请你学会及时止损，勇敢地说再见。失恋了到底应该怎么办呢？你应该正视失恋带来的痛苦，懂得宣泄自己的痛苦情绪，扩大交往面，转移注意力，去散心、旅行，或者把能量升华到其他的事情上，开阔自己的视野，治疗失恋最好的药物是时间。

6. 合理使用电子设备

目前，电子设备已成为一种每天都会出现在我们生活中的设备，在大学里该如何正确使用电子设备呢？我们每天都无法避免使用电子设备，但是如果你们每天花过多时间在电子设备上，将会过多地影响你的生活、学习甚至心理健康。希望你们的手机、电脑能发挥正确的作用，查资料、做作业、学技能等。

7. 大学的学习成绩也很重要

大学上课时间相对自由轻松，也就是说你会有更多可以自由支配的时间，但是大学的内容只会比高中更深奥，你要做的是学会成熟合理地安排自己的时间并且永远不停止努力。高中的努力是为了上好大学，而进入大学你的努力可以为你带来很多意想不到的惊喜与机遇。所以，请不要把美好的青春年华浪费在游戏和刷剧上。

8. 多参加几次学生活动

初来乍到，很多同学会跃跃欲试，希望自己的能力可以有展示的机会，这是很棒的哦。大学期间，我们希望同学们积极参加几次学生活动或者比赛，通过参加活动或者比赛提升自己的能力，同时收获朋友和个人自我成就感。参加社团活动，需要注意：一定要学会平衡学习与参与社团活动的时间。对于社团活动，要有选择，选择后再投入、做精，这对自己是一种拓展。

9. 学习专业之前先学习做人

大学就像小社会，我们想说，做人和学习同样重要。想学会做人希望同学们记住这六条：一要有高尚纯洁的品行；二要有积极健康的身心；三要有吃苦耐劳的品质；四要有团结协作的精神；五要有公平竞争的意识；六要懂得爱与尊重。

10. 有困惑是正常的，合理利用心理咨询

因为环境改变、理想与现实的差距、人际关系的变化、学习生活方式的变化等因素，导致人的心理出现一段时间的适应性困难，这是非常正常的现象。所以，大家也不用担心，人的适应能力是很强的，只要你积极去应对，用正确的方式对待，这种适应困惑很快会过去。你应该找到适合自己的节奏与方式，开启美好的大学生活。这里要说明的一点是，如果你难以适应，并出现了一系列的心理反应，希望你找学姐、学长、辅导员、心理咨询老师聊聊，或许他们的经验能够很快帮到你。

希望以上10个小锦囊能对大家有所帮助。

（二）自我认知和自我悦纳

刚才我们在讲适应时谈到，一个人需要有合理的自我期待（不自我膨胀，也不自我贬损），怎样才能拥有合理的自我期待呢？这就首先需要有正确的自我认知并积极进行自我悦纳。

我是谁？这是个古老而充满哲学智慧的问题。人类在认识大自然的同时便开始认识自己。在座的各位同学对自己真的了解吗？接下来我们一起来玩一个互动游戏：1分钟鼓掌。（先请同学们自己估计自己一分钟能鼓掌多少次，然后现场实践，用秒表倒计时1分钟，时间到后请邻近的同学回答自己1分钟实际鼓掌次数，结果是90%以上学生实际数量远远高于自己先前对自己的估计——自我认知贬低。告诉学生吉尼斯世界纪录是1 080次，说明人的潜力是可挖掘的，用积极心理学方式鼓励学生，建立自信。）

游戏的目的：

（1）增强同学们的自信心，发现自己内在的潜能。

（2）在人的一生中，有许多个一分钟，你可不要小看这一分钟，其实一分钟也可以做很多事，只要你敢于尝试，就会有不一样的收获。

引出：日本当代作家村上春树。每一个人都有属于自己的一片森林，也许我们从来不曾去过，但它一直在那里，总会在那里。

（进一步思考）让我们通过5分钟的思考，来进一步了解自己。五分钟自我分析：个数多少？所写内容中多少涉及心理自我、生理自我和社会自我？让学生多维度认识自己。

（引出积极心理学中的24项优势品质的内容）积极心理学认为，每个人都拥有积极品质与消极品质，但个体的优势才是使人适应环境的最佳力量，通过激发个体的潜能，个体就会形成积极的人格特质。

积极心理学提出了六大美德和24项积极心理品质

指导语：心理测试没有标准答案，本测试引导我们发现自己的内在力量来实现自我认知和成长。在做题过程中客观表现自我就好，无须夸大或美化，也没必要在某一道题上纠结。测试一共96题，认真耐心做完。做完后系统会自动弹出雷达图，帮助我们了解自我。（教师清晰念完指导语，确保学生正确理解后，开始答题。该环节大概需要12分钟）

完成后，先给学生几分钟时间看系统自带的解析，然后将自己的积极品质雷达图和自己的前五项品质优势分享在班级学习通的讨论互动区，班级小组成员可以互相交流。

教师总结：思维更新，取长也能补短，客观看待自己的优势。教师借用“新木桶理论”或“斜木桶理论”进行案例分析讲解。上中学的时候，老师都给我们讲过木桶理论：就是说一个木桶上最短的板决定了木桶的盛水量，所以你要补短板，学习不能偏科。而在今天，随着时代的进步以及市场的不断变化，“木桶理论”也在升级，演绎出了“新木桶理论”。当你把木桶倾斜一下，这时候决定盛水量的就不是短板，而是长板！如果木桶倾斜方向的木板越长，则木桶内装的水越多。而这就是“新木桶理论”。简单来说，新木桶理论和传统木桶理论的差距在于——曾经，我们总结出木桶多装水的诀窍是消灭“短板”。如今，一个“追求完美”的木桶若要想装更多的水，不仅不能没有短板，还要有足够长的长板。也就是说要保证没有缺陷的同时，优秀的地方更加优秀。

孤峰理论：一个人只有站在山脉中最高的孤峰才能让大部分人都看得到他，一座山脉最为他人所知晓的往往是它的最高峰，一个人的成功也是由他最出色的特长决定。学会用优势的角度看待自己。

案例分析：奥运跳水冠军全红婵身材瘦小，相貌平平，却凭借自身的努力拿到了奥运冠军。

二、悦对生活，赢在逆商

逆商：全称逆境商数，一般被译为挫折商或逆境商。它是指人们面对逆境时的反应方式，即人们面对挫折、摆脱困境和超越困难的能力。高逆商的人在面对挫折时，能够保持冷静和积极的态度，迅速适应并克服困难。他们通常具有较强的心理韧性，能够在逆境中保持高效和专注，从而更容易取得成功。

刚刚开学一周，就有学生感慨，“上学好难啊!”，也有家长反馈说，孩子受不了一点挫折，该怎么办呢？今天咱们还是从《黑神话·悟空》这个话题来就说说怎样面对挫折，提高逆商？（教学方法上采用一案到底，还是借用《黑神话·悟空》中的孙悟空来引入课程。）

请问孙悟空是一个筋斗云翻过去取到真经的吗？几乎所有的同学都会说“怎么可能”，“那可是经历了九九八十一难啊!”是啊，九九八十一难。面对这重重磨难，一关又一关，他是怎么应对的？

无论是谁都会遇到生活中的挫折、困难，不同的人面对困难的处理方式也不同。

孙悟空面对困难和挫折是想方设法解决问题。猪八戒则是散伙，回高老庄。从花果山到灵山，一路西行，遇到了多少“山大王”？在学习的路上，我们会遇到哪些山呢？这些山会不会像“火焰山”一样，成为阻拦我们前进的障碍？怎样在“一山更比一山高”的逆境中做到稳如泰山？正所谓“关关难过关关过，前路漫漫亦灿灿”，无论遇到多少困难和挫折，我们都应该勇敢面对，不放弃，相信自己的能力，坚定地继续追求自己的目标。尽管前方的路途可能艰难，但只要我们持之以恒，努力奋斗，就能够创造属于自己的辉煌未来。

接下来，我们从挫折的含义，大学生常见的挫折有哪些，如何理性、积极应对挫折三个方面来聊聊抗挫力这个话题。

首先，我们来看以下案例。

（多个小案例导入课程）芳芳离开了熟悉的家乡来到陌生城市的陌生大学，她感到无所适从；

小李很害怕回寝室，因为无法忍受室友的冷漠；

小王准备了半个多月，最终还是在竞选社团干部时失败了，他感到很沮丧；

小张跑了三个多月招聘会现场，依然没有找到心仪的单位，他感到很无奈；

我们和朋友约好周末露营，结果当天却下了暴雨，我们会因此产生失落、沮丧的消极情绪。准备了很久的演讲比赛，却因为当天紧张而发挥失常，我们会产生懊恼、羞愧的消极情绪。在日常生活中，这种情况太常见了，对吧？

以上的案例，广泛存在于每个人的生活学习中，遍布于大学生社会化发展的各个方面。如果真回想起来，类似的事情不胜枚举，所以俗话才说，人生不如意十之八九。那究竟什么是挫折呢？

（一）什么是挫折

不知道大家有没有为《孤注一掷》这部电影贡献票房，相信看过这部电影的同学，记忆最深刻的肯定是男主人公潘生被骗进诈骗组织之后九死一生的经历。大家有没有发现男主人公被骗入诈骗集团的导火索？其实是来源于他工作上的一个意外的挫折。接下来我们就以电影中的这个挫折事件为切入点，一起探讨一下挫折是怎么产生的，我们又如何能够更好地应对它。首先我们先来看一下心理学上怎么解释挫折。

（首先进行理论分析，再借用近期热门票房电影《孤注一掷》的剧情进行分析，同样采用一案到底的教学方法进行案例分析。）

1. 挫折的定义

挫折是指一种情绪状态，即个体在从事有目的的活动过程中，遇到了难以克服或者自认为无法克服的障碍和干扰，导致个人的目标不能实现，需求不能满足时所产生的消极情绪反应。挫折就是人们常说的“求而不得，愿望落空”。

2. 挫折的要素

挫折包括三个要素：挫折情景、挫折认知、挫折反应。

（1）挫折情景：指自己努力的目标不能实现，需求不能得到满足的干扰情景。这种情景可能是人或物，也可能是各种自然社会环境，如竞选学生干部落选、考试不及格等。

（2）挫折认知：指对挫折情景的认识和评价，这是产生挫折心理的主观原因。对挫折情景的认识和评价不同，产生的挫折也不同。

（3）挫折反应：指在挫折认知评价的基础上产生情绪或行为的反应，比如攻击、紧张、抑郁、焦虑等。一般来说，挫折情景越严重，挫折反应就越强烈。

首先，我们通过电影截图来看这则挫折的故事情景。请看图片：我们可以看到，其中男主人公是非常开心，满脸期待的。因为他认为当天这个会议现场会宣布他升职的消息，但同事告诉他升职的人是的老板的儿子而非自己，最终的结果是同事口中的关系户获得了升职。所以，此刻男主就遇到了动机不能实现，需求不能满足的干扰情景，也就是产生挫折的第一个要素，挫折情景。

其次，我们来看第二张图，虽然电影没有直接导入潘生的语言，但他脸上的表情明显是充满失落的。这就如同女孩子生气的时候，别人问她们时总说没事儿，但其实她们心中是不高兴的，充满消极看法，这就是出现了挫折认知。

不同人对同一件事会有不同的看法，所以也就会产生不同的结果。而此刻，潘生对他升职不成这一挫折情景的认知，很明显是消极的。他对整件事的评价是他被不公平地对待了。所以，在这种认知和评价的作用下，他产生了一系列的情绪和行为反应，也就是我们所说的挫折反应。

最后，我们继续跟着电影中的情节来看一下男主人公会对未能升职成功这一挫折事件产生怎样的挫折反应？影片中，男主人公在得知升职不成的第一时间决定辞职，告诉同事，他已经找好了下家。其实我们知道就是后来的诈骗集团，他还给同事展示了豪华的办公室和宿舍图片。很明显，这时的男主对未能升职这件事已经产生了消极的认知和评价，导致他产生了一系列消极的行为去应对。

首先出现的就是逃避反应。为了逃避挫折带给他的消极情绪，男主人公的第一反应就是拒绝面对问题，直接逃避现有困境，也是为了达成逃离这个举动，他才会冲动地不假思索地接受诈骗集团的虚假招聘。其实，逃避这种挫折反映在我们日常生活当中也十分的常见。想必大家都经历过，本来今天复习一个考试，但也不知道什么时候就刷了手机。很多时候我们对手机的内容并没有那么感兴趣，而刷手机这个举动其实就是为了逃避学习中遇到的困难。

其次出现的是消极行为反应。影片中，男主人公利用自己高超的电脑技术在升职同事就职演讲的时候，发送了很多搞怪的表情，狠狠地羞辱了他身边的同事。这里我们可以看到一种典型的消极行为反应，那就是攻击。攻击可以分为直接攻击和转向攻击。直接攻击就是像男主人公一样，把愤怒的情绪直接发泄到使之受挫的人或物上。转向攻击则是把愤怒的情绪转向其他不相干的人。电影中正是因为男主人公在遭遇挫折时的一系列错误认知导致了消极的行为反应，最终成为他步入诈骗集团的导火索。

（二）大学生常见挫折包括哪些方面

那么，大学生常见的挫折包括哪些呢？

（1）生活挫折，是指生活中的一些困难和不适应，挫折越大对人的打击就越大。

（2）学习挫折，是指学习上产生各种困难对人的心理的影响。如刚进入大学的新生，面临着学习生活环境的重新适应过程。在这一过程中，有些同学因不适应大学的学习而产生挫折感，表现为找不到有效的学习方法，不会安排学习时间。

（3）交往挫折，主要表现为想结交一些朋友，但不知如何去交往，或因内向、孤僻而无法和他人沟通。

（4）情感挫折，是指个体因误解、疏远而交不到知心朋友，得不到亲人理解，失去亲人、失恋等。

（5）择业挫折，是指个体在就业过程中遇到的各种困难与阻力。如一些学生开始时雄心勃勃，几经面试碰壁后就感到沮丧、无奈，丧失了信心。

（三）如何理性积极应对挫折

那么，当挫折情景出现后，我们要怎么做才能尽量规避挫折。接下来给大家三方面的建议。

1. 建立积极的成长性思维

成长型思维就是当一个人遇到困难挫折时不会被打倒，他认为这是一次学习的机会，反思自己，分析问题，从挫折失败中汲取力量，然后找到改进的方法，通过努力而迈向成功。当我们遇到挫折时，应学习建立积极的成长性思维。

首先，改变观念。遇到困难，我们要学会积极思维，正确归因，为困难的解决寻找更多的可能性。你把一件事做砸了，你脑子里可能会出现我的能力很差这种想法。如果要培养成长型思维，你就需要学会及时调整这样的观念。例如，失败乃成功之母，我只是暂时做得不够好，我需要在哪些方面提升自己就会做得更好，这就是成长型思维。

其次，及时行动。有了正确的观念后，就要学会及时进行改变。客观地对挫折做出符合实际的正确归因，将所有造成挫折的因素分类：一类是可以通过努力改变的。那我们就设定目标，然后分阶段分步骤采取有效的行动去达成。第二类是无法改变的，比如身高、家庭条件、客观环境等，都需要遵循成年人的快乐秘诀，那就是学会接受和悦纳我们的不完美。

我们再回看《孤注一掷》电影当中的男主人公，起初他选择将升职中的挫折归因于自己被不公平地对待，所以才导致他失去冷静，被负面情绪驱使着做出错误的决定，最终让诈骗集团有机可乘。但是后来电影之所以有比较圆满的结局，正是因为他设计出来的软件保留了证据，才能将诈骗团伙一网打尽。我们可以想象，他之前遭受的工作挫折，与后来在诈骗组织遭遇的生死挫折相比，很明显，后者更难克服。但就是因为后来他对挫折的正确归因，不再怨天尤人，而是选择了家国大义，用自己超凡的才能救出了被困的同胞。最终，他被国家重用，成为反诈专家，真正实现了他的个人价值，成为他心目中那个想要成为的自己。假想一下，如果从一开始，男主人公就能够正确归因，正视工作中的挫折，想必以他的能力，他一定能如愿以偿。

遭遇挫折后产生的后悔、内疚的情绪毫无意义，我们需要尽快调整培养成长型思维，要注重过程而非结果，从过程中去发现问题所在，及时纠正自己过失，对困难挫折有掌控感。

2. 积极做好自我调适

自我调适：个体在遇到挫折后，自觉地对自己的心理和行为反应进行控制和调节的过程，化解不良影响，恢复心理平衡。自我心理调节也是一种积极的调控活动。

当遇到挫折处于负面消极情绪时，我们首先可以通过语言来宣泄，比如及时找亲人或朋友倾诉，告诉他们自己的烦恼，从而释放负面的情绪，减轻负担。在和亲近的人进行交流沟通的过程中，我们不仅能够去体验和识别情绪，还能够为不安、消极的情绪找到安放的场所，避免无限泛化，甚至侵蚀我们的内心。温暖的人际交往支持会让我们更有力量，也让我们更有信心。其次，调整心态。凡是往好处想，正面思考。这一面不好看，翻过来看另一面，换个角度看事情，生活就改变了。挫折不是打击我们而是来提醒我们避免更大的困难。所以当你出现挫折时，请停下习惯性的本能反应，接受挫折所带来的一切思想、情绪和身体方面的反应，用心去感受自己的挫折，让它为我们的人生提供价值。

3. 寻找资源获取支持

通常，当我们遇到挫折，处于消极负面情绪状态时，容易陷入认知狭窄的陷阱，就是只看到问题，看不到资源。资源包括内在资源、外在资源、团队资源、精神资源四种类型。掌握资源的本质，就能够快速准确地调节情绪状态，并找到解决问题的办法。

内在资源：就是通过唤醒内在自我，以自身的力量帮助和治愈自己。例如，回想一下自己的高光时刻，让自己感到骄傲和自豪的有哪几件事，当时自己做了哪些努力，让自己获得了成功？当你回忆起来的时候，你现在的感受是什么？用词唤醒自身的积极力量，看到自身积极的优势和内在资源，这些可以帮助我们更有信心。

外在资源：每个人都有自己的社会支持系统。在应对挫折时，亲朋好友，熟悉的人和环境（一米之内的关系）都是我们应对挫折资源。

团队资源：班级、寝室大家在一起，就是一个团队。一起成长的过程会沉淀出信任的基础。大家彼此形成强有力的支持，人生活在集体中才更有力量。因此，在遇到挫折时，我们要看到团队资源，并充分发挥团队作用。

精神资源：不同人的精神境界是不同的，一旦心怀崇高的精神追求，我们内心的耐力与外在的表现就优于常人。因此，在遇到挫折时，我们要具有一定能克服困难，战胜挫折的积极信念，提升自己的精神境界。

4. 培养良好的积极心理品质

心理学研究表明，自己的心理品质与人的挫折感有密切的关系。性情急躁、意志薄弱、自我效能感低的人容易产生挫折感。而积极乐观、宽容豁达、自强不息和开拓进取的人不但不易产生挫折感，而且有着较强的挫折承受力。

因此，我们在日常生活学习中应培养积极的心理品质，使自己具有积极乐观的人生态度、自信坚定的信念、自强不息的精神、宽容豁达的心胸。这样有助于我们高效地学习。

英国有一句谚语说的是，每一朵乌云都镶有银边，之所以会形成这个银边，是因为乌云的中心很厚，阳光无法穿透但是乌云的边缘是薄的，阳光就可以穿透。所以，如何在极端情况下找到乌云镶嵌的银边，就需要我们把注意力放在乌云的边缘，遇到挫折的时候，不要只关注乌云本身，我们要去避免一些不合理的观念和以偏概全的想法。学会客观地评价挫折带来的后果，就是太阳照进来的地方。

最后我想和年轻的你们说。挫折是人生旅程中不可或缺的部分。我们要以乐观的心态去接受每一次的受伤，需要学会去光荣地受伤，勇敢地治愈自己，这也是青春的希望。希望今天的课程分享能够让你们在沮丧时汲取到一些仍然能继续前行的力量，理性积极应对挫折，用积极的心态健康的思维调出幸福的味道，祝大家大学生活更快乐、更幸福。

最后，送给大家一些让自己幸福快乐的秘籍宝贝：生活中的幸福心理学——幸福三宝、健康三宝。

1. 幸福三宝：微笑、赞美、拥抱

（1）微笑，这是一种沟通方式，也是一种印象（名片）。

杜兴式微笑：1862 年，法国的神经病学家亚明 · 杜兴提出真笑概念。嘴角向上翘，眼圈肌收缩，表现内心充满甜蜜情绪的微笑，才是真实的微笑，大脑才能产生快乐。10%的人脸上有 19 种微笑，但 18 种都是假笑。

和气的脸、甜甜蜜蜜，开开心心——会看人（现场一起微笑瑜伽：呵呵，哈哈哈，激发学生的热情，也为课程愉快结尾作铺垫）。

“笑”傲江湖——被误解时笑，素养；受委屈时笑，大度；吃亏时笑，豁达；无奈时笑，境界；危难时笑，大气；被轻蔑时笑，自信；失恋时笑，洒脱。

（2）赞美，语言像一颗种子，具有生命力。

人对赞美的需要，不亚于对食物和睡眠的需要。和和气气，快快乐乐——会说话。

（3）拥抱：拥抱是爱的能力，触摸是本能的需要。

人需要拥抱，4个拥抱才能使人存活，8个拥抱才能使人维持生命体征，12个拥抱才能使人成长。

2. 健康三宝：不生气、不抱怨、不计较

不生气：修炼情绪。气自己、伤自己、毁自己，病由心生，76%的疾病由情绪引起。

不抱怨：宣泄情绪。抱怨是生活中的盐，一点点就够了。伤你最深的往往是身边人。

不计较：管理情绪。多付出收获快乐、少计较收获友谊，多感恩收获贵人。

（课程最后，带领同学们再次练习微笑瑜伽，让此次课在愉悦中结束，也给同学们大学生活的启航远帆带来一个好的开始。）

资料6-2　第二份教案：缔结和谐人际　共筑积极关系

本教案根据2024年度上学期成都工业职业技术学院大学生心理健康教育课程集体备课PPT内容进行编制。内容来源于课程专题八：积极交往沟通——大学生人际交往，标题为缔结和谐人际、共筑积极关系。教案具体内容陈述如下。

暖身活动——雨点变奏曲。

教师先简单介绍并示范暖身活动游戏规则：

“小雨”——手指相互敲击；

“中雨”——两手轮拍双腿；

“大雨”——大力鼓掌；

“暴雨”——跺脚；

“雨过天晴”——双手比作太阳。

教师清晰传递指导语：乌云密布，一道闪电划过，雷声开始轰隆了，小雨噼噼啪啪地下来了，行人慌忙躲避；很快地，小雨变成了中雨……变成了大雨……又是一阵雷声，狂风暴雨来啦！又是一阵雷声，大雨倾盆，雨渐渐地变小了，变成中雨，变成小雨……一阵又一阵雷声，大雨又降临了！但仅仅一会儿，雨过天晴啦！

（该部分是积极心理课程的必要环节，旨在激发学生上课兴趣和激情，快速从外界干扰中进入课堂。除了开学第一课外，暖身活动的活动时间尽量控制在5分钟以内，以免影响正常课程教学，同时暖身活动的选择尽量与课题内容本身相关联。）

课程导入：猫和老鼠选段动画视频，重温儿时快乐时光。

观视频并思考：视频中Jerry鼠成功地赶走了Tom猫，得偿所愿，它从此过上了快乐而丰衣足食的生活？

视频启示：每个人都离不开人际交往。没有人是一座孤岛，这个社会中的每个人都离不开“社交网络”这片群岛。对于大学生来说，大学不仅仅是学习之地，同时也是一个扩充人际关系的良好平台。交往不是一个人的事，如果你对他人充满了恶意，他人又怎么会把你当朋友呢？

一、人际交往概述

（一）人际交往的概念

通常说的人际交往，包括两方面含义：动态和静态。

动态：人与人之间通过一定方式进行接触，从而在心理上和行为上发生相互影响的过程。

静态：人与人之间已经形成的关系，即通常所说的人际关系。静态是指人们在互相交往过程中，彼此间相互影响所形成的一种心理上的情感联系，涉及情感的接纳或排斥。

古希腊哲学家亚里士多德强调：人际交往是人类社会的基本特征，一个生活在社会之外的人，不与人发生关系的人，不是动物就是神。

美国著名的人际关系专家戴尔·卡耐基曾说过：“一个人的成功只有15%是依靠专业技术，而85%却要靠人际交往。”他还提出了著名的成功公式：

成功=85%人际交往+15%专业技术。

日本学者铃木健二在对工作调动者的动机进行调查时发现，95%的人是因为人际关系问题而调往其他工作岗位，只有5%的人是因为薪水的原因。

（以上三句中外名言，意在凸显人际交往的重要性）

那么，既然人际交往如此重要，我的人际交往能力究竟如何呢？（激发学生兴趣），接下来我们来做一个心理自测量表，先进行自我了解。

【心理测试】人际关系综合诊断量表

指导语：这是北京师范大学郑日昌教授编制的一份人际关系行为困扰的诊断表，共28个问题。请你阅读每个问题，选“是”的打“√”，计1分；选“非”的打“×”，计0分。

请你认真完成，然后对照解释，检查自己的人际关系是否和谐。

（1）对自己的烦恼有口难言。（　　）

（2）和生人见面感觉不自然。（　　）

（3）过分羡慕和妒忌别人。（　　）

（4）与异性交往太少。（　　）

（5）对连续不断的会谈感到厌烦。（　　）

（6）在社交场合感到紧张。（　　）

（7）时常伤害别人。（　　）

（8）与异性来往感觉不自然。（　　）

（9）与一大群朋友在一起，常感到孤寂或失落。（　　）

（10）极易陷入为难的境地。（　　）

（11）与别人不能和睦相处。（　　）

（12）不知道与异性相处如何适可而止。（　　）

（13）当不熟悉的人对自己倾诉他的生平遭遇以求同情时，自己常感到不自在。（　　）

（14）担心别人对自己有什么坏印象。（　　）

（15）总是尽力使别人赏识自己。（　　）

（16）暗自思慕异性。（　　）

（17）时常避免表达自己的感受。（　　）

（18）对自己的仪表（容貌）缺乏信心。（　　）

（19）讨厌某人或被某人所讨厌。（　　）

（20）瞧不起异性。（　　）

（21）不能专注地倾听。（　　）

（22）自己的烦恼无人可申诉。（　　）

（23）受别人排斥，被别人冷落。（　　）

（24）被异性瞧不起。（　　）

（25）不能广泛地听取各种意见、看法。（　　）

（26）常因受伤害而暗自伤心。（　　）

（27）常被别人谈论、愚弄。（　　）

（28）与异性交往不知如何更好地相处。（　　）

【结果解释】

如果你得到的总分是 0~8 分，那么说明你在与朋友相处方面的困扰较少，你善于交谈，性格比较开朗，主动关心别人，对你周围的朋友都比较好，愿意和他们在一起，他们也都喜欢你，你们相处得不错。而且，你能够从与朋友相处过程中得到许多乐趣。你的生活是比较充实、丰富多彩的，你与异性朋友也相处得很好。一句话，你不存在或较少存在交友方面的困扰，你善于与朋友相处，人缘很好，获得许多人的好感与赞同。

如果你得到的总分是 9~14 分，那么说你与朋友相处存在一定程度的困扰，你的人缘很一般。换句话说，你和朋友的关系并不牢固，时好时坏，经常处在一种起伏波动的状态之中。

如果你得到的总分是 15~28 分，那么说明你与朋友相处时的困扰较严重。

如果你得到的总分超过 20 分，那么说明你的人际关系困扰程度很严重，而且在心理上出现了较为明显的障件。你可能不善于交谈，也可能是一个性格孤僻的人，不开朗，或者有明显的自高自大、讨人嫌的行为。

（积极自我认知）

（二）人际交往的动机

动机源于需要，为了满足需要就会去行动，争取。

马斯洛的需求理论：五种需要是最基本的，与生俱来的，构成不同的等级或水平，并成为激励和指引个体行为的力量。其中第三层，就是社交需要。由此可见，人际交往包括以下五个方面的需求。

1. 本能需要

人类祖先古猿的自我保护能力很低，他们必须依靠集体智慧来保存种族的繁衍和发展。这样，经过漫长的进化和演变过程，古猿逐渐形成了集群生活的习性，并通过种族繁衍遗传给后代。

【心理实验】恒河猴实验：动物学家哈罗曾做过一个关于恒河猴的有趣研究，研究者将小猴和妈妈分开，让它与一个用金属制成的假妈妈和一个用绒布制成的假妈妈一起生活。金属猴妈妈能为小猴提供食物，绒布猴妈妈不能提供食物。结果，在 165 天的实验过程中，小猴与金属妈妈和绒布妈妈在一起的时间有显著差异。小猴在绒布妈妈身旁的时间平均每天达到16小时以上，它总是设法待在绒布妈妈身旁，与其拥抱、亲昵或在绒布妈妈的怀里睡觉。相反，小猴每天在金属妈妈身旁待的时间只有1.5小时，而这期间还包括吃奶的时间。

【解释】实践证明，需要同类个体间、身体上、心理上的接触，获得心理上的抚慰、温暖和安全感，是灵长类动物与生俱来的本能。

2. 合群需要

生活中我们总是期望被所在的群体接纳，成为群体的一部分。例如，当你得知自己的观点被他人反对时，你会觉得很沮丧，同时伴有一种恐惧感。可是，如果你知道你还有同盟军，你的恐惧就会减轻，安全感增加。所以，和谐稳定的人际关系能满足我们的归属感，归属感又可以延伸和加强自己的价值感

【心理实验】合群实验：心理学家沙赫特的实验，研究处于孤独状态下的个体的合群需求。研究者先将被试者分为高恐惧组和低恐惧组。在高恐惧组条件下，主试者告诉被试者，他们将参加一项电击实验，电击会很厉害、很痛，但不会留下永久性伤害。而这项研究是为了获取人类发展的某种有用资料。在低恐惧组条件下，被试者被告知，电击时只是有点痛，感觉有些轻微的震动，不会有任何伤害性后果。然后，在被试者等待接受电击的时间里，研究者逐个询问他们，是否愿意独自等待，还是想与他人一起等待。结果发现，当个体对周围环境缺乏了解和把握，心情紧张，有高恐惧感时，他们倾向于寻求与他人在一起，选择与他人共同等待的比例是62.5%。而处于低恐惧情况下，这种合群的需要并不那么强烈，只有33%的人做出与他人在一起的选择。

我们在日常生活中也会有类似的体验（寝室合群）。

3. 自我肯定和完善的需要

在一个和谐的人际关系中得到他人的欣赏、肯定、关爱，不仅滋养了我们的心灵，还体现了自身价值。

同时，人际交往可以“以人为镜”。在和同龄人的相处中，周围人的言行具有一定的参照和借鉴作用，仿佛是一面镜子，可以帮助我们看清和了解自己，从而更好地完善自己。例如，一个人失恋了，怎么办呢？不知道时，他曾经看到过别人的做法就会浮现在他的脑海，然后从中选出他认为比较合适的做法。

4. 丰富知识、启迪思想、促进潜能开发

萧伯纳（戏剧作家）的苹果：思想因交流而繁盛。

5. 走向成功的桥梁

良好的人际关系能增强大学生的抗挫能力和问题的解决能力，提高成功的可能性。

二、大学生人际交往及影响因素

在现实生活中，很多大学生都会遇到这样的问题：为什么有些人受欢迎，人际关系好，有些人不是那么受欢迎，究竟是什么原因影响了人际交往呢？接下来我们来讨论这个话题。

（一）大学生人际交往的特点

青春期大学生，自我意识有了新发展，情感丰富、精力充沛，遇到年龄、经历、身份、地位相当的同学，渴望一份真挚的友谊，迫切需要和他人分享自己的体验感受，加上远离家乡，交往意愿强烈，交往方式也多样，不限于本宿舍、本班级，甚至线上线下交友。

（二）影响人际交往的因素（重点）

心理学家纽科姆曾做过实验，人际交往过程中，会受到时空、态度等因素的影响。

（1）邻近效应（时空距离）——近水楼台先得月，远亲不如近邻。在其他条件不变的情况下，物理空间位置越接近的人越容易形成亲密关系。例如，同寝室、同班级、老乡等由于经常接触，频率高了容易产生共同经验，比较亲密。

（2）相似性吸引（需求）——物以类聚人以群分。我们都更喜欢与自己相似的人。这种相似可能是一样的成长经历和环境，也可能是对事物的态度、看法、观点相同，现实生活中我们经常会给微信好友的朋友圈点赞，这种点赞的方式就是求同找相似信息。

（3）互补性吸引（需求）——相辅相成。如果一方所表现出来的行为，正好能满足另一方的需要，则会产生强烈的吸引力。例如，一个有支配性格的人和一个被动顺从的人会成为好朋友；一个活泼健谈的人和一个沉默寡言的人可以友好相处。这些都是交往双方取长补短，互相满足对方需要的结果。研究表明，互补关系对长期的恋爱和婚姻关系来说尤为重要。

但是互补是有条件的，不是所有相反的特性都能互补，都能产生吸引。只有当双方的需要和满足途径正好成互补关系时，双方才会产生的强烈的吸引力。

（4）外表吸引（外貌）——爱美之心人皆有之。一个人的容貌、穿着、举止、仪态这些个人外在因素在人际交往中的作用很大。尤其在交往初期，好的外貌容易给人留下良好的印象。这是刻板印象造成的，人们往往认为美的就是好的。我们在电影电视剧中看到的男女主角往往都是颜值非常高的帅哥靓女，这就是利用人们的爱美之心。

但是随着交往的深入，外貌对人际吸引的作用会逐渐减弱，从长远来看，外貌的吸引力终归要让位于内在的吸引力，而内在吸引力又可分为两个方面：个人才能和人格魅力。

（5）才能因素（能力）。才能会增加个体的吸引力，有能力、聪明的人会更受欢迎。那么，是不是有才能的人都受别人欢迎呢？

实际上，那些优秀的、完美的人并不是最受人欢迎的，相比较而言。人们更喜欢那些才能出众但会犯一些小错误的人。如果这种才能对别人构成了压力，让人感受到自己的无能和失败。这种才能就不会带来好人际。

（6）人格魅力（能力）。除了个人才能，人格品质也是人际吸引中非常本质、关键的因素。美国学者研究表明，受喜爱程度最高的五个品质是真诚、诚实、理解、忠诚和真实；而最不被人喜爱的五个品质是说谎、假装、邪恶、冷酷、不老实。我们会发现这两极的10个品质都或多或少与真诚相关。所以，真诚受人欢迎，不真诚令人讨厌。

“人缘型学生”人格特质：①尊重他人，关心他人，富有同情心；②热心集体活动，工作可靠、负责；③持重，耐心，忠厚老实；④热情、开朗，喜欢交往，待人真诚；⑤聪颖，爱独立思考，成绩优良，乐于助人；⑥独立、谦逊；⑦兴趣和爱好广泛；⑧温文尔雅，端庄，仪表美。

“嫌弃型学生”人格特质：①以自我为中心，不考虑他人的处境和利益，嫉妒心强；②对集体工作缺乏责任感，敷衍，浮夸，不诚实；③虚伪，固执，吹毛求疵；④不尊重别人，操纵欲、支配欲强；⑤淡漠，孤僻，不合群；⑥怀有敌意，猜疑，具有报复性格；⑦行为古怪，喜怒无常，粗鲁，粗暴，神经质；⑧工作懈怠，目无纪律，不求上进；⑨自我期望极高，吝啬，对人际关系过分敏感；⑩不肯助人或小看他人；⑪为人势利，拍马奉承；⑫狂妄自大，自命不凡；⑬兴趣贫乏；⑭生活散漫。

（7）互惠好感（态度）。人们喜欢那些喜欢我们的人，都喜欢听好听的话，赞美自己的话。人们不喜欢听不好听的话很大程度上是因为自尊心在作怪。因为自尊，所以人们会本能地反感那些不好听的话。

该效应同样适用于谈恋爱：现实生活中，为什么有些人长得好看，人品很好，学历很好，工作也很好，却一直没对象？甚至连半个追求他们的人也没有。相反，有些长相较普通，工作也一般的人，身边追求的人更多，很快就找到了对象，顺利结婚生子。这条爱情发生的公式如下：

值得拥有的程度=外表吸引力×喜欢我的可能性

从整条公式来看，人们去追的对象大部分是外表有一定的吸引力，且有很大可能会接纳自己的人，即追求和自己般配的人。生活中大部分是普通人，对于普通人来说，即使对方外表吸引力爆棚，如果你觉得被她接受的可能性很低，你也不会去追，因为知道自己得不到，普通一点反而更容易匹配。所以有时候，并不是越优秀，追的人就会越多。整体太优秀的人，反而容易高处不胜寒。

心理学家对男士做了调查：如果他们看上了一位漂亮女子，在无法确定对方的反应之前，只有3%的人会主动提出约会的请求。然而，其余那些男生则会选择再等一等，看对方对自己是否有兴趣，或是因为缺乏自信，干脆选择放弃。所以，那些太帅太美太优秀的人，即使被100个人喜欢，最终也只有3个人敢主动去追求。如果只是被身边的几个人喜欢，大概率也只会被人暗恋，他们永远不会行动，从而造成了优秀的人反而单身的情况。

三、交往离不开沟通，沟通需要技巧

人际交往中，沟通是一门需要互相表达与倾听的、互动的艺术，是一个双向的过程。有时候你所表达的并不一定就是别人所理解的，你所理解到的未必就是别人想表达的。沟通并不是一件简单的事情，需要双方信任还要不断反馈、调节沟通方式，才能达到沟通的最佳效果。

（一）积极沟通的五个步骤

积极沟通的五个步骤：点头、微笑、倾听、回应、做笔记。以下详细阐述倾听和微笑。

1. 倾听——3F倾听

倾听很简单，却很难做到。很多人在倾听的时候用心不专，对方刚开启话题就急于打断，听到异议就失去耐心或心里做了立场预设，无意识地做了一些不耐烦的动作，这就可能导致冲突和跑题。实现良好倾听的技巧是对方优先，注意观察，消除心里的预设和其他信息的干扰，听取关键词和重点，适时总结，确认并鼓励对方继续。

（1）倾听的三个层次。

第一层次，以自我为中心的倾听。倾听者完全没有注意听说话者的话，假装在听，其实却在思考其他毫无关联的事情，或者内心想着辩驳。在假装的状态下，人的注意力并不集中，眼神飘忽不定，还会经常做一些小动作，在倾听的过程中，以自己的观点进行判断，虽然在“听”，但是完全没有接收到新的信息，依旧沉浸在自己的信念和想法中。

第二层次，以对方为中心的倾听。倾听的时候注意力集中在对方身上，根据对方的语气、速度、态度等做出反应，在倾听的过程中不断点头，表示会意，保持微笑和放松的表情、专注的姿态，与对方保持适度的目光接触和交流，身体前倾，关注对方话语中所传递的内容，能够找出关键字词进行回应，还能够进行适当的总结（似乎完美，但不是最佳）。

第三层次，高效的、深入的倾听。倾听者依靠直觉、洞察力、同理心，在说话者传递的信息中寻找感兴趣的部分，他们认为这是获取新的有用信息的契机。

心理学中把高效的倾听称为3F倾听。3F倾听时，倾听者不仅能听到事实（fact），还听到情绪（feel）和情绪背后的意图（focus），这就是高效的沟通。

（2）3F倾听的技巧（是有技巧的）

技巧一：少讲多听，管住自己的嘴。进行3F倾听时最大的障碍就是陷入自我中心的模式。

技巧二：倾听最终目标，听到对方语言背后的真正意图。

例如，听到对方说失眠，你会说什么？

我们往往会不由自主地进行判断：哎呀，你就是想太多，心思太重。或者我们会建议：你应该关上手机，现在的人都被手机绑架了。这种情况下，我们会错失对方表达的情绪和意图，也许对方只是最近换了个新的枕头，也许是想分享一下治疗失眠的方法。当他人诉说的时候，并不一定是在征求建议，而是期待理解。

技巧三：3F倾听的最高境界是连接他人的卓越品格。当我们连接到他人的卓越品格，就能激发他人更好地发扬卓越品格。我们总是容易发现对方的问题和缺点，却忽略了对方的优点，当我们从对方的立场看待沟通的主体，就可以发现更多新异的立场。

（3）沟通的五用倾听法。

用耳朵听：用耳朵听对方说或问的内容。

用眼睛看：用眼睛观察对方的表情、肢体语言等。例如，对方说话的时候眼睛里是否闪着亮光，嘴角有没有上扬（有点兴奋）。

用脑思考：一边倾听一边用大脑思考对方说话的真实意图。

用嘴提问：用嘴巴提问，以便彼此进行互动，例如，你看上去精神很好呀，说说吧，是不是有什么好事？

用心感受：用心体会说话者的感受。当对方分享最近在追的剧或是在看的书时，我们需要进一步感受对方的情况，让对话继续下去。

总之，在沟通的过程中，不仅要听见，听清，更要听懂。

2. 微笑是人类最美的语言

（1）微笑——杜兴式微笑（真笑）。

（2）嘴角上扬的心理素质。

保持嘴角上扬并不容易，有时候我们可能正在经历负面情绪，但是由于工作需要，我们不得不面带笑容（教师、销售员等）。在生活中各种情景下都能露出笑容，是一种强大的心理素质。

被误解时依旧能够保持笑容，代表了一个人的素养。不论是领导误解你，还是你的工作业绩被其他人冒领，或是你的言行被陌生人甚至亲人曲解，你还是你，你的价值、能力、品行等并不会因此而改变。此时的笑容是对他人评价的不在意，是自我强大的表现。

受委屈的时候保持微笑，代表了大度。我们的很多社会角色都是难免承受委屈，不得不忍受父母的强势、伴侣的脾气、孩子的顽皮、工作的强压等，面对这一切的时候，笑能够凝聚各种关系，是一种包容，是一种情操。

吃亏时笑一笑，代表了豁达。在人与人的交往中，与其纠结别人比自己多得了什么，自己亏了什么，不如换一个角度，凡事都给别人比自己多一点，往往给出的一点就是自己成功的原点。

无奈时笑一笑，代表了境界。晏殊《浣溪沙》词云“无可奈何花落去，似曾相识燕归来”，遇到无奈的人和事，微笑展现了一种气魄和胸怀，我们喜欢和有境界的人相处，当我们展现出某种境界，也会获得更多的赞赏。

危难时保持笑容，代表了大气。恐惧和胆怯会让我们失去冷静的判断，手忙脚乱也无法让我们顺利地摆脱困境。这时笑一笑，给自己一些力量，让自己变得理智和平静。

被藐视时微笑，代表了自信。我们渴望被尊重，被认可，同时也要努力保持对自我的评价，不被他人的评价和反馈摆布。真正的自信是对自我评价的坚定相信。不因他人的奉承而自傲，也不因他人的轻蔑态度而自我贬低。

失恋时也要微笑，这代表了洒脱。失去在所难免，因此而悲伤是人之常情，而此时的微笑是对感情的新的认知和理解，是对未来生活的信心。

（3）微笑的积极意义。

在生活中，我们需要多一些微笑，因为微笑的意义有很多。

第一，微笑能够促进社会沟通，面带笑容的表述往往都是顺利的，让人舒服的，能带来更多的机会。

第二，微笑令人开怀，帮助我们通气，张开嘴巴发出笑声，从咽喉到肺部的气息都是通畅的。

第三，微笑可以避免冲突（伸手不打笑脸人）。

第四，微笑能够促进健康，越来越多的生理学和心理学的研究表明，保持心情愉悦能够增强免疫力，提高身心健康水平。

第五，微笑能够降低心血管的紧张程度，每当人情绪发作的时候，都会导致一系列相关生理指标发生变化，如呼吸、心率、体温，各种神经化学物质的含量等，但是微笑、愉悦的正向情绪体验能够调节这些生理指标。

第六，微笑能够放松迷走神经，迷走神经是脑神经的一种，控制着呼吸系统和消化系统的大部分器官，能帮助我们说话，保持心跳和流汗，同时是连接大脑和全身器官的信息高速公路。

第七，微笑有利于维持各种关系，尤其有利于维持婚姻关系。保持美好婚姻关系的三种方式：微笑、拥抱和赞美，伴侣之间的微笑和拥抱既会带来积极体验，也会增进亲密感。

微笑的意义和作用不止如此，如果现在的你感到生活压力很大，身心疲惫，那么在制订新的生活计划之前，请开怀大笑；如果你正经历某种失去，感到悲伤和失落，也请调动面部的肌肉，给自己一个微笑；如果你正在犹豫不决，不知道如何选择或取舍，也请回想一下开心的事情，露出真实的笑容，在身体里积聚一下积极的力量。

让我们一起来练习微笑瑜伽：呵呵，哈哈哈。一分钟的微笑瑜伽相当于10分钟的有氧运动，一起来感受吧。

（二）积极沟通的技巧

人类的沟通分为语言沟通和非语言沟通两大类。

语言沟通：口头、书面、电子、图片沟通。

非语言沟通：肢体、眼神、语调沟通。

最直接、最简单的沟通形式就是对话，即用语言来沟通。有声语言的运用有哪些技巧呢？

1. 爱上积极语言

积极语言并非指某些特定的词语，而是指那些为自己和他人带来愉快的体验和情绪表述的语言。积极语言既能够帮助我们发现他人的优点，也能够激励他人关注生活中的美好事物。同时，积极语言还可以引导自己和他人发挥优势和潜能，发现使人生美好的有利条件，提升幸福感。

人对赞美的需求不亚于对食物和睡眠的需求——语言具有生命力，肯定、表扬和赞美会鼓励积极行为的发生，带来无限的可能，否定、指责和抱怨会阻碍积极行为，让人陷入消极和困扰之中。

（1）积极语言：肯定、欣赏。

英国喜剧演员、作家罗温·艾金森因为经典的喜剧角色“憨豆先生”而在中国家喻户晓，但是罗温先生的成长并不那么顺利。罗温先生小时候是一个按时完成作业的乖学生，长相憨憨的他动作也很笨拙，朗诵的时候表情滑稽，同学们总是哄堂大笑，也总是捉弄他，老师们对他的负面评价比较多，就连父亲也觉得他脑子有点问题。

幸运的是，罗温先生有一位了不起的花匠母亲。他的母亲一直认为自己的儿子是优秀的。面对一个发育迟缓的孩子，母亲并没有鄙视和贬损他，而是欣赏和鼓励他。母亲经常告诉他：人就像一朵花，每朵花都有开放的机会。那些没有开的花，只是季节未到。在季节未到的时候，花需要努力地吸收养分和阳光，储蓄足够多的能量，耐心地等待，时候到了，花自然会绽放。

母亲帮助罗温先生培养了“积极的潜意识”，引导他相信自己，守候希望。罗温先生长大后，在成名前也经常碰壁，但是他牢牢记住母亲的鼓励，最终等到了适合自己盛开的时刻。

（2）消极语言：指责、否定。

已故美国歌唱家、音乐家迈克尔·杰克逊在乐坛中留下了很多至今无人打破的纪录，他的作品充满爱和力量，给了很多人勇气和希望。迈克尔·杰克逊的歌迷几乎遍布全世界，他却说自己是“人世间最孤独的人”。他好像这一生都在努力治愈自己的童年。

迈克尔·杰克逊的父亲教育子女的方式很“特别”。父亲脾气暴躁，性格古怪，为了“教导”儿子们晚上睡觉的时候不要打开窗户，他会在深夜戴着面具扮成劫匪爬到儿子们的睡房里大喊大叫，虽然儿子们牢记了这条戒令，但是迈克尔·杰克逊和他的几个兄弟多年来都会因此而做噩梦。当迈克尔·杰克逊和兄妹几个在节目彩排中的表现令父亲不满意的时候，父亲更是会用皮带或棍棒抽打他们。迈克尔·杰克逊回忆起小时候说：有一次，他的父亲扯断冰箱的电线打他。在迈克尔·杰克逊的记忆中，父亲从来没有背过自己，从来没有和自己玩过游戏，他给自己留下的都是一些饱受虐待的心理阴影。

迈克尔·杰克逊在青春期的时候，脸上长了暗疮，他觉得自己的样子好丑，皮肤又黑，鼻子又宽，完全不想出门见人。他的父亲和哥哥们没有任何安慰，还给迈克尔·杰克逊取了一个外号“大鼻子”。尽管后来迈克尔·杰克逊拥有众多粉丝，人们称赞他才华横溢，也有人追捧他的外貌，但是迈克尔·杰克逊的内心深处一直否定自己，认为自己是个丑孩子，不接受自己的外貌，甚至后来多次去做整容手术。

来自父母和亲人的否定与指责，会给我们带来更深的消极影响。很多人都曾感慨幸福的童年治愈一生中的挫折，痛苦的童年却要用一生去治愈。对于成长而言，表扬导致的自满远远小于批评带来的伤害，而积极语言的鼓励远远大于消极语言的勉励。

语言像一颗种子，可以在我们的心里长成充满活力的大树，也可以结出一颗苦涩的果子，甚至变成长满刺的蔓藤，时刻刺痛我们的心。

要时刻记得，正面的表述比宣泄情绪更能清晰地将信息传递给对方，我们只是因为这件事而发怒和着急，而不是因为这个人。在采用积极语言的时候，如果配合一些肢体动作，所发挥的积极力量更显著。

例如：点头表示同意和认同，在对方说明自己的想法之后，点头并配合：哦，是这样啊，我明白了，对方会产生被理解的感觉，也会得到积极的鼓励；在表述欣赏的时候，配以微笑和“是啊，确实很厉害！”；在表示关注的时候，静静倾听，或者加上几句“后来呢？你是怎么想的？”我们不妨试试：每天在单位里，对同事多一些点头和微笑；在家庭中，对伴侣、父母和孩子多一些点头、微笑和倾听，看看会发生什么样的变化。

2. 积极语言的四种表达

（1）友善言语——言之有礼。

“良言一句三冬暖，恶语伤人六月寒”。毒舌和刀子嘴都是图自己一时痛快，而伤了人心。那些“刀子嘴豆腐心”的人经常被误解，不熟悉的人无法理解其中的善意，熟悉的人在失意，难过之时也难以接受。所以“刀子嘴豆腐心”的人不要渴望被人理解和善待。该怎样呢？使用礼貌用语——魔力语言；温和的语言——中性字眼，避免极端，事实证明那些温柔和善的人经常被信赖。友善的表达更有利于实现语言的目的。

（2）真诚言语——言之有情。

有人情味的话是最能打动人心的，要心中有情、要说话动情、要与人共情。甜言蜜语是嘴巴对耳朵的诱惑，推心置腹则是将一颗心送给另一颗心。很少有人能够抵御赞美、夸奖和告白，所以难免会担忧自己因此而陷入口蜜腹剑的陷阱。因此，表达积极语言时要真诚，真诚地赞美、真诚地告白。这样能增加语言的可信度。

（3）期待言语——言之有物。

说话有内容，有价值，说什么很重要。人际交谈中，有倾向性错误的话不说，低级趣味的话不说，说话勿伤人、勿伤众（恐吓威胁、讽刺挖苦、口不择言），让别人尴尬反感的话不谈（有所不为）

说什么呢？

期待的语言。心理学中有个著名的效应叫期望效应（罗森塔尔效应）。1968 年，美国心理学家罗伯特・罗森塔尔博士在一所小学进行了一场实验，实验结果证明：如果教师在教学过程中对学生抱有积极的期待，学生就会朝着期待的方向成长。这种期待效应不仅适用于教师和学生之间，也适用于各种人际关系，对对方产生某种正向期待和殷切希望，也会令对方做出积极的回应和改变。在使用积极语言的时候，传递出期待，有助于产生良好的沟通效果。

（4）优美语言——言之有效。

语言的艺术性并不在于辞藻的华丽，而在于令沟通双方感到舒服。所以，说什么固然重要，但更重要的是该怎么说。观察生活中那些让我们感到舒服的朋友，同样的话语，他们说出口的时候我们更乐于接受，他们真诚、友善，充满信任和期待。错误观点：我告诉他了，所以我和他沟通了

案例：在繁华的街头，有一个满头白发的盲人老人坐在台阶上乞讨，他在纸板上写着“I AM BLAND，PLEASE HELP ME”然而路人行色匆匆，很少有人停下来，在他面前的铁罐中投入硬币。有一位女士注意到了老人，她停下来，老人发觉面前有人，伸出双手摸到对方的鞋子，但是这位女士只是将老人的纸板翻了过来写了几个字，就离开了。结果，路人开始纷纷停下，向老人的铁罐中投入钱币。第二天，这位女士再次路过这里，停在老人跟前，老人摸到女士的鞋子，认出了她。老人好奇地询问她到底做了什么，令路人愿意帮助自己。女士说，她写了同样的内容，只是用了不同的词语。原来这位女士在老人的纸板背面写了“It’s a beautiful day，But I can’t see it”（生活如此美好，可我却看不见它）。

只要我们的语言能够打动对方，奇迹并没有那么难出现。

3. 积极语言的五个层次

中国积极心理学研究学者陈虹博士将积极语言进行了归类，总结了五个层次：禁说恶语、不说禁语、少说“NO”语、多说“YES”语、总说敬语。

（1）禁说恶语。所谓恶语就是恶毒的、辱骂的、诽谤性的话语。恶语不堪入耳，是语言暴力的一种，具有强烈的恶意攻击性。恶语通常在情绪激动的时候出现，说话者有意（对对方极大的恨意）或无意（激烈情绪导致的冲动）表达。恶语满足了说话者情绪的宣泄，但是语言接受者往往会受到极大伤害。

（2）不说禁语。积极心理学的研究者发现，有些语言虽然不是辱骂或诽谤性的，但是会令听者的自尊心受到伤害，不利于维护和谐的关系，也不利于沟通的进行。例如，“笨”“讨人厌”等，这类语言大多在批评的时候出现，并且都是肯定性的、结论性的，完全忽视了对方的立场和缘由，否定了对方的成长可能性，被归为禁语。

（3）少说“NO”语。带有很多否定性词，表达的是对对方的不信任和否定。例如，“没救了、没出息”“不专心、不求上进”等，单看这些词，就让人感受到一种深深的无力感，失去了继续努力的勇气。这些话说出口的时候，都是在阻止某些行为的发生，传递了“放弃吧，不会成功的”等意思，然而，我们每个人的潜能是无限的，任何事情的结果都不是

必然的，努力和坚持不懈虽然也会受到一些意外情况的影响，但是放弃一定不会达到目标。因此，不论对他人还是自己，请少说“NO”语。

（4）多说“YES”语。与“NO”语相对应的是正向，肯定性的词，称为“YES”语，例如，“好、行、对、可以的”等。“YES”语的特点是传递了认可和尊重，不论对方做了什么事情，是否有经验，是否经常出错，都相信和理解对方的决心。“YES”语不仅对他人有用，也会令自己充满力量。事实上很多人习惯使用批评类的“NO”语，认为忠言逆耳利于行，可是往往忠言很难被人接受，就像我们不愿接受别人所谓的忠言一样，不是道理不对，而是表述的方式不对。

应该怎样表述呢？在理解对方的基础上，应先正向肯定，再指出其中原因，提出建议，这样会使沟通更有效。

例如，“这个想法可行，我支持你去做，只是这里我觉得还可以注意一下。”又如，“这个想法不成熟，这里得改，你总是这么粗心，考虑不全。”“YES”语更能够让对方接受和促使对方做出积极修改。

（5）总说敬语。敬语不仅仅具有正向肯定性，还包含激励、引导和赞美，能够促进彼此的自我实现。例如，“我相信、我赞同、我理解、有道理”等。设想一下，当你想到一个工作计划、课程设计，只是想法还不成熟，这时领导说：“我相信你可以完善它，我很期待你的呈现。”当孩子（学生）某次考试成绩下滑，父母（老师）说：“我知道你这次没考好是有原因的，我相信你会调整好自己。”此时是一种怎样的感受？是觉得领导和父母都被自己糊弄了，自己可以继续偷懒了，还是觉得原来大家是看到我的努力，我是被理解的，于是充满干劲。同样，当我们的同事、伴侣、朋友、孩子提出了一个想法，或是做了某件事，我们给出的反馈是敬语，那么他们并不会因此狂妄自满，而是感到被激励和受到引导。

（三）其他沟通技巧

（1）塑造完美的第一印象——印象管理。

人的容貌是天生的，但表情不是天生的，我们应该保持良好的表情语言（微笑）。

（2）你的心声我想知道——积极倾听。

倾听和听的区别：听是一种生理本能，倾听是一种沟通的技能。倾听越多，你就会变得越聪明，就会被更多的人喜爱。

倾听的技巧：①注视说话的人；②靠近说话者；③虚心提问；④不要

打断说话者的话题；⑤使用说话者的人称——“您”和“您的”。

会听——听话要会听音（音量、音调、重音、音速）。例如，我没说是他偷了我的书；

（3）我的感受你也需要知道——我信息。

（4）我会尊重和理解——无条件接纳。

（5）我愿意与你合作去解决任何问题——师生共赢。

（6）不要吝啬你的微笑——表扬与赞美。

赞同艺术的根源：人们喜欢被赞同，不喜欢被反对。

四、大学生人际交往原则及技巧

结合刚才讲的影响人际交往的因素来谈谈人际交往的原则和技巧。（以下部分是这节课课程思政的重点体现）

（一）人际交往的原则

（1）尊重。每个人看问题的角度都不一样，所以会有不同的想法和选择，我们需要做的是充分尊重他人。希望别人怎么对待你，你就怎么对待别人；重视他人的人格、习惯与价值，尤其对隐私的尊重。

（2）真诚。我们应该在各种场合自重自爱，维护自己的人格。真诚不是耿直，也不是刀子嘴、豆腐心；真诚是懂得设身处地替他人着想，给人留足面子，表达足够的尊重。

（3）宽容。“金无足赤，人无完人”，没有人是完美无缺的，都会有做错事的时候；对待他人的态度应该持一种宽容的态度，不过分计较。不要计较，缺点谁都有；不要责备，错误谁都犯。

（4）互助。生活中，每个人都难免有困难，需要他人帮助，一个不愿意帮助别人的人，很难要求别人自愿帮助他。人与人之间的互利包括物质和精神两方面。如果一方只索取而不付出，交往就会中断。

（5）平等。无论处于哪个阶层，社会分工有何不同，我们在人格上、法律上、道德上都是平等的，切忌因经验不足、经济条件差而自卑，也不要因为自己年轻、美貌而趾高气扬。以礼相待，平等待人，是最好的与人相处之道。

（6）信用。朋友之间，言必信，行必果，做到诚实、不欺、信守承诺。

互动：角色扮演。

情景一：小张，某寝室室长。刚开学时寝室6人商量好要买饮水机，费用平摊，且每个人轮流负责将桶装水搬至6楼。两周后，一位室友拒绝搬水，称自己不用寝室桶装水，但大家发现他偶尔也会用。这天，寝室桶装水又用完了，如果你是小张会怎样做？

情景二：小李，大学一年级学生，学习成绩一直都很好，兴趣爱好广泛，性格开朗，可生活能力差。小李经常请求室友帮忙打扫卫生，打饭等，随后通过请吃零食等感谢室友，作为小李室友的你准备怎么做？

情景三：小刘前后分三次借给好友共计800元，好友每次说下周就还，可一直迟迟未还，今天，小刘钱包里还剩10元，但离爸妈汇款日子还有一周，望着空空如也的钱包，小刘准备……

（二）人际交往的技巧

人际交往除了遵循一般原则，还要讲技巧。我们可以借助一些技巧，提高我们人际交往效率。

1. 首因效应（第一印象）

观察者第一次与对方接触时，往往会根据对方的身体相貌及外显行为来进行综合性与评价性的判断。在一系列的信息中，最先出现的信息会给人留下较强烈的反应与印象。这种印象非常深刻，持续的时间也长，比以后得到的信息对于事物整个印象产生的作用更强，这就是首因效应，又称为第一印象。

现场实验：注意说话的语序，打造良好第一印象。

A. 有知识的、勤勉的、认真的、固执的、喜欢批判的男性；

B. 喜欢批判的、固执的、认真的、勤勉的、有知识的男性。

2. 近因效应（新颖效应）

与首因效应相反，随着人际的交往深入，最近出现的信息对认知的影响较大，所留下的印象也相对深刻，最后的印象就会冲淡或盖过以往的印象，对行为发生重大的影响。这主要产生于熟人之间，也称为近因效应、新颖效应、现场数字记忆。

首因（近因）效应的启示：

（1）认真对待每一次交往，要有好的开始，也要重视结尾，否则再好的“第一印象”也没有用，终会功亏一篑。

（2）与他人之间因一时之气而发生冲突或是训责别人时，开诚布公，积极沟通。要记得安慰和道歉，知错马上改，亡羊要补牢。

（3）我们在看待人或事物时，要历史地、全面地看，而不能只看一时一事，这样才可避免近因效应导致的认知偏差。

3. 晕轮效应（光环效应）

人们对他人的认知判断首先是根据个人的好恶得出，然后再从这个判断推论出认知对象的其他品质，这个现象被称为晕车效应，又称光环效应。晕轮效应本质上是一种以偏概全的认知错误。典型正晕轮效应——爱屋及乌，情人眼里出西施；负晕轮效应——厌恶和尚，恨及袈裟。

启示：

（1）理性。不仅要听从心的声音，也要听从大脑的声音。

（2）不可以偏概全。对对方的判断要从多角度综合分析。比如，不以貌取人，要综合谈吐、礼节、知识、智慧来判断。

（3）注重塑造突出的正面形象。

4. 刻板效应（定型效应）

刻板效应指个人受社会影响而对某些人或事持固定不变的看法。并以此固定印象作为评判和评价人的依据的心理现象。

启示：不要带着"有色眼镜"，穿着"印象外套"交往。要就事论事，实事求是地分析；不要从交往对象的出身、性格、地位、背景出发交往。

5. 投射效应

投射效应是指人在认知和对他人形成印象时，以为他人也具备与自己相似的特性的现象。简单说，投射效应就是把自己的感情、意志、特性投射到他人身上并强加于人，即推己及人的认知障碍。

启示：人与人之间既有共性，又各有个性，如果总是以己度人，那么人们将无法真正了解别人也无法真正了解自己。我们在交往中要顾及他人的感受；在交往中遇到问题要理性分析，要学会辩证地、一分为二的对待别人和自己。沟通时，我们要学会换位思考，"己所不欲，勿施于人。"

除此之外，积极心理学在有效人际交往中还有些小技巧，例如：

记住对方的名字；谈论对方感兴趣的话题；适当自我暴露；善于沟通和倾听；学会说感谢的话；学会关心和赞美他人；想好了再说，心直不一定口快；不搬弄是非；多想动机，少埋怨；避免没有胜负的争论；保持必要的人际距离；有错要主动承认；请对方帮小忙；让给予和索取形成良性循环。

（三）人际交往的艺术

1. 坦诚才能相知

在人际交往中，最重要的是人格魅力，而人格魅力中，最为重要的则是发展积极的心态，表现真实的自我。只有真实自然地表现自我，才会有自由平等的人际关系，这就是说“坦诚才能相知”。

2. 重视情感作用

人际交往中情感是一个极其重要的因素。以情激情，以爱换爱，是人际交往中极为重要的情感交流方式。

3. 善于表达分歧

人际交往中，难免没有分歧，关键是如何面对分歧，如何处理分歧. 教师和学生每天生活在一起，也会发生矛盾，老师要善于表达分歧、处理分歧、解决分歧。

4. 宽容才能接纳

人际交往中，双方皆赢才是最佳的结果。我们要善于表达感情，又要善于控制自己的情绪，同时树立起容纳意识，即尊重差异，容纳别人的个性。作为教师，我们更要有宽容之心，容纳每个学生的个性，使我们的工作更开心。

5. 赞美在于得当

发自心灵的赞美是沟通心灵的良药。在工作中，赞美要公开、直接、真实、诚挚、具体、客观。在教育教学中，多赞美学生，多欣赏学生，会有意外收获。

6. 讲求礼仪风度

礼仪是文明礼貌的表现，风度则是一个人的气质、素质的外在表现。教师要注意仪容仪表，还要注意非语言的运用。教师一个理解的眼神，一个亲切的微笑，一个充满尊重的手势，胜过千言万语。只有仪表得体与循循善诱相得益彰，才是为人师表的真正内涵。

五、大学生人际交往常见问题及调适

人人都希望有一个好人缘，但在人际交往中每个人都存在不同程度的恐惧心理，只是程度不同。那么，大学生在人际交往方面普遍存在的问题有哪些？我们又该怎样积极调适呢？

（一）不敢交往

1. 自卑

自卑是指由于一些条件的限制和认识的偏差，认为自己在某个方面或各个方面都不如别人，从而产生的轻视自己、失去自信、畏缩的一种情绪体验。一般说来，自卑的人容易消极地、过低地评价自己在容貌、身材、知识、能力、口才甚至衣着等方面不如别人，低人一等，害怕与人交往。自卑与自信，仅一字之差，但会导致完全不同的生活态度和人生结局。自卑是典型的“他好我不好”，过低地评价自己，而自傲则是“我好他不好”。

自卑感的形成大致有以下原因：

（1）生理存在缺陷容易使人产生自卑感，比如：患有小儿麻痹后遗症、驼背等残疾，长相丑陋、身材矮小等。

（2）家境贫寒、生活拮据，容易使人感到卑微，不如人；身居偏僻农村，为普通农户，也会使人自感社会地位低下不如人而自卑。

（3）自我认识不足，过低估计自己。

（4）消极自我暗示。

自卑心理的调适：

（1）正确认识生理缺陷及家境贫寒。

（2）正确认识自我，提高自我评价；善于发现自己的长处，肯定自己的成绩，改善自我形象，积极参加社交。

（3）进行积极的自我暗示、自我鼓励。面对新局面，尤其处于不利的地位时，要暗中鼓励自己“一定行”，竭尽全力争取成功。

（4）积极与人交往。自卑的人往往容易把自己孤立起来并形成恶性循环，越怯于交往，就越自卑。

积极心理学金句：生得再平凡也是限量版，我相信我能！

2. 猜疑

猜疑是指没有事实依据而抓住“皮毛”，凭主观想象进行判断推测，只相信自己，总怀疑他人、挑剔他人的一种不良心理。当一个人猜疑心重，并形成稳定的心理状态，就会令人厌恶，导致人际关系紧张，甚至会使同学间亲密关系产生裂痕。猜疑是大学生正常人际交往的拦路虎。从根本上来说，要消除猜疑就要努力做到培养良好的性格和提高抱负水平。

案例：大学二年级学生，女，性格内向。该学生心胸狭窄，对个人利益十分计较，平时与同学交往老怕吃亏，常常提防别人。在这种心理倾向的引导下，她对班里同学越来越不信任，越来越有意见，总怀疑同学在背后骂她，说她坏话。别人称赞她，她认为是说反话；同学关心她，她认为人家装得挺像。

猜疑心理形成的原因：

（1）猜疑心理是由主观推测而产生不信任的一种复杂的不良心理。猜疑心理重的人常常疑心重重，总觉着别人在背后议论自己，看不起自己，算计自己。这种人不但在社交中不信任他人，严重的还会产生心理病变。

（2）猜疑心理的形成与人的个性特点有关，心胸狭窄、爱计较的个人易产生猜疑心理。另外，在社交中发生误会或听信流言蜚语，而自己又缺乏相关的证据时也容易产生猜疑心理，总怀疑他人，有种“被”孤立感。与猜疑相对应的是信任。信任是一种健康的冒险，它不是一种态度而是一种能力。

猜疑心理的调适：

（1）培养豁达、坦荡的个性。

首先，猜疑心理重的人应当改变自己为人处世的准则，逐渐开阔自己的胸襟，坦坦荡荡，不过于拘泥小事，不斤斤计较个人得失。其次，猜疑心理重的人在社交中应以诚信为基础，诚以待人，宽以待人。

（2）不轻信流言。

猜疑心理重的人在社会交往中应该做到不轻信流言。如果产生问题的原因不明时，应能冷静地以合理的方法去调查了解，以找到真实的证据，促成正确的分析判断。已证实是误会的，应及时矫正自己的猜疑心理，避免形成一种成见。即使一时找不出症结所在，也不要惧怕，走自己的路。所以，出现猜疑时，应暗示或督促自己加强交流与沟通，去了解、理解他人。

活动：信任不倒翁（适合户外或团体辅导室）。

（1）请同学们除去身体上硬物，包括眼镜、钥匙、手机等，放在指定位置。

（2）围成圈——中间队员1人双手交叉包肩，脚跟脚尖并拢，腿部并拢，腰部挺直，头部低垂。

（3）中间同学（不倒翁）报出自己名字（张三），大声说：请大家为我加油。

（4）教师组织为其充电，所有人将手搭在这位同学的肩膀和背部，老师起头报出“1、2、3”，大家一起喊：张三、加油、耶！

（5）不倒翁闭上双眼，然后双臂抱肩，大声询问“我可以信任你们吗?”大家以弓步姿势站好（这样最稳），掌心对着不倒翁，五指打开做承托准备，注意距离（切忌大有缝隙），准备好后，齐声回答“可以”。

（6）在得到大家的回答后，不倒翁同学大声报出“1、2、3”，在保持脚步不移动的情况下，身体向后直倒，由后方同学托住，两侧做好保护，防漏接。

（7）同学们接到直倒的同学后，再以适当的速度将该同学推立正，他前方同学双手作保护。

3. 社恐

引导案例：王某，大学二年级学生，最近一段时间，越来越退回到自己的世界中，不愿见其他人，甚至连自己的同学和老师也不愿意见。实在躲不开，不得不与人交往时，就脸红、紧张，说话也结结巴巴。

社交恐惧心理形成的原因：

（1）气质型恐惧。气质型恐惧的人生性孤僻，害怕与人交往，常怀有胆怯心理，谨小慎微，顾虑重重。

（2）挫折型恐惧。挫折型恐惧的人在某次交往中受到重挫，自尊心受到较大刺激，由此产生社交恐惧心理，遇到类似的社交场合就出现恐惧心理。

（3）低自尊型恐惧。低自尊型恐惧的人害怕在社交活动中暴露自己的弱点，受人歧视，从而产生一种自我保护性恐惧。

社交恐惧心理的调试：

（1）正确认识、树立自信。正确认识和对待自己的缺点与弱点，通过积极努力克服自身弱点，增长才干，增强社交的自信心。

（2）分析原因、心理暗示。认真分析恐惧产生的原因，多运用自我暗示的方法，告诫自己“没什么可怕的”“勇敢些，没什么大不了”，并在后续的社交活动中提前做好心理准备，以便减轻或消除恐惧。

（3）善于模仿、加强实践。善于学习和模仿一些坦然自若、善于交往、活泼开朗的人的言行举止风度，尽量多与他人交谈，多参加集体活动，一步步走出害羞，让不自在或恐惧心理在不知不觉中消失。

（二）不想交往

引导案例：某大一学生，男，性格内向。该生入学后从不与同学交往，就是与同宿舍的同学也不交往，把自己封闭在一个独立的小天地里，整天独来独往。但他内心非常渴望有同学为友，常常感叹：“我有了痛苦无处倾诉；即使有了快乐，也没有人与我分享。这个世界有我没我都一样。”

1. 孤独

孤独心理是一种因经常独处或受到孤立而很少与人接触而产生的孤

单、无依靠的心理。

孤独心理的形成原因：

（1）缺乏社交技巧，不能体察别人，也不会适度表现自己。

（2）过度自责，交往时过分患得患失，由恐惧失败心理导致面对社会活动时的退缩与逃避。

（3）个性悲观，对人无信心，与人交往不能坦诚相对，不能表露自己的特点，难以获得对方的欣赏与尊重。

孤独心理的调适：

（1）逐渐改变孤僻的性格。具有孤独心理的人要认识到不良的性格（高傲、冷僻、尖酸、刻薄等）给自己带来的不利影响，并有意识克服和矫正。

（2）多参加社会活动，融入集体。具有孤独心理的人首先要多与同学来往，逐步学会怎样与别人沟通；其次，要多参加社会实践，扩大交往接触的范围，在集体中体验与感受温暖与友情。

（3）在慎独中不断自我反省。失意与独处是人生不可避免的，具有孤独心理的人应培养慎独的能力，当被别人孤立时，要剖析自我，分析是否自己不对。如果原因在于自己，应积极改正自己的不足，并主动向对方检讨、道歉，如果原因不在自己，则可暂时摆脱这个小圈子，转移或扩大自己交往的方向与范围，从新的人际交往中寻求精神支持，而不要被动地去忍受被孤立。

2. 嫉妒

引导案例：我与小李同是艺术学院大二学生，同一宿舍。入学不久我们成了形影不离的好朋友。小李活泼开朗，而我的性格较为内向，沉默寡言，我逐渐觉得自己像一只丑小鸭，而她却像一位美丽的公主，在她身边我就是陪衬，心里很不是滋味。我认为小李处处都比自己强，把风头占尽，时常以冷眼对她。上个月，小李参加了学院组织的设计大赛获得了一等奖，得知消息后我没有替她高兴，反倒心里很不爽，趁她不在时将她的作品故意损坏。小李发现后很心疼地哭了，我也有些后悔，想不通为什么要这样对待她？

嫉妒心理的形成原因：嫉妒是恐惧或担心他人优于自己的心理状态，是在他人比自己占优势之后，试图削弱或排挤对方的一种带有攻击性的消极个性品质。人总会自觉不自觉地在多方面与他人比较。发现自己的才能、机遇、名誉、地位不如他人时，便会产生一种羞愧，怨恨、愤怒相混合的复杂的心理，这就是所谓嫉妒心理。

嫉妒心理的特征：

（1）潜隐性。嫉妒心理往往潜藏在主体的内心深处，虽然主体有时不经意地将其外现出来，但主体并不愿意承认有此种心理的存在。

（2）对等性。一般来说，被嫉妒的客体大多产生于与主体资历、职务、地位相似而其境遇突然发生变化的人群。

（3）行为性。嫉妒心理般会导致具体的行为，如怨恨、诋毁等。

（4）变异性。当客体的优势发生变化而转为明显劣势时，原持嫉妒心理的主体可能发生变异，对变化为劣势的客体产生怜悯或幸灾乐祸。

嫉妒心理的调适：

（1）要纠正自己认知的偏差。嫉妒者不应当把别人的成功等同于自己的失败，而应当学会比较的方法，善于学习别人的长处来克服自己的短处，而不是以己之短比他人之长。

（2）要积极地进行注意力的转移。嫉妒的产生总是在闲暇时间，如果我们积极参加有益的活动，使自己的生活充实起来，也许就没有时间去嫉妒别人。

（3）要积极地升华。嫉妒者在别人比自己强时，应当把不服气的心理引导到积极的方面，化嫉妒为求上进的力量，赶上甚至超过对方。当不能通过努力很快超过对方时，还可以扬长避短，以自己之优胜对方之劣，以获取总体平衡。

（4）要积极地悦纳。嫉妒者总是认为别人的成功和优点是对自己的威胁，是对自己利益的侵占。为了纠正这种认识上的偏差，人就要学会悦纳他人，学会赞美别人的成功和优点，在真诚的祝愿中学会“我好，你也好”的交往态度。

（三）不会交往

引导案例：我总是觉得跟别人没有话题可聊，想好要说的东西，最后总是表达不好。我跟不熟悉的人在一起觉得紧张，一紧张就思维混乱表达不清楚，没有逻辑，眼睛不敢直视别人，害怕跟老师或是强势、自信的人打交道，说话总没有底气，为此我真的很苦恼。有时候同学叫我出去玩，我也放不开，害羞，不能和同学随意开玩笑，别人一句玩笑话，我就不知道怎么回应，只能傻笑，十分尴尬。我回到家就会想，同学肯定觉得我这个人没意思。

1. 沟通障碍：沟通的五个层次

（1）打招呼，齐全的寒暄，不涉及私人事件；

（2）讲故事，只传达消息，不提供个人意见（讲事实）；

（3）讲看法，真正沟通的开始，谈自己的看法；

（4）讲感受，分享对事物的感觉和情绪；

（5）敞开心扉，全面真实地分享自己，面临受伤风险。

思考：你俩的沟通在哪个层次？

2. 情绪失控：情绪 ABC 理论

引导案例：小何，女，大二学生。小何平时和室友相处得不错，一次几个室友在一起看电影，声音比较大，她戴上耳机后仍然觉得受干扰。因为着急在电脑上完成第二天要交给老师的作业，并且想起以前也有类似情况自己都忍了，可现在还是这样，小何忍不住对室友发火，大声嚷嚷。当时室友惊讶地看着她，后来室友把电脑关了睡了。事后，小何觉得她们看自己的眼光和以前不一样了，自己和她们产生了隔阂，心里感到非常难受，一方面懊恼自己的控制能力差，伤害了室友，不知如何弥补；另一方面又觉得室友没有注意到自己的烦恼，不关心自己，感到非常委屈。情商高，不仅能控制自己的情绪，还能有效影响别人情绪。

案例解析：小何是一个感情细腻，懂的关心他人、肯为他人着想的人。可是朋友间不光有温情和欢笑，也会出现冲突。冲突是友情的试金石，是对朋友关系的考验，经不起这种考验，朋友也就散了；经受住了，朋友间感情会更加深厚。在处理人际关系的时候，当朋友间确实有做得不好的地方，应该善意提醒，而不应该先忍着，积累情绪后再爆发。案例中小何发火后，室友把电脑关了，说明她们之前是没有真正意识到伤害了小何。小何如果能够学会控制好自己的情绪，不做发泄者，主动沟通，消除误解，就能积极化解矛盾。

有情绪该怎样表达？四步走（关注问题的解决方法）

（1）⟶（2）⟶（3）⟶（4）

（1）陈述事实。客观描述事实是情绪表达的基础。这意味着在表达情绪之前，首先要冷静地描述引发情绪的具体事件或情景，避免情绪化语言，以便对方能够理解你的立场和背景。

（2）表达感受。明确告诉对方你的心理体验是表达情绪的关键。你需要直接而具体地描述你的感受，比如“我感到非常生气”或“我现在很沮丧”。

（3）说明原因。说明原因是帮助对方理解你情绪背后的动机。你需要解释为什么这个事件或情景会让你有这样的感受，比如“因为你没有尊重我的意见”或“因为我觉得被忽视了。

（4）表达需求。你希望对方做到什么是情绪表达的最终目的。你需要清楚地告诉对方你希望他们如何行动或改变，以便解决当前的问题或改善情况。

例如，你在寝室集中精力做作业时，室友正大声播放电影，你很不舒服。这时你可以这样来表达你的情绪：我听到电影的声音不能集中精力，我感到很难受，我需要集中精力完成作业，所以我希望（期待）你们能不发出声音（戴耳机），不影响我做事。

最后，希望大家能巧用我们讲到的这些沟通技巧去调出甜美人际关系的幸福味道。

以上两个通识类课程的课程教案，是教研室老师们在成都工业职业技术学院开展积极心理学研究以及课程思政实施的过程中，摸索探讨形成，由于研究时间不长，研究能力有限，还有很多有待完善和进一步深入的地方，敬请理解和包涵。

第二节　积极心理学在职业院校专业类课程课程思政中的应用

——以建筑法规课程为例

一、工科类专业课课程思政的探索

——以成都工业职业技术学院课程思政实施为例

专业课程是课程思政建设的基本载体。职业院校要深入梳理专业课教学内容，结合不同课程特点、思维方法和价值理念，深入挖掘课程思政元素，有机融入专业课程教学，达到润物无声的育人效果。那么，怎样在专业课中融入和深挖课程的思政元素呢？这是专业课课程思政的核心话题。以下是我们团队在进行专业课课程思政探索过程中的一些总结和体会。

首先，注意两个“不能”。第一，“不能”喧宾夺主。专业课必须要体现专业课程的特点和内容，在时间安排和教学设计上，不能把专业课上成思政课，这是非常重要的一个前提条件。第二，“不能”牵强附会地在专业课内容中嫁接思政内容，呈现出专业课+思政课两张皮现象，而是在专业课内容中融入思政元素，润物无声地传递思政元素。那么，怎样在专业课中去融入和寻找思政元素呢？近几年，团队成员在探索专业课课程思政的实践中发现：从教学内容本身出发，较难直接融入思政元素，需要从具体教学内容中抽取专业课程的内核精神，再从内核精神中深挖思政元素，这样学生才更能够接受。比如，把课程思政与培养学生的科学精神、爱国主义、理想信念、创新意识和能力结合起来，这样的专业课课程思政更为有效。同时，在调查研究中团队成员发现，专业课的类型不同，融入课程思政的思路和方法也不同。团队成员做了调查统计，结果显示：相对于专业核心课程而言，专业基础课更容易找到课程思政的融入点；在同一门专业课程中，一般情况下课程的绪论和结尾部分相对于其他章节更容易挖掘课程思政元素。所以，团队成员实践探索专业课课程思政的思路和方法会根据具体的专业课程的性质、内容及专业内核精神进行不同侧重和分类研究。

经过三年的实证研究，团队成员以教育部印发的《高等学校课程思政建设指导纲要》中对理学、工学类专业课程的指导要在课程教学中把马克思主义立场观点方法的教育与科学精神的培养结合起来，提高学生正确认识问题、分析问题和解决问题的能力。理学类专业课程，要注重科学思维方法的训练和科学伦理的教育，培养学生探索未知、追求真理、勇攀科学高峰的责任感和使命感。工学类专业课程，要注重强化学生工程伦理教育，培养学生精益求精的大国工匠精神，激发学生科技报国的家国情怀和使命担当为纲，结合成都工业职业技术学院工科类专业学生的认知规律和学习特征，整理汇总了八项在专业课程中能较好体现专业内核精神的典型“思政”元素。

（一）价值引领：树立正确的人生观与价值观

工科类专业课程思政的首要元素是价值引领。在专业知识的传授过程中，教师应注重引导学生树立正确的人生观与价值观，强调个人成长与服务社会、国家发展的紧密结合。教师要通过课堂教学、案例分析、课堂讨论等形式，让学生理解工程师不仅是技术的创造者，更是社会进步的推动者；培养学生的责任意识和责任担当，使其时刻秉持诚信、责任、奉献的职业操守，为构建和谐社会贡献力量。

（二）家国情怀：增强国家认同与文化自信

家国情怀是工科类专业课程思政的情感纽带。在专业教学中，教师应注重培养学生的国家认同感与文化自信，通过课程教学加深学生对中国国情的了解和认识，提高他们的民族自豪感和爱国情怀，使他们深入了解国家发展的基础、现状和前景。教师应在案例教学中讲述中国工程科技发展的辉煌成就，介绍杰出工程师的先进事迹，激发学生的爱国热情与民族自豪感。同时，教师还应引导学生关注国家重大战略需求，将个人职业规划与国家发展紧密结合，为实现中华民族伟大复兴中国梦贡献青春力量。

（三）规则意识：增强规则意识促进社会和谐

规则意识是个体对社会规则、法律法规、道德规范等的认知、认同与遵守。它不仅仅是一种外在的行为约束，更是一种内在的自我要求。规则意识的形成，有助于个体在社会生活中做出正确的价值判断和行为选择，是构建和谐社会、实现个人全面发展的重要基石。规则意识能够引导个体树立正确的价值观，规范个人行为，避免触碰法律与道德的底线，为个人成长提供坚实的道德支撑。在全球化背景下，国民的规则意识水平直接反映一个国家的文明程度。良好的规则意识能够提升国家的国际形象，增强国家的软实力。在课程思政的语境下，规则意识不仅指对法律法规的遵守，还包括对学术诚信、职业道德、社会责任等方面的理解与践行。规则意识要求学生在掌握专业知识的同时，具备良好的道德品质和社会责任感，成为既有专业技能又具备高尚情操的复合型人才。教师要将规则意识融入专业课程，通过课程教学、案例分析、角色扮演等方式，提高学生的法治观念和法律素养，让学生在具体情景中理解规则的重要性，增强规则意识，最终成为道纪守法、公正廉洁、关心公共事务的良好公民。

（四）工匠精神：培养具有工匠精神的高素质人才

工匠精神是一种追求极致、精益求精的职业态度和精神风貌。工匠精神包含了敬业、专注、创新、卓越等多个方面。敬业是对职业的尊重与热爱，是工匠精神的基础；专注则体现在对工作的全身心投入，追求细节的完美；创新是工匠精神的灵魂，鼓励在传承中发展，在发展中创新；卓越则是工匠精神的最终目标，追求卓越品质，不断超越自我。课程思政的核心在于立德树人，而工匠精神正是立德树人的重要内容之一。在专业知识的传授过程中融入工匠精神的教育，可以帮助学生树立正确的职业观、价值观，培养严谨求实的科学态度和精益求精的工作作风。同时，工匠精神所蕴含的创新意识与课程思政中鼓励创新思维、培养创新能力的目标不谋而合，共同推动学生综合素质的全面提升。在专业课程设置时，教师应充分挖掘课程中蕴含的工匠精神元素，如通过案例分析、项目实践等方式，让学生直观感受工匠精神的魅力。例如，在工程类专业课程中，可以引入国内外知名工程师的匠心之作，分析其背后的创新精神和精益求精的态度。在实训课程中，让学生深入企业一线，亲身体验工匠精神的实践应用。通过师徒制、跟岗实习等方式，可以让学生在真实的工作环境中学习工匠精神，提升职业素养。总之，工匠精神的融入，有助于培养学生的职业素养、创新意识和团队协作能力，为学生未来的职业发展奠定坚实基础，为国家的现代化建设贡献力量。

（五）科学精神：形成崇尚科学、尊重知识的良好风尚

科学精神，简而言之，是人们在追求真理、探索未知过程中所展现出的理性态度、创新思维和实践勇气。它包括了求真务实、批判质疑、开放协作等多个方面。在科学精神的指引下，人们不畏艰难，勇于探索，不断推动人类文明的进步。在课程思政的语境下，科学精神不仅是学习科学知识的方法论，更是塑造学生世界观、人生观、价值观的重要精神支柱。科学精神鼓励人们勇于挑战权威，敢于提出新观点、新方法，这对于培养学生的创新意识和实践能力至关重要。在科学精神的熏陶下，学生能够学会用理性的眼光审视世界，不盲目迷信，不轻易跟风，形成独立思考的能力。将科学精神融入专业课程，通过案例分析、实验探究等方式，可以让学生在掌握专业知识的同时，深刻体会科学精神的内涵，培养学生科学思维和解决实际问题的能力。

（六）工程伦理：培养负责任的工程人才

工程不仅仅是技术的堆砌，更是对人类生活的改善和提升。工程伦理教育鼓励学生关注人的需求、尊重人的尊严，从而在工程实践中融入更多的人文关怀。它是工科类专业课程思政不可或缺的一环，强调诚信、公正、尊重等核心价值观，这些价值观是工程人员职业道德的基石。通过课程思政的引导，学生可以树立正确的职业观念，坚守职业道德底线。通过工程伦理教育，学生可以深刻理解到，作为未来的工程师，他们的决策和

行为将直接影响社会的福祉和环境的健康。这种责任感的培养，有助于学生在未来的职业生涯中做出更加负责任的选择。在工程实践中，面对复杂的利益关系和潜在的伦理冲突，学生需要具备敏锐的伦理意识和判断力。将工程伦理的内容有机融入专业课程，如在机械工程、土木工程等课程中，通过讲解工程事故案例、讨论工程决策中的道德困境，可以引导学生学会在技术与伦理之间找到平衡点，确保工程活动既符合技术规范，又遵循社会伦理原则，成为对社会负责任的工程人才。

（七）科技创新：激发探索精神与创新意识

工科类专业作为科技创新的前沿阵地，其课程思政应着重激发学生的探索精神与创新意识。教师应鼓励学生勇于质疑、敢于创新，通过项目式学习、科研实践等方式，让学生在解决实际问题的过程中体验创新的乐趣，培养解决问题的能力。教师可以在专业课的课程思政中可以引入最新的科技成果和科学理论，如人工智能、大数据、云计算等，通过案例分析、专题讨论等方式，让学生在学习专业知识的同时，了解科技发展的前沿动态，培养对科技的敬畏之心和探索精神。在专业课程中巧妙融入科技创新等思政元素，不仅能够增加专业课程的丰富思政内涵，还能够提升学生的科学素养和创新精神，为培养德智体美劳全面发展的社会主义建设者和接班人提供有力支撑。同时，教师还应结合国家创新驱动发展战略，引导学生结合自己的专业将个人梦想融入国家发展大局，为实现高水平科技自立自强贡献力量。

（八）国际视野：促进全球合作与交流

在全球化背景下，工科类专业课程思政还需注重培养学生的国际视野。通过课程教学引入国际工程标准，分析全球工程发展趋势，组织国际交流活动等方式，可以拓宽学生的国际视野和全球意识，提升其跨文化沟通与协作能力，使他们了解和认识国际社会的发展趋势和重大问题，增强国际交往和合作的能力。同时，还可以引导学生树立人类命运共同体意识，积极参与国际工程合作，为解决全球性问题贡献中国智慧与中国方案。

除此之外，专业课的课程思政中我们也经常会运用到政治引领、党性建设、人文关怀、独立思考、自主创新、平等竞争、和谐发展等思政类元素。

二、积极心理学范式下建筑法规课程思政的实践探索

——以电梯工程技术专业建筑法规课程为例

课程思政作为一种创新的教育理念，旨在将思想政治教育融入专业课程教学，实现知识传授与价值引领的有机统一。而积极心理学作为心理学的一个重要分支，强调人的优点与潜能，倡导以积极的视角审视个体与社会。将积极心理学的理念融入建筑法规课程，不仅能够提升学生的学习兴趣与参与度，还能在课程思政的框架下，培养学生的法律意识、职业道德和社会责任感。

（一）案例的选取缘由及背景

当前，课程思政已成为提升大学生综合素质、培养具有社会责任感与时代使命感人才的重要途径。作为一门专业性与实践性并重的学科，建筑法规不仅承载着传授专业知识与技能的任务，更在塑造学生正确价值观、法治观方面发挥着不可替代的作用。将积极心理学理念融入建筑法规的课程思政实践中，不仅能够激发学生的学习兴趣，还能有效促进其全面发展，为培养新时代建筑行业的优秀人才奠定坚实基础。

1. 积极心理学与课程思政的融合基础

积极心理学作为一门研究人类积极品质与力量的科学，强调通过挖掘并培养个体的积极情绪、积极认知、积极行为及积极人际关系等，促进个人幸福与社会和谐。将积极心理学引入课程思政，旨在通过正面引导与激励，使学生在学习过程中形成积极向上的心态，进而形成正确的世界观、人生观和价值观。建筑法规课程涉及法律法规、伦理道德、社会责任等多个层面，与积极心理学的核心理念（关注人的优势与潜能、促进个人与社会正向发展）高度契合。因此，将两者有机结合，既能增强课程的吸引力与感染力，又能深化课程思政的内涵与效果。

2. 积极心理学在建筑法规课程思政中的应用策略

情景模拟与角色扮演：利用积极心理学中的参与式学习理论，设计建筑法规相关的情景模拟与角色扮演活动。通过让学生扮演建筑师、工程师、监理等不同角色，在模拟的建筑项目中面对法规遵循、安全责任、环境保护等实际问题，激发其责任感与使命感，同时培养团队合作意识与沟通能力。

正面激励与成就反馈：在课程评价中引入积极心理学的赏识教育理

念，注重对学生的正面激励与成就反馈。教师应该对学生在案例分析、小组讨论中展现出的创新思维、合规意识及社会责任感给予及时肯定，增强其自我效能感与学习动力。

情绪调节与压力管理：结合建筑行业的特殊性，引入情绪调节与压力管理的技巧教学。通过案例分析、小组讨论等形式，引导学生认识并管理因法规变化、工程延期等带来的负面情绪，培养其韧性思维，学会在挑战中寻找机遇，保持积极向上的心态。

社会责任与伦理教育：将积极心理学中的利他主义与社会贡献观念融入课程，通过讲解建筑法规背后的社会意义，如保障公共安全、促进可持续发展等，激发学生的社会责任感与职业道德感。鼓励学生参与社会实践，如社区服务、绿色建筑项目等，将所学知识转化为实际行动，贡献社会。

3. 积极心理学在建筑法规课程思政中的实施效果与展望

将积极心理学融入建筑法规的课程思政实践，不仅能够有效提升学生的学习兴趣与参与度，还能在潜移默化中培养其法治精神、社会责任感及积极的人生态度。这样，学生在面对复杂多变的建筑环境时，就能够更加自信、从容地应对挑战，成为既有专业技能又具备高尚品德的新时代建筑人才。

未来，随着教育理念的不断更新与技术的持续进步，我们应进一步探索更多元化的教学手段与教学方法，如利用虚拟现实技术模拟建筑场景、开发基于大数据的个性化学习路径等，以更加科学、高效的方式推动建筑法规课程的课程思政建设，为培养具有国际视野、创新精神和社会责任感的建筑行业领军人才贡献力量。

积极心理学视域下的建筑法规课程思政探索，是新时代高等教育改革与发展的重要方向，对于培养德智体美劳全面发展的社会主义建设者和接班人具有重要意义。

（二）建筑法规的课程性质与内容分析

建设法规课程是电梯工程技术专业人才培养方案基础理论知识模块的必修课之一，是该专业的一门专业基础理论课。其主要目标是培养学生对建筑工程管理和建筑法规的系统认知，掌握建筑设计、施工及验收的相关法规要求，增强学生的法律意识和社会责任感，为将来从事建筑相关工作打下坚实的基础。课程内容涵盖建筑工程相关的法律法规、标准规范以及行政管理制度等，包括但不限于建筑法、城乡规划法、消防法、建筑工程质量管理条例、建筑节能条例等。学生不仅要掌握这些法律法规的具体内容和要求，更要理解其背后的立法目的和社会意义，增强自身法治意识和社会责任心。同时，建筑法规课程还涉及职业道德、工程伦理、环境保护等方面的内容，要求学生在掌握专业知识的同时，也要树立正确的价值观和行为准则，养成良好的专业素养。

（三）积极心理学对建筑法规课程思政目标的影响

建筑法规作为建筑学教育中的重要一环，其课程思政的目标设计不仅关乎学生专业知识的掌握，更在于培养他们积极面对法规挑战、勇于创新的心理素质。将积极心理学的理念融入建筑法规课程思政，旨在通过调整教学目标、方法与评价体系，激发学生的学习兴趣，培养其面对复杂法规环境的积极态度与应对策略。

（1）增强法规意识与责任感。在积极心理学的指导下，建筑法规课程不仅要求学生掌握基本的法规条文，更强调培养学生的法规意识与责任感。课程通过案例分析、角色扮演等互动教学方式，让学生深刻理解法规背后的社会意义与伦理价值，从而在面对建筑项目时能够自觉遵守法规，确保建筑的安全与质量。

（2）培养解决问题的积极心态。面对不断变化的法规环境，学生需要具备灵活应变、积极解决问题的心态。课程可设置模拟法规修订、合规性审查等实践环节，鼓励学生主动探索法规变化的原因与趋势，培养其面对法规挑战时的冷静分析与积极应对能力。

（3）激发创新思维与合规性融合。积极心理学鼓励学生发挥创造力与想象力，在遵守法规的前提下寻求创新。在建筑法规课程中，教师可引导学生探讨如何在满足法规要求的同时，通过技术创新、材料革新等手段提升建筑的环保性、节能性与美观度，从而培养学生的合规性创新思维。

（4）建立积极的学习共同体。教师可以通过小组合作、团队项目等形式，建立积极的学习共同体，让学生在相互支持与协作中共同成长。在建筑法规课程中，学生可围绕具体案例展开讨论，分享各自对法规的理解与应用经验，从而形成良好的学习氛围与互助文化。

基于以上陈述，本书将电梯工程技术专业建筑法规课程的知识、能力、素质的三维目标从积极心理学的视域下进行界定如下。

知识目标：培养学生了解国家关于建筑活动的法律法规，包括设计、施工、验收等环节的具体要求；理解建筑安全、质量、环保等方面的标准与规范；能解释有关法律、行政法规、部门规章、以及地方性法规的区别；能基本掌握各个专项工程建设法规；具有依法依规进行建筑设计与施工的能力，确保建筑物的安全性与功能性。这些目标构成了建筑专业学生及从业人员必备的专业素养。

能力目标：首先，确保学生能够准确理解并应用建筑法规，包括但不限于结构设计、施工安全、环境保护等方面的规定，以应对工程项目建设中的问题；能完成法定程序下的工程建设招标投标工作；能熟练运用合同法知识强化对工程合同的管理；能够胜任建设工程资料员和合同管理员工作岗位和监理工程师、建造师等执业岗位。其次，通过案例分析、模拟法庭等形式，让学生在实践中深化理解，培养解决实际问题的能力。

素质目标：首先，在积极心理学的引导下，通过学习建筑法规，学生应深刻认识到建筑工作对社会、环境及人民生命财产安全的重要性，从而树立强烈的责任感与使命感，将法规要求内化于心，外化于行。其次，建筑行业因其高风险、高强度的工作特性，常伴随着较大的心理压力。所以，本课程还要帮助学生学会有效管理情绪，如采用正念冥想、情绪日记等方法，提升自我觉察与调节能力，以更加平和的心态面对工作挑战。最后，在复杂多变的建筑项目中，良好的团队协作与领导力至关重要。积极心理学强调个体的社会性与归属感，通过团队建设活动、角色扮演等方式，培养学生的沟通技巧、团队协作能力及领导潜能，促进其在团队中发挥积极作用。随着建筑法规的不断更新与技术的快速发展，终身学习能力成为建筑专业人士的必备素质，所以，培养学生自主学习，终身学习的能力也显得非常重要。面对建筑法规的不断更新与复杂多变的建筑需求，积极心理学鼓励学生以乐观的态度面对挑战，运用创新思维寻找合规且高效的解决方案，促进技术进步与行业升级。

（四）建筑法规课程的教学安排与整体教学设计

根据学生学习和认知规律，本门课程的教学安排和课时安排，见表6-15。

表 6-15　建筑法规课程的教学安排和课时安排

序号	课程教学单元（项目）	学时	教学形式与课时分配				
			理实一体	理论	实践	习题	讨论
1	建设工程法规入门	4		4			
2	建设工程基本法律制度	12		12			
3	建设工程许可及承发包制度	12		12			
4	建设工程合同管理实务	12		12			
5	建设工程安全管理与质量管理法律实务	8		8			
合　　计		48		48			

1. 整体教学设计

该门课程主要采用案例教学法，以实际案例分析探讨，引出相关法律规定，力求以生动形象的案例讲授，避免枯燥乏味地条款讲解，从而激发学生学习法律法规的积极性，达到良好的教学效果。

教学内容主要是建设工程法规体系、建筑工程法律关系、建筑工程基本法律制度、建设工程相关法规、建设工程法律纠纷的解决、建设工程质量管理、建设工程安全管理等基本知识。本门课程是一门理论性很强的课程，涉及面广，内容很多，教师在有限的教学中应体现常识性讲座性质的教学，注重“教”与“学”的互动，通过选用典型案例，让学生在法规学习中增强法律意识。

2. 单元（项目）教学设计

本课程内容主要由五个单元组成。

（1）教学单元 1：建设工程法规入门（学时：4）。

学习目标：了解我国法律体系的组成，掌握法律法规层级效力；掌握法律关系构成要素，让学生能分清法律关系的主体、客体和内容。

学习内容：了解我国法律体系的组成和我国法律法规层级效力；了解法律关系构成要素，掌握法律关系的主体、客体和内容。

（2）教学单元 2：建设工程基本法律制度（学时：12）。

学习目标：认识建设工程法人制度，明确法人的法律意义；了解建设工程的代理制度，掌握代理的特征；了解物权制度，明确物权的法律保护意义；掌握债权和担保制度，明确债的发生根据。

学习内容：了解建设工程法人制度，重点掌握企业法人的设立、变更和终止；了解建设工程代理制度掌握代理的分类；了解建设工程物权制度重点掌握用益物权和地役权；了解建设工程债权和担保制度，掌握债的发生依据和担保的种类。

（3）教学单元 3：建设工程许可及承发包制度（学时：12）。

学习目标：了解建筑市场主体资格准入制度，明确企业资质管理和个人执业资格管理并行的双轨制管理模式；了解建设用地与城市规划许可申报，掌握相关法律规定；熟悉工程报建与施工许可申办的法定程序，掌握建筑工程施工许可制度；掌握建设工程承发包制度，分清承包、分包、转包的含义。

学习内容：了解建筑市场主体资格准入制度，重点掌握企业资质管理和个人执业资格管理；了解建设用地与城市规划，掌握我国土地性质和城市规划要求；了解工程报建与施工许可，重点掌握施工许可证制度；了解建设工程承发包制度，重点掌握工程转包与工程分包的区别。

（4）教学单元 4：建设工程合同管理实务（学时：12）。

学习目标：了解建设工程合同文件的组成，掌握建设工程施工合同示范文本；熟知合同的效力，掌握合同效力的种类；掌握合同履行中的法律问题，以及免责条款的使用；了解建设工程合同常见纠纷及其解决方法。

学习内容：了解建设工程施工合同，掌握建设工程施工合同示范文本；了解合同的效力，掌握合同效力的种类；了解合同履行中的法律问题，掌握合同履行中的抗辩权以及免责条款的使用；了解建设工程合同常见纠纷，掌握合同纠纷的解决途径。

（5）教学单元 5：建设工程安全管理与质量管理法律实务（学时：8）。

学习目标：了解建设工程安全生产监督管理制度，生产安全事故预防与报告机制；了解建设工程质量监督制度，掌握建设工程质量竣工验收与备案制度。

学习内容：了解建设工程安全生产监督管理制度，熟悉安全事故报告与救援机制；了解建设工程质量监督制度，掌握建设工程质量竣工验收与备案制度。

以上五个单元的教学均需要教师熟悉相关法律规定，能够以案例分析引导学生展开讨论。

（五）建筑法规课程教学方案的具体设计

建筑法规课程教学方案，见表 6-16。

表 6-16　建筑法规课程教学方案

序号	教学单元（项目）	学时	教学内容及要求	学时分配	授课要点	教学实施说明
1	建设工程法规入门	4	我国法律体系的组成	2	我国法律法规层级效力	利用数字化教学资源进行理论教学
			法律关系构成要素，让学生能分清法律关系的主体、客体和内容	2	建设工程法律关系的特征	以实例讲授为主要教学方法
2	建设工程基本法律制度	12	认识建设工程法人制度，明确法人的法律意义	2	项目经理部与法人的关系	以实例讲授为主要教学方法
			了解建设工程的代理制度，掌握代理的特征	2	无权代理与表见代理	利用数字化教学资源进行理论教学
			了解物权制度，明确物权的法律保护意义	4	财产所有权的法律含义	以实例讲授为主要教学方法
			掌握债权和担保制度，明确债务的发生根据	4	债务的种类，以及合同的担保方式	以实例讲授为主要教学方法
3	建设工程许可及承发包制度	12	了解建筑市场主体资格准入制度，明确企业资质管理和个人执业资格管理并行的双轨制管理模式	2	从业单位和从业人员的资格管理	利用数字化教学资源进行理论教学
			了解建设用地与城市规划许可申报，掌握相关法律规定	2	“一书两证”制度	利用数字化教学资源进行理论教学
			熟悉工程报建与施工许可申办的法定程序，掌握建筑工程施工许可制度	4	建筑工程施工许可制度	利用数字化教学资源进行理论教学
			掌握建设工程承发包制度，分清承包、分包、转包的含义	4	工程转包与工程分包的区别	以实例讲授为主要教学方法

表6-16(续)

序号	教学单元（项目）	学时	教学内容及要求	学时分配	授课要点	教学实施说明
4	建设工程合同管理实务	12	了解建设工程合同文件的组成，掌握建设工程施工合同示范文本	4	建设工程施工合同的基本条款	利用数字化教学资源进行理论教学
			熟知合同的效力，掌握合同效力的种类	2	无效合同的认定	以实例讲授为主要教学方法
			掌握合同履行中的法律问题，以及免责条款的使用	2	合同履行中的抗辩权	以实例讲授为主要教学方法
			建设工程合同常见纠纷及其解决方法	4	合同纠纷的解决方式	利用数字化教学资源进行理论教学
5	建设工程安全管理与质量管理法律实务	8	了解建设工程安全生产监督管理制度，生产安全事故预防与报告机制	4	安全事故报告与救援机制	利用数字化教学资源进行理论教学
			了解建设工程质量监督制度，掌握建设工程质量竣工验收与备案制度	4	建设工程质量责任制度	利用数字化教学资源进行理论教学

（六）建筑法规课程教学实施条件

建筑法规课程师资要求和教材及教辅资源如下。

（1）课程负责人：熟悉法律专业相关知识和职业教育规律，实践经验丰富，教学效果好，在法律服务业有一定实践经验，具有中级及以上职称的“双师型”教师。

（2）教学团队：基于每届 4 个教学班的规模，专兼职教师 4 人左右，其中，专职教师 3 人，兼职教师 1 人，职称和年龄结构合理，互补性强。

（3）教师专业背景与能力要求：主讲教师应为法学大类专业本科及以上学历，熟悉法律知识，具备一定的法学理论讲授经验，具有较强的语言表达能力及职业教学方法的能力，掌握一定的教学方法与教学艺术。

（4）教材：高等职业教育土建类专业规划教材《建设工程法规实务》，主编：杨陈慧、杨甲奇，重庆大学出版社。

（5）教辅资源：“十二五”职业教育国家规划教材《工程建设法规》（第 3 版），主编：闵亚琴、刘辉，高等教育出版社。

（七）建筑法规课程的考核

本课程的考核采用形成性考核（平时）和终结性考核（期末）相结合

方式进行。为方便记录，形成性考核成绩和终结性考核均采用百分制计分，然后按下述公式折算计入总评成绩：课程总评成绩=形成性考核成绩×50% + 终结性考核成绩×50%。

形成性考核包括学生平时出勤、课题表现、作业等，占总成绩的50%。考核项目及分值占比，见表6-17。

表6-17　形成性考核项目百分值占比

序号	主要考核项目	分值在形成性考核成绩中的占比/%
1	平时出勤	30
2	课堂表现	30
3	学生作业	40
合计		100

终结性考核可以采用案例分析、专题论述文、课程学习总结等综合能力测试方式，占总成绩的50%。

（八）积极心理学视域下建筑法规课程的课程思政探索

1. 积极心理学视域下建筑法规课程的“思政育人”目标

基于建筑法规课程的特点，教研组结合积极心理学的理念，为该课程确立以下几点课程思政的育人目标。

第一，培养学生的法治意识和社会责任感。本课程通过系统学习相关法律法规，让学生深刻认识法律的重要性，增强对社会公平正义的维护意识，形成良好的职业操守和道德操守。

第二，培养学生的职业道德和工程伦理观。本课程引导学生树立正确的职业价值观，在追求工程效益的同时，更要关注环境保护、群众利益等社会责任，做到“德才兼备”。

第三，提升学生的自我认知和自我管理能力。本课程通过课程教学，帮助学生了解自身的特点和优势，培养自我认知、自我管理等积极心理品质，增强自我调节能力，更好地应对未来工作和生活的挑战。

第四，培养学生的团队协作和沟通能力。在教学过程中，本课程注重培养学生的人际交往技巧、团队协作精神，增强他们与他人合作的意识和能力。

第五，增强学生的社会责任感和使命感。本课程让学生明确建筑行业在社会发展中的重要地位和作用，鼓舞他们以高度的社会责任感和使命感投身到未来的工作中，为社会发展做出应有贡献。

2. 课内外相结合的思政元素融入方式

为实现上述思政育人目标，我们需要在建筑法规课程的教学设计中，有机融入相关的思政元素，并采取课内外结合的方式，丰富教学内容，创新教学方法。

首先，课内教学环节。在课堂教学中，可以适当增加讨论环节，引导学生思考法律法规背后的价值取向和社会意义，培养他们的法治意识和社会责任感。同时，教师在讲授具体法规条款时，可以结合工程案例分析，让学生了解违规行为的后果及其对他人和社会的影响，增强学生的职业道德意识。此外，教师还可以适当安排一些课堂展示、角色扮演等互动环节，培养学生的沟通协作能力，提升他们的团队意识。

其次，课外实践环节。建议教师组织学生参加一些社会实践活动，如走访当地规划管理部门、建筑工地等，深入了解法规执行的现场情况，增强他们的社会责任感。同时，鼓励学生参加各类专业技能竞赛，培养他们的自我认知和自我管理能力，激发他们的专业热情和使命感。此外，教师还可以组织学生开展一些公益性建筑设计活动，让他们在实践中感受到建筑行业对社会发展的重要作用，增强职业荣誉感和社会担当意识。通过课内外结合的方式，既可以巩固学生对专业知识的掌握，又能有效培养他们的积极心理品质，全面提升学生的综合素质。

3. 师生互动促进学生积极心理发展

教师在建筑法规课程的思政育人过程中，不仅要注重教学内容的设计，更要重视师生互动环节，以促进学生的积极心理发展。

首先，教师要以开放、平等的态度对待学生，尊重学生的个性特点，鼓励学生勇于表达自己的观点和想法。教师还应在课堂上营造良好的师生互动氛围，让学生感受到被关注和重视，增强他们的自信心和自我价值感。

其次，教师要善于发现学生的闪光点，给予适当的肯定和鼓励，激发学生的内在动力，培养他们的积极情绪。同时，对于学生表现中的不足，教师要以耐心和同理心进行指正和引导，帮助学生客观认识自我，促进自我完善。

此外，教师还要注重培养学生的团队协作精神，鼓励学生互帮互助，共同完成课程任务。在小组讨论、项目合作等环节，教师要适时给予引导和点评，促进学生之间的良性互动，增强他们的归属感和社会责任感。

总之，教师要充分发挥引导、激励的作用，以积极的态度和行动，帮助学生树立正确的人生观和价值观，培养他们健康向上的心理素质，为他们未来的职业发展奠定坚实的基础。

4. 探索构建积极的评估与反馈机制

为确保建筑法规课程的思政育人目标得到有效实现，我们需要建立健全的积极的评估与反馈机制，及时了解教学效果，并不断优化教学方式。形成包括过程性评估、结果性评估、第三方评估、学生反馈等多主体、多维度、多元化的评价机制，激发学生成长潜能，促进学生人才创新发展。

过程性评估：在教学的全过程中可以采取观察学生表现、组织讨论交流、布置小组作业等方式，了解学生在法治意识、职业操守、团队协作等方面的表现，并及时给予反馈。

结果性评估：在期末考核中，除了考核学生对专业知识的掌握程度，还可以设置一些与思政育人相关的考核环节，如案例分析、实践报告等，全面评估学生在积极心理品质方面的表现。

第三方评估：邀请专业人士或校外导师参与建筑法规课程的评估，能更客观地审视思政育人效果，为进一步优化教学提供宝贵的意见和建议。

学生反馈：定期听取学生对课程思政元素融入的意见和建议，了解他们的学习感受和收获，为教学改革提供第一手信息。

通过建立完善的评估与反馈机制，不断优化教学设计，不断增强学生的主动参与意识，可以让思政育人成为建筑法规课程的有机组成部分，为学生积极心理发展提供有力支撑。

总之，将积极心理学理念融入建筑法规课程的思政育人实践，不仅有利于提升学生的法治意识和职业素养，也能培养他们的积极心理品质，增强他们应对未来挑战的信心和勇气。这不仅符合高等教育培养全面发展人才的要求，也有助于推动建筑行业的健康发展，为社会进步做出应有贡献。

三、积极心理学范式下钢轨伤损检测课程思政的实践探索

（一）案例选取的缘由及背景

积极心理学作为一门新兴的心理学分支，其主要关注人类的正向品质、美好体验和积极发展，与传统心理学更多关注于疾病、创伤和心理障碍有所不同。积极心理学的核心在于探讨人们如何过上幸福美满的生活，

如何发挥个人的潜能和优势，从而实现自我价值的最大化。

课程思政是新时代高校完成立德树人根本任务的重要载体。它要求我们在专业课教学中渗透社会主义核心价值观，培养学生良好的思想品德、职业操守和社会责任感。这不仅有利于学生全面发展，提高学生的综合素质，也有助于增强学生的家国情怀，为国家和民族的发展贡献力量。对于钢轨伤损检测这样的专业核心课程来说，课程思政具有特殊重要性。一方面，这门课程的实践性强，学生需要在检测实践中培养严谨的学风和工匠精神；另一方面，铁路线路维护事关国计民生，要求学生树立高度的社会责任感和爱国情怀。因此，教师在传授专业知识的同时，如何在课程中渗透积极的价值观引导，培养学生的正向品德，是值得深入思考和探索的重要课题。

积极心理学与课程思政有着天然的契合点。前者强调充分发挥人的内生动力和积极品质，后者注重引导学生树立正确的价值观，两者都以促进人的全面发展为最终目标。将两者有机融合，有助于增强学生的积极心理品质，提升学生的思想政治素质，为他们健康成长和未来事业发展奠定坚实的基础。

将课程思政与积极心理学相结合，能够为实现学生的全面发展提供有力支撑。具体体现在以下几个方面：

（1）德育与智育并重。课程思政的目标是培养学生的理想信念、道德修养和社会责任感，而积极心理学则着眼于培养学生的积极心理品质。两者的融合，有助于学生在学习专业知识和专业技能的同时，也能形成正确的价值取向和积极向上的心理状态，实现德智并重的全面发展。

（2）能力与品格并重。钢轨伤损检测不仅需要学生掌握专业技能，也需要他们具备良好的职业操守和创新精神。通过课程思政与积极心理学的结合，学生不仅能提高专业能力，也能养成优良品格，成为全面发展的铁路技术人才。

（3）个体与社会并重。学生作为铁路事业发展的未来力量，其个人成长与社会发展密切相关。课程思政注重培养学生的社会责任感，而积极心理学则重视学生个体的内在发展。两者的融合，有助于学生在个人成长与社会需求之间找到平衡，实现个体与社会的良性互动。

（4）知识与情感并重。知识传授和情感培养同等重要。课程思政注重价值观引导，积极心理学关注心理品质培养。将两者结合，不仅能提高学生的专业素养，也能增强他们的情操修养，使知识内化为信念、技能转化为品格，最终实现学生的全面发展。

总之，在钢轨伤损检测这一专业课程中融合课程思政与积极心理学，有利于学生形成正确的世界观和人生观，培养积极向上的心理品质，为实现学生的全面发展奠定坚实基础。这不仅能造就一支高素质的铁路技术人才队伍，也能为铁路事业的持续发展贡献力量。

（二）钢轨伤损检测课程内容与性质分析

1. 钢轨伤损检测课程内容

钢轨伤损检测是铁道工程技术专业的核心课程之一，属于理实一体类课程，主要用于检测钢轨、焊缝、道岔内部伤损情况。该课程的主要目标是培养学生系统掌握钢轨检测的基本原理、常用方法和技术要求，培养学生分析问题和解决问题的能力，为学生今后从事铁路线路维修检测工作奠定坚实的理论基础和实践基础。依据成都工业职业技术学院铁道工程技术专业人才培养方案中对课程的教学要求，对接铁路养护维修单位和施工单位的岗位标准，对该课程的教学内容进行整合与设计。本课程教学体系共由八个子项目构成：钢轨及焊缝伤损、超声波探伤基础、超声波探伤设备、钢轨探伤技术、钢轨焊縫探伤技术、手工检查技术、B 显与数据回放技术、探伤标准化作业，共 32 课时（理实一体 12 学时，理论 14 学时，实践 6 学时）。具体课时分配及内容，见表 6-18。

表 6-18 钢轨伤损检测课程课时分配

序号	课程教学单元（项目）	学时	教学形式与课时分配				
			理实一体	理论	实践	习题	讨论
1	钢轨及焊缝伤损	6	2	4			
2	超声波探伤基础	4	2	2			
3	超声波探伤设备	2	2				
4	钢轨探伤技术	10		6	4		
5	钢轨焊缝探伤技术	4		2	2		
6	手工检查技术	2	2				
7	B 显与数据回放技术	2	2				
8	探伤标准化作业	2	2				
合计		32	12	14	6		

（1）项目 1：钢轨及焊缝伤损（6 学时）。

教学要求：了解钢轨结构及受力分析、钢轨伤损、焊缝的种类及工艺、焊缝伤损、钢轨（道岔）伤损及焊缝伤损的标准。

教学内容：钢轨结构及受力；钢轨伤损；焊缝的种类及工艺；焊缝伤损；钢轨（道岔）伤损及焊缝伤损的标准。

授课要点：焊接流程；焊接准备；焊接关键点；焊接安全事项。

（2）项目 2：超声波探伤基础（4 学时）。

教学要求：掌握超声波相关理论知识，了解其探伤实现原理。

教学内容：超声波的定义及分类；超声波的参数；超声波的传播特性；超声波垂直入射异质界面时的反射和透射；超声波倾斜入射时的反射、折射和波型转换；超声波远场规则反射体的反射规律。

授课要点：了解无损检测分类；了解超声波探伤方法及分类；了解影响超声波探伤的因素；掌握一般的物理量换算；了解缺陷定位与定量的一般方法。

（3）项目 3：超声波探伤设备（2 学时）。

教学要求：了解各种钢轨超声波探伤设备，掌握超声波探头分类、常用钢轨探伤设备。

教学内容：了解认识各种探伤设备；掌握仪器校准的方法；掌握仪器和探头系统测定方法。

授课要点：能校准仪器；能进行系统测定。

（4）项目 4：钢轨探伤技术（10 学时）。

教学要求：掌握钢轨探伤仪各探头的工作原理，熟悉钢轨探伤仪操作流程，完成钢轨探伤界面基本识别。

教学内容：掌握钢轨探伤方法；掌握钢轨探伤仪的使用方法；了解探伤仪组合模式。

授课要点：能利用钢轨探伤仪进行一般操作；掌握 70°、37°、0°探伤方法；能进行特殊部位钢轨探伤。

（5）项目 5：钢轨焊缝探伤技术（4 学时）。

教学要求：掌握钢轨焊探伤仪各探头工作原理，熟悉焊缝探伤仪操作流程，完成焊缝探伤仪界面识别。

教学内容：掌握焊缝探伤工艺；掌握焊缝探伤的一般要求。

授课要点：能利用通用探伤仪进行一般操作；掌握直、斜探伤的使用方法；能发现焊缝典型缺陷。

（6）项目6：手工检查技术（2学时）。

教学要求：掌握钢轨手工检查和道岔手工检查方法。

教学内容：手工检查概述；手工设备识别；手工检查实践操作。

授课要点：钢轨安全应用的五道防线；手工监测工具；手工检测方法。

（7）项目7：B显与数据回放技术（2学时）。

教学要求：掌握识别钢轨正常B显图形、伤损B显图形的能力，了解非伤损B显图形。

教学内容：掌握B显常见图形识别；现场轨头核伤实践与检查。

授课要点：能判别B显正常图形；可以判别常见伤损B超图像；可以识别非伤损B超图像；能进行现场操作以及分析B显图形。

（8）项目8：探伤标准化作业（2学时）。

教学要求：掌握钢轨探伤伤标周期、设备要求、人员要求与作业标准。

教学内容：钢轨探伤标准化作业；钢轨焊缝探伤标准化作业；道岔钢轨特殊部位探伤标准化作业；探伤数据回放标准化作业。

授课要点：对钢轨、焊缝、道岔钢轨特殊部位等进行探伤标准化作业；能对探伤数据进行处理。

以上项目内容涉及的教学方法如下：

（1）讲授法：结合理论知识、实践内容开展理实一体教学，促使学生活学活用，理论助力实践技术。

（2）讨论法：通过案例分析，项目模块化、碎片化划分，让学生参与课程教学，采用讨论、练习、小组合作等方式帮助学生提升团队协作、自主思考、探究问题能力。

翻转课堂：项目化教学，学生通过课前知识学习上台授课、实践操作设备，师生互换增加学生自信心、办公软件制作能力，教师更好地发现学生知识点掌握情况，及时纠正问题。

实践教学：实践操作，增加学生动手能力、吃苦耐劳、团队协作、精益求精能力，可以通过大国工匠等典型树立学生岗位自豪感。

2. 钢轨伤损检测课程性质分析

该课程具有鲜明的专业特色：一是理论性强，涉及金属材料学、无损检测技术、信号处理等多学科知识；二是实践性强，要求学生掌握多种常见检测设备的使用方法和数据分析技能；三是应用性强，培养学生解决实际铁路线路维护检测问题的能力。总体来说，这是一门理论实践并重、专业性很强的核心课程。

钢轨作为轮轨直接接触、保障行车安全的直接结构，其安全性关系列车运行安全、乘客生命与运输车辆的财务安全，钢轨伤损检测则是保障行车安全的重要手段。随着列车运行速度与运载量的不断提升，对于钢轨检测提出了更高的要求：由原来的巡道发现断轨并整治阶段，发展为查找钢轨内部伤损、判定钢轨伤损程度并做出正确维修指令的工作，钢轨检测变得更加精细化与专业化。因此，本课程除了培养学生具备精湛的技术检测方面的专业知识外，还需具备吃苦耐劳、精益求精、严谨认真、团队协作的工匠精神。

（三）钢轨伤损检测课程思政与积极心理学的关联

钢轨伤损检测这门专业课程的课程思政理念与积极心理学理念存在着诸多联系。我们可以从以下几个方面进一步探讨两者之间的关联性。

首先，钢轨检测工作所承载的社会责任感（思政元素）与积极心理学关注人的积极品质和自我实现的理念高度契合。通过专业课程的课程思政学习，学生不仅能掌握钢轨检测的专业知识和技能，更能认识到自己所从事工作的重要意义，培养强烈的社会责任感和使命感（思政元素），这正是积极心理学所追求的目标。

其次，钢轨检测工作所需的积极心理品质，如勇气、坚韧、乐观等，与积极心理学所强调的个人优势和积极发展高度吻合。通过培养学生这些积极向上的心理品质，不仅有利于他们今后在铁路工作中取得成功，也有助于学生将自我价值的实现与社会价值的实现相统一，实现自我价值的最大化（思政元素），这正是积极心理学的追求所在。

再次，钢轨检测工作需要团队协作配合，这与积极心理学关注个体在群体中的积极发展高度契合。通过培养学生的沟通协调能力、同理心和团队精神，不仅有利于他们今后的专业工作，也有助于他们在社会中发挥更大的作用，实现个人与群体的和谐发展（思政元素）。

最后，钢轨检测工作需要长期坚守岗位，保持专业操守和工作热忱，这与积极心理学关注人的职业价值观和正向职业特质高度吻合。通过培养学生的职业理想和职业道德，不仅有利于他们树立正确的职业观，也有助于他们在工作中获得幸福感和成就感（思政元素），实现个人与职业的完美融合。

由此可见，钢轨伤损检测这门专业课程的内容与积极心理学的理念高度契合，我们完全可以将两者有机结合，在专业技能培养的基础上，着力培养学生的积极心理品质，最终实现专业教育与思政教育的有机融合，为祖国铁路事业培养更多的优秀人才。

（四）积极心理学视角下钢轨伤损检测课程内容的思政融合

钢轨伤损检测是铁道工程技术专业的一门重要专业课程，其主要内容包括钢轨的常见损坏类型、检测原理和方法、检测设备的使用与维护等。表面上看，这是一门技术性很强的专业课程，与思政教育似乎没有太多直接的联系。但如果从积极心理学的视角来看，我们会发现这门课程内容与思政教育其实存在很多潜在的融合点。

1. 融入思政元素的可行性

首先，钢轨检测工作承载着确保铁路行车安全的重大责任，这与思政教育中培养学生社会责任感的目标高度契合。通过剖析钢轨损坏的机理和危害，让学生意识到自己所从事的工作对国家和人民的重要性，能激发他们对铁路事业的使命感和责任心。

其次，钢轨检测工作需要工程技术人员长期奋战在一线，面临各种艰苦环境和巨大压力。如何培养检测人员积极向上的心理品质,，保持乐观进取的工作状态，这对于课程思政同样很重要。我们可以结合积极心理学的相关理论，帮助学生培养勇于克服困难、善于面对挑战的品格。

再次，钢轨检测工作需要团队协作，个人的专业技能必须与集体协同配合。如何在专业技能培养的基础上，引导学生树立正确的群体意识和团队精神，这也是课程思政需要解决的问题。我们可以设计一些小组协作的实践环节，培养学生的沟通协调能力、同理心和互帮互助精神。

最后，钢轨检测工作需要长期坚守岗位，保持工作热情和职业操守。如何让学生树立正确的职业价值观和职业道德，这也是课程思政需要关注的重点。我们可以结合积极心理学的相关理论，帮助学生认识到自己的职业意义，增强工作自豪感，养成诚实守信、爱岗敬业的职业品格。

2. 融入思政元素的教学内容与资源

钢轨伤损检测课程作为铁路专业的一门核心实践课程，其中蕴含着丰富的思政元素，这些元素可以与积极心理学理念相结合，培养学生的思想政治素质。

（1）安全责任感。作为铁路行业的从业者，学生必须时刻牢记安全责任，把确保铁路运输安全作为首要任务。在教学中，教师可以强调钢轨检测的重要性，培养学生的安全意识和社会责任感。

（2）精益求精的工匠精神。钢轨检测工作需要学生具备精益求精的态度和认真负责的工作作风。在实践教学中，教师可以引导学生体会工匠精神，培养他们的职业操守和工作态度。

（3）创新精神。铁路行业技术更新换代很快，需要从业人员具有勇于创新的精神。在教学中，教师可以鼓励学生发挥创新思维，探索检测新技术、新方法，培养他们的创新意识。

（4）爱国情怀。铁路事业是我国国民经济命脉，在教学中，教师可以引导学生认识铁路在国家发展中的重要地位，培养学生的家国情怀和使命担当。

将上述思政元素与积极心理学理念相融合，在钢轨伤损检测课程中进行有效渗透，既能培养学生的专业技能，又能引导学生树立正确的价值观，为他们今后的发展奠定良好的心理基础。

教师根据以上思政元素点，将课程教学内容设计为10个课程思政融合点，形成了一套体现课程思政元素的素材和资源。①在钢轨断轨导致列车事故的案例讲解中，培养学生求真务实、精益求精精神，具体包括照片5张、微课1个、视频1个、二维动画1个、案例1个、题库1套；②在钢轨探伤工雪天探伤案例中，培养学生踏实严谨、吃苦耐劳精神，具体包括照片5张、视频1个、案例1个、题库1套；③在高速铁路安全运营案例中培养学生爱国、爱岗和民族自豪感，具体包括照片5张、微课1个、视频1个、二维动画1个、案例1个、题库1套；④在钢轨探伤工五一劳动奖获得者案例讲解中，培养学生的职业精神、岗位精神，具体包括照片5张、视频1个、案例1个、题库1套；⑤在钢轨探伤原理学习中，培养学生追求真理、科学精神，具体包括照片5张、视频1个、二维动画1个、案例1个、题库1套；⑥在钢轨探伤实践作业中，培养学生吃苦耐劳、精益求精、追求卓越的精神，具体包括照片5张、视频1个、案例3个、题库1套；⑦在钢轨探伤仪保养工作中，培训学生不怕苦、不怕累、不怕脏精神，具体包括照片5张、视频1个、案例1个、题库1套；⑧在钢轨探伤回放作业中，培养学生踏实严谨、追求卓越精神，具体包括照片5张、微课 1 个、视频 1 个、案例 1 个、题库 1 套；⑨在钢轨探伤新技术学习中，培养学生探索创新精神、科学精神，具体包括照片 5 张、视频 1 个、二维动画 1 个、案例 1 个、题库 1 套。同时，教师充分运用本土资源，在往届学生优秀典型案例中，培养学生自信心，做到爱岗敬业，具体包括照片 5 张、微课 1 个、视频 1 个、二维动画 1 个、案例 1 个、题库 1 套。这些资源库有效地促进了该课程课程思政的实践运行，为在积极心理学范式下，推进钢轨伤损检测课程思政提供了实证材料。

3. 融入思政元素的课程设计

为使学生更好地应对钢轨伤损检测职业需求，教师结合知识学习规律、钢轨伤损检测现场实操技能要求、学校实训场地与设备情况将钢轨伤损检测课程分为四个模块，课程思政教学案例分布到课程各个模块。根据课程需要，教师综合推行线上线下混合式学习模式，整体遵循“课前导学、课中探学、课后拓学”的框架，按照“兴趣引导—问题解决—学情测验—互动学习—知识总结—评价反馈—巩固拓展”7 个环节进行，采用分项循序渐进的方法实现理论联系实践、理论指导实践的目的。

接下来，我们以该课程中第二大模块：“钢轨探伤技术”项目为例进行设计说明。本项目主要培养学生钢轨探伤技术的能力，为其从事钢轨探伤工岗位打基础。根据项目设计要求，通过学习使学生能够掌握钢轨探伤仪各探头的工作原理，熟悉钢轨探伤仪操作流程，完成钢轨探伤界面基本识别，同时，培养学生的规范意识、安全意识、大局意识，强化职业意识、工匠精神。

课前导学：线上三步骤完成。

兴趣引导：根据授课内容设置，采用实际案例、场景模拟、知识类比等措施激发学生发现问题、探求原理的学习兴趣。

问题解决：通过老师发布资料、自己网络学习等措施，实现知识点深入学习，并学会团队协作尝试解决问题，教师线上跟进学生学习进度。

学情测验：依据课程学习需求，对学生所需基础知识进行测验，分析问卷情况制定合理的教学进度安排，并适当补充前序知识点回忆学习。

课中探学：线上加线下两步骤完成。

互动学习：课程模块化设计，以学生为中心，引导其主动学习，实现设置问题、分析问题、解决问题、总结经验的学习方法，并通过虚拟实训、现场操作，老师指导、示范、评价等，化解难点内容，实现理实结合，融会贯通。

知识总结：通过课程学习，教师对本节课知识点进行总结汇总，使学生更加清楚本节课知识点学习的前后逻辑关系，实现总分总教学，即教师掌控前后学习主线、学生分知识点自主学习，分而不乱，有序学习。

课后拓学：线上加线下实施后两个步骤。

评价反馈：借助学习通、钉钉群等教学平台开展自评互评、评教评学，使得教师与学生发现问题并做出整改。

巩固拓展：通过课后作业巩固课上所学知识。通过拓展任务，延伸思考，巩固转化学习成果。

具体教案设计，见表 6-19。

表 6-19　钢轨探伤技术教案

<table>
<tr><td>授课对象</td><td>铁工 XX 班级</td><td>授课时间</td><td colspan="2">×年×月×日</td></tr>
<tr><td>授课平台</td><td>学习通+腾讯会议</td><td>授课形式</td><td colspan="2">理实一体</td></tr>
<tr><td>内容分析</td><td colspan="4">本次课选自项目 4 中的钢轨探伤技术概述，主要使学生对于超声波探伤设备有一个系统的概述认识。
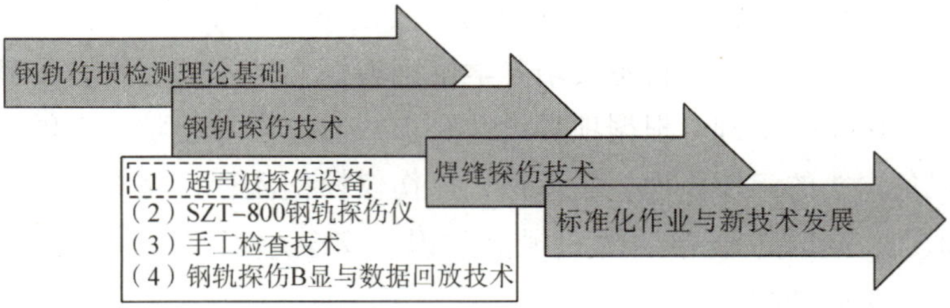
</td></tr>
<tr><td>学情分析</td><td colspan="4">学生课前完成了教师推送的任务学习，所有学生进行了课前测试，正确率均为 80%以上，整体学习效果不错</td></tr>
<tr><td rowspan="2">教学目标</td><td>知识目标</td><td colspan="2">能力目标</td><td>素质目标</td></tr>
<tr><td>1. 超声波探头作用与分类；
2. 探头型号组成
3. SZT－800 探伤仪组成与分布</td><td colspan="2">1. 能够区分不同类型的超声波探头；
2. 能够由铭牌识别探头类型；
3. 掌握 SZT－800 探伤仪探头分布</td><td>1. 培养职业情感；
2. 培养良好的职业道德和敬业精神；
3. 培养自主学习能力</td></tr>
<tr><td>教学重点</td><td colspan="4">1. 超声波探头作用与分类；
2. SZT-800 探伤仪探头分布</td></tr>
<tr><td>教学难点</td><td colspan="4">1. 超声波探头探伤原理；
2. 超声波探头型号</td></tr>
</table>

表6-19（续）

<table>
<tr><td colspan="5">教学策略</td></tr>
<tr><td>教学方法</td><td colspan="4">任务驱动法、案例分析法、角色扮演法、合作学习法</td></tr>
<tr><td>教学资源</td><td colspan="4">1. 教学环境：线上及实验室；
2. 信息化手段：学习通教学平台、钉钉群；
3. 学习资源：教材、教学资源库、PPT、学习通精品课程</td></tr>
<tr><td colspan="5">教学实施过程</td></tr>
<tr><td colspan="5">（一）课前导学</td></tr>
<tr><td>环节</td><td colspan="2">教师活动</td><td>学生活动</td><td>环节说明</td></tr>
<tr><td>课前探索</td><td colspan="2">1. 教师在学习通发布课前学习任务书（见附件）和测试题；
2. 教师和学生通过钉钉群在线互动交流</td><td>1. 学生完成任务和测试题；
2. 反馈基础知识掌握情况</td><td>1. 掌握学生基础知识情况，合理调整教学策略；
2. 借助信息化手段督促学生自觉学习</td></tr>
<tr><td colspan="5">（二）课中实施</td></tr>
<tr><td>教学环节</td><td>教学内容</td><td>教师活动</td><td>学生活动</td><td>环节说明</td></tr>
<tr><td>案例引入（5min）</td><td>超声波原理复习；
新课程导入；</td><td>1. 讲解学习通课前发布测试题；
2. 回顾超声波波形传递原则；
3. 超声波探伤设备课程导入</td><td>1. 学习通答题；
2. 根据课前复习及课程回顾熟悉超声波传递原理</td><td>1. 利用课堂回忆，将本课程所需知识进行串联；
2. 借助学习通测试学生预习基础知识情况</td></tr>
<tr><td>知识点1学习（15min）</td><td>超声波探头：
1. 超声波探头原理；
2. 超声波探头分类；
3. 探头的基本结构；
4. 探头型号、组成</td><td>1. 通过光传播途径类比超声波探头探测原理；
2. 由波的分类对应讲述超声波探头分类；
3. 讲解探头基本构成，引导学生思考探头构成部件设置目的；
4. 讲授探头型号命名原理，让学生讨论案例</td><td>1. 根据光传播探讨超声波探测，课程互动；
2. 根据超声波波形转换特点商讨探头类型；
3. 自主思考，回答问题；
4. 听讲学习，讨论规则，回答问题</td><td>1. 通过互动讨论，学会类比推理；
2. 通过类比引导学生思考部件设置缘由；
3. 举一反三回答问题</td></tr>
</table>

表6-19(续)

教学环节	教学内容	教师活动	学生活动	环节说明
知识点 2 学习（30min）	SZT-800 钢轨探伤仪： 1. 钢轨探伤车组成； 2. 钢轨探伤仪探头分布； 3. 全通道 A/B 显模式	1. 整体结构介绍； 2. 问题提出，学生自主观察学习	1. 知识点学习； 2. 探查并总结钢轨探伤仪探头分布，积极上台展示； 3. 观察探伤仪显示图像，提出疑问点； 4. 听讲，查漏补缺	1. 知识点领学，分解问题； 2. 自主观察学习； 3. 发现问题，师生互动
知识点 3 学习（20min）	SDW－900 焊缝探伤仪： 1. 焊缝探伤仪组成介绍； 2. 焊缝探伤仪探头讲解； 3. 焊缝探伤仪界面介绍	1. 知识讲解； 2. 对比焊缝探伤仪与钢轨探伤仪的异同	1. 知识点学习； 2. 提出问题、回答问题	1. 启发式学习； 2. 设问式讲授； 3. 对比分析异同，利于知识掌握
知识点 4 学习（15min）	1.双轨式钢轨超声探伤仪； 2. 大型钢轨探伤车	1. 结构组成； 2. 视频资料学习	1. 知识学习； 2. 发现问题并提问	使学生了解实际工作情景，提升岗位责任意识，提高学生大局意识
知识点总结（5min）	知识点汇总	1. 总结本节课讲解内容； 2. 设问知识点； 3. 知识点总结	1. 听讲； 2. 回答问题； 3. 知识巩固	总分总的知识学习，引导自主学习
第 1~2 学时结束				
（三）课后拓展				

教学环节	教师活动	学生活动	环节说明
课后拓展	1. 学习通发布课后作业； 2. 发布课后巩固知识的拓展资料； 3. 发布教学效果调查问卷	1. 完成课后作业； 2. 通过拓展知识学习了解工作内容，做到爱岗敬业； 3. 回答问卷	通过作业、问卷数据分析，了解学生知识点掌握情况，作出诊断改进

表6-19(续)

（四）教学评价		
评价构成	评价要素	评价主体
课前 （20%）	资料浏览（10%）	学习通
	任务完成（10%）	学习通+教师
课中 （50%）	课堂考勤（10%）	学习通
	课堂测试（10%）	学习通
	课堂互动（10%）	教师
	课堂活动（20%）	学习通+教师
课后 （30%）	课堂作业（10%）	学习通
	拓展任务（10%）	学习通+教师
	调查问卷（10%）	学习通
（五）教学反思		
教学反思	1. 教学过程中合理借助教学资源，有效破解了重难点，完成了教学知识目标，实现了学生技能目标。在课中自然融入了思政元素——爱岗敬业、大局意识，加强了工匠精神教育 2. 学习资源丰富，教学内容完整，依托学校资源库、学习通及校内实训室，保证线上线下教学有效实施 3. 课后问卷调查表明学生的课堂学习情况较好，学生在角色扮演、课堂讨论等环节的学习效果较为满意	
不足与改进	问题：课堂信息化进度较慢，师生运用互联网平台熟悉度有待进一步提高； 解决途径：多上平台练习	
特色创新	以学生为主体的课程教学，引导启发学生学习	
诊断改进	1. 增加课前辅导时间，使学生提前准备与本次课相关的基础知识； 2. 优化课前任务导学内容，加强与企业工作环境的联系	

4. 积极心理学理念对钢轨伤损检测课程思政实践的意义

钢轨伤损检测作为铁道工程专业的一门核心专业课程，其教学目标不仅是传授专业知识技能，更要注重学生职业素养的培养，使之树立正确的价值观和职业态度，成长为担当社会责任的铁路人。因此，将积极心理学理念融入该课程的教学实践，对于实现课程思政目标具有重要意义。

首先，从课程目标设置层面来看，将积极心理学的相关理念，如正向情绪管理、自我认知与自我调节、价值引领等，有机融入钢轨伤损检测课程的教学目标，不仅可以提升学生的专业技能，更能培养他们良好的职业品格和责任意识。

其次，在课程内容设计上，挖掘课程中蕴含的思政元素，可以引导学生认识到铁路事业的重大社会责任，培养他们敬业爱岗、精益求精的职业操守。同时，在讲授专业知识的同时，适当渗透积极心理学的相关理念，可以帮助学生建立正确的自我认知，增强自我调节能力，培养良好的情绪管理意识。

最后，在教学方法与手段运用上，积极采用启发式、探究式、情景式等教学方法，可以激发学生的主观能动性，增强他们的学习兴趣和主动性。同时，充分利用多媒体、案例分析等手段构建良好的教学情景，可以引导学生深入思考专业知识背后所蕴含的价值理念，内化为自身的信念和行为。

将积极心理学的理念融入钢轨伤损检测课程的教学实践，不仅有助于优化课程内容结构，丰富教学方法手段，更能培养学生良好的职业品格，助力他们成长为担当铁路事业的栋梁之材。

（五）积极心理学在钢轨伤损检测课程思政中的应用

积极心理学强调关注人的积极因素，培养学生的正面品德，这与课程思政要求培养社会主义建设者和接班人的目标不谋而合。因此，将积极心理学的理论与方法融入钢轨伤损检测课程思政建设，必将产生良好的协同效应，为学生的全面发展注入新的动力。

具体而言，积极心理学在钢轨伤损检测课程思政中的应用体现在以下几个方面：

（1）培养学生的积极情绪。在专业知识传授的过程中，教师可以适当切入积极心理学视角，鼓励学生树立乐观积极的心态。例如，在解决难题时，教师可以引导学生关注自身的进步，而不是过于纠结于失败；在实践操作中，教师可以赞赏学生的努力和专注，增强他们的自信心和成就感。通过培养积极情绪，有助于提高学生的学习兴趣和积极主动性，为后续专业学习打下良好基础。

（2）培养学生的核心职业素质。积极心理学强调的工作投入、责任心、团队协作等正面品质，恰恰是铁路线路维修检测工作所需的核心职业素质。因此，在专业技能培养的同时，教师可以有针对性地引导学生树立正确的职业价值观，培养他们的工匠精神、敬业精神和社会责任感。例如，在实践课程中，教师可以表扬学生认真负责、精益求精的工作态度，鼓励他们在专业技能提升的同时不断完善自己的职业品德。

（3）增强学生的家国情怀。积极心理学强调个人发展与社会发展的和谐统一。教师可以结合钢轨伤损检测课程的特点，引导学生深刻认识铁路线路维修检测工作的战略意义，培养他们的家国情怀和使命担当。例如，可以组织学生参观铁路线路维修现场，了解检测工作在国计民生中的重要地位；邀请一线检测工程师分享工作感悟，激发学生的爱国热情和社会责任感。

（4）构建积极向上的学习氛围。积极心理学强调正向引导，营造积极向上的环境。在课程教学中，教师应该注重营造积极向上的学习氛围，鼓励学生相互支持、共同进步。例如，可以组织学生分组讨论，促进团队协作；设置适当的学习目标和奖励机制，激发学生的学习热情；引导学生关注彼此的进步，分享学习心得，形成良性互动。

为更好地阐述积极心理学在钢轨伤损检测课程思政中的应用，我们来看一个具体的案例，在该课程的“钢轨探伤技术”教学单元中，教师可以这样设计课程思政的教学环节：

首先，教师可以引导学生思考钢轨无损检测的重要性和意义。比如，通过案例分析，让学生了解钢轨检测对确保铁路运输安全的关键作用，激发学生的社会责任感。同时，教师还可以鼓励学生分享自己的学习感悟，分析这门课程对于未来从事铁路维修检测工作的重要性。

其次，教师可以引导学生关注无损检测过程中的积极情绪体验。比如，在学习超声波检测技术时，教师可以鼓励学生关注自己的学习进步，而不是过于在意错误；在实践操作中，教师可以表扬学生认真仔细的工作态度，增强他们的自信心。通过培养学生的积极情绪，有助于增强他们的学习兴趣和主动性。

再次，教师可以引导学生培养无损检测工作所需的职业素质。比如，在教授无损检测的具体方法时，教师可以强调学生要严谨细致、一丝不苟，体现工匠精神；在讨论检测数据分析时，教师可以引导学生客观公正、为公为民，强化他们的社会责任感。

最后，教师还可以通过案例分享、实地参观等形式，增强学生的家国情怀。比如，分享某起重大铁路事故的案例，让学生深刻认识到钢轨检测工作的关键作用；组织学生参观铁路线路维修现场，亲身感受检测人员的工作环境和职业价值。

通过以上多方面的教学设计，在专业知识传授的同时，教师可以有效地将积极心理学的理念融入钢轨伤损检测课程思政建设，切实提高课程的育人实效。

（六）积极心理学范式下钢轨伤损检测课程思政进一步实施的建议

将积极心理学理论与方法融入钢轨伤损检测课程思政建设，有助于提高学生的专业素质，更能培养他们的正向品德，增强家国情怀，为铁路事业的发展贡献力量。当前，成都工业职业技术学院在探索积极心理学范式下钢轨伤损检测课程思政的实施中取得了一定成效，但探索的道路依然艰巨。为了促进该项目的进一步研究，确保课程思政建设取得预期效果，我们根据前期实施过程中的反馈提出以下建议：

（1）加强教师培训，提高教师的积极心理学素养。教师是实施课程思政的关键因素，只有教师自身具备扎实的积极心理学理论基础和实践经验，才能更好地将其融入专业课教学。因此，学校应当定期为教师开展积极心理学培训，提高他们的思想政治教育意识和方法论。

（2）创新教学方法，提高学生的参与度和主动性。在具体教学中，教师应当摒弃单一的灌输式教学，努力营造互动交流的良好氛围。例如，可以组织学生讨论交流、项目实践等，让学生成为学习的主体，充分调动他们的积极性和创造力。

（3）加强校企合作，增强课程的实践性和应用性。为使课程思政建设更贴近实际，学校可以与铁路企业开展深度合作，邀请一线专家参与课程设计，组织学生参观实践，让他们切实感受专业工作的社会价值。这不仅有利于培养学生的职业操守，也能增强家国情怀。

（4）建立健全评价机制，促进课程思政持续改进。学校应当建立完善的教学质量评价体系，不仅关注学生的专业技能水平，更要重视学生的思想品德、职业素养等综合素质。通过量化指标、学生反馈等多元评价方式，及时发现问题，不断优化课程思政的实施路径。

总之，进入新时代，将积极心理学理念融入专业课程思政建设，是提高职业院校育人质量的重要举措。通过系统推进，我们必将培养更多具有坚定理想信念、优秀品德和强烈社会责任感的铁路事业建设者，为实现中华民族伟大复兴中国梦贡献应有力量。

四、积极心理学与物流信息与物联网技术课程思政的融合应用

（一）案例选取的缘由及背景

物流信息与物联网技术课程是物流专业群人才培养方案中新增课程，

该课程以开设多年的物流信息技术课程标准为基础，强化物联网知识技能，课程共同度在80%以上。物流信息技术课程在多年教学过程中紧扣课程思政要求，将增强国家荣誉感、坚定道路自信、培养民族危机感、锻造工匠精神等有机融入教学内容，起到了较好的育人效果。例如，学生在学习全球卫星定位导航系统项目时，教师有意对我国北斗系统建设的背景和技术优势进行讲解，学生能够从“为什么我国要花巨资建设北斗系统”中树立民族危机意识，能够从“北斗在全球四大卫星导航系统中独具短报文双向通信功能”感受国家综合实力的强大，增强国家荣誉感；学生能够从数据库的学习操作中养成一丝不苟、严谨认真的工作态度，锻造工匠精神。因此，本课程在立德树人方面具有较好的基础，也取得了不错的效果。

随着物流产业的信息化智能化发展，社会对既懂运营管理又懂信息技术的复合型物流人才需求不断增长，物流信息与物联网技术在物流人才培养中愈发重要，物流信息与物联网技术课程被物流管理专业国家教学标准定位为专业核心课。课程教学内容主要包括物流信息技术认知、物流信息采集技术、物流跟踪定位技术、物流信息传输技术、物流信息存储与处理技术五大板块。通过本课程的学习，学生能够掌握物流信息技术的概念和体系，了解物流产业的信息化智能化发展趋势，掌握常用物流信息采集、传输、跟踪、处理技术的原理和应用；能够熟练使用条码编码及生成、识别系统管理商品和物流对象，能描述RFID、GPS、GIS的原理、系统构成和物流中的典型应用场景；能够组建和配置物流仓储企业小型局域网，熟练使用桌面型数据库管理系统。物流信息与物联网技术课程的课程思政目标：

（1）了解我国在物流科技领域取得的巨大成就，增强民族自豪感和国家荣誉感；

（2）在增强自豪感和荣誉感的基础上坚定“四个自信”；

（3）了解智慧物流发展趋势，树立专业理想，坚定专业意志；

（4）强化物流安全意识，增强社会责任担当，强化核心价值观；

（5）了解我国科技领域的短板，培养民族危机感；

（6）培养一丝不苟、严谨认真的工作态度，锻造工匠精神。

（二）物流信息与物联网技术课程内容、特点与教学方案设计

1. 课程内容

本课程为冷链物流技术与管理的专业核心课程，主要介绍几种常用的

物流信息技术、物流管理信息系统，重点阐述条码技术、RFID 与物联网技术、GIS 技术、GPS 技术和 EDI 技术以及这些技术手段支撑下的数据库技术。通过全部教学内容的学习，学生不但要了解物流信息技术的原理与应用方法，而且能将其熟练地运用于企业实践，具备一定的解决实际问题的能力，为学生从事冷链物流相关职业打下良好的基础。在教学过程中，教师结合我国近年来在智慧物流、北斗导航系统等科技领域取得的巨大成就，培养学生的家国情怀和民族自豪感。

2. 课程特点

物流信息与物联网技术是一门介于管理学和信息技术之间的交叉学科，它涉及物流管理、供应链管理、物联网技术等多个领域，是培养复合型物流人才的核心课程之一。该课程的主要特点如下：

（1）理论性与实践性并重。该课程不仅传授物流信息化和物联网技术的理论知识，而且强调实践操作训练，培养学生运用所学知识分析问题、解决问题的能力。

（2）综合性强。该课程涉及管理学、信息技术、工程学等多个学科领域，要求学生具备一定的跨学科素养，能够将知识进行综合运用。

（3）创新性明显。物流信息化和物联网技术是一个不断发展的领域，教学内容需要及时更新，教学方式也要不断创新，培养学生的创新思维和创新能力至关重要。

（4）社会责任意识强。物流作为国民经济的重要支柱，其发展直接影响到国家经济、社会和生态环境。因此，该课程要培养学生的社会责任意识，引导他们关注国家发展大局，为社会做出应有贡献。

物流信息与物联网技术课程的特点决定了它对学生全面发展具有重要意义，是一门“育人”与“育才”双重目标并重的课程。

3. 课程设计理念

通过深入企业与市场广泛的调研，本课程突破了传统的学科体系设计框架，以“岗位导向、基于过程”的设计理念来设计课程总体框架，即以物流信息数据流动形式为主线，以物流典型工作任务为载体，运用上述课程设计理念，按照本课程面向的岗位群来确定典型工作任务，并依据职业能力需求将工作任务转化为学习领域，实现工作过程的自然逻辑与学习过程的认知逻辑有机结合，通过分解、优化与重构，使课程内容有序化，着重考虑课程的职业性、实践性与高等性。

4. 课程设计思路

课程学习情景的设计根据对物流信息技术的认识规律，由简单到复杂，并遵循采集物流信息——跟踪物流信息——传输物流信息——存储物流信息——管理物流信息系统的学习步骤和规律，以利于知识的不断积累与提高。

5. 教学方案设计

物流信息与物联网技术课程教学方案，见表6-20。

表6-20　物流信息与物联网技术课程教学方案

序号	教学单元（项目）	学时	教学内容及要求	学时分配	授课要点	教学实施说明
1	物流信息技术概述	2	教学内容： 数据、大数据、信息、物流信息、物流技术等相关概念，企业物流信息化及信息技术的运用和发展； 教学要求： 熟悉掌握数据、信息、物流信息、信息技术、物流信息技术的概念，了解大数据的应用	物流信息技术概述（2学时）	数据与信息的概念；我国智慧物流发展前沿	使用多媒体设备及雨课堂等智慧教学平台
2	物流信息采集	18	教学内容： 一维条码的定义和符号构成，EAN.UCC系统编码体系及在物流中的应用，二维条码的特点、常见二维条码及应用；常用的物流条码识别设备； 教学要求： 能区分各种条码识读设备；能区分各种条码类型，能安装条码制作软件，能使用各种条码识读器进行条码识读，掌握条码申请流程	条码技术（14学时）	一维条码的编码原理和条码标签设计	使用多媒体设备； 充分利用实训中心进行模拟实训
			教学内容： RFID系统的组成、RFID技术的工作原理及射频标签的分类与在物流中的应用、物联网概述； 教学要求： 能认识RFID各种设备及标签，熟悉基于EPC的物联网技术在物流中的应用	RFID技术（4学时）	RFID系统的组成；EPC标准、系统结构及其在智能物流中的应用	使用多媒体设备

表6-20(续)

序号	教学单元（项目）	学时	教学内容及要求	学时分配	授课要点	教学实施说明
3	物流信息跟踪	8	教学内容： GIS 的概念和原理、特性、基本功能及构成、在物流信息系统中的应用； 教学要求： 熟悉 GIS 系统和技术，掌握使用 GIS 的方法	GIS 技术（2 学时）	GIS 的使用方法	1. 使用多媒体设备； 2. 充分利用实训中心进行模拟实训
			教学内容： GPS 系统的概念、基本原理、发展、功能、原理及构成及应用； 教学要求： 掌握 GPS 的操作，理解其在物流信息系统中的应用	GPS 技术（6 学时）	GPS 的原理和使用；我国北斗系统介绍	
4	物流信息传输	6	教学内容： 计算机网络基础知识，网络配置信息查看，小型局域网的组建，网络信息检索和发布； 教学要求： 掌握网络组建的基本思路，能熟练进行网络信息检索	网络基础及信息检索（4 学时）	TCP/IP 协议、IP 地址、域名、无线局域网、网络组建，我国 5G 网络建设情况	1. 使用多媒体设备 2. 充分利用实训中心进行模拟实训
			教学内容： EDI 的定义和发展，EDI 的工作原理； 教学要求： 掌握 EDI 系统的概念及该技术的应用方法	EDI 系统（2 学时）	EDI 系统的应用方法	
5	物流信息存储	18	教学内容： 数据库定义、特点、模型、组成，创建 Access 的方法、查询方法；设计数据库； 教学要求： 了解关系型数据库，掌握 Access 的创建、查询方法，能设计简单的数据库	数据库技术的使用（18 学时）	Access 的创建、查询方法	1. 使用多媒体设备； 2. 充分利用实训中心进行模拟实训

表6-20（续）

序号	教学单元（项目）	学时	教学内容及要求	学时分配	授课要点	教学实施说明
6	物流管理信息系统	4	教学内容： 物流管理信息系统的概念、体系结构，几种典型的物流管理信息系统； 教学要求： 能掌握第三方物流企业的主要业务及业务操作过程，能应用第三方物流管理信息系统	物流管理信息系统（4学时）	物流管理信息系统操作流程	1. 使用多媒体设备； 2. 充分利用实训中心进行模拟实训

（三）积极心理学与物流信息与物联网技术课程思政的关系

物流信息与物联网技术作为一门综合性的应用学科，融合了物流信息技术、管理学、工程学等多个领域的知识，是培养物流管理人才的重要学科，其发展历程反映了社会进步与科技创新的脉搏。课程教学目标不仅要传授专业知识和专业技能，更应该注重培养学生的综合素质。与此同时，课程思政的理念正在职业院校深入普及，要求各类专业课程都应该融入价值观教育、德育引领，切实发挥育人功能。这不仅有利于学生全面发展，也有助于物流行业人才队伍的建设。比如，教师在讲解物流信息系统的设计与应用时，可以着重阐述其如何服务于社会公众，提高物流效率，降低资源浪费，体现社会价值；在介绍物联网技术在物流中的应用时，可以突出其如何提升人们的生活品质，增进社会和谐等。通过这种方式，不仅传授了专业知识，也让学生感受到学习的意义，增强了学习的主动性和积极性。

物联网技术作为物流信息化的重要支撑，正在深刻改变着人们的生产生活方式。物联网通过各种智能设备的互联互通，实现了对物流过程的全方位感知、实时监控和精准调度，大幅提高了物流效率和服务质量。与此同时，物联网技术也为人们的日常生活带来了诸多便利，如智能家居、智慧城市等应用，极大地改善了人们的生活质量。积极心理学强调培养人们的积极情绪、积极品格和积极制度，帮助人们发掘内在的正能量，增强对生活的认知和感知。物联网技术的发展，为人们营造了更加美好的生活环境，极大满足了人们对美好生活的向往，有助于激发人们的积极情绪，鼓励人们发挥自身的潜能，追求幸福和美好的生活，增强对生活的正面感知。以智能物流为例，物联网技术能够实时监测货物的运输状况，及时发现并解决问题，大幅降低物流成本和时间，提高客户满意度。这不仅提高了物流服务质量，也让企业及从业人员获得更多成就感，增强了工作的积极性和创造性。再如，智能家居的普及，使人们的生活更加舒适、安全和便捷，减轻了生活负担，让人们有更多自由时间去培养兴趣爱好，享受生活乐趣。可以说，物联网技术的广泛应用正在为人们创造更加积极向上的生活环境，为积极心理学的发展注入新的内生动力。

物流信息与物联网技术课程思政的推进与积极心理学的融合创新，不仅有助于推动物流事业的持续发展，也能为构建美好社会贡献力量。

首先，物流信息技术的创新发展，为改善人们的生活品质提供了有力支撑。智能物流系统的广泛应用，不仅提高了配送效率，增强了客户满意度，也让人们感受到了生活的便利和舒适，对积极心理的培养产生了积极影响。与此同时，物联网技术在物流领域的创新应用，如智能仓储、无人配送等，大大优化了生活环境，减轻了人们的生活负担，让人们有更多精力去追求生活的幸福和快乐。可以说，物流信息技术的不断进步，正在积极推动人们生活方式的变革，让生活更加美好。

其次，物流行业人才培养中的价值观引导，有助于培养积极向上的社会氛围。通过在课程思政中融入物流行业的社会责任、职业操守、创新精神等，不仅能够提高学生的职业素养，也能培养他们的社会责任感和积极心理品质。这些优秀品质的积淀，将为社会各界输送一批德才兼备的人才，为构建和谐、充满正能量的社会贡献力量。

再次，物流信息技术的可持续发展，有利于推动社会的可持续发展。物流信息系统通过优化物流全过程，不断提高资源利用效率，减少能源消耗，降低环境负荷，对生态文明建设做出了重要贡献。与此同时，基于物联网的智能物流技术，也为社会绿色低碳转型提供了有力支撑。可以说，物流信息技术的创新发展，正在为实现可持续发展目标注入新的动力。

物流信息与物联网技术课程思政的推进与积极心理学的融合创新，必将产生广泛而深远的社会影响。职业院校应该在课程思政中，充分发挥物流信息技术的社会价值，引导学生了解行业发展动态。

（四）积极心理学范式下物流信息与物联网技术课程思政的建设思路

物流信息与物联网技术这门课程蕴含着丰富的思政元素。首先，物流作为现代经济发展的重要支撑，是实现国家经济繁荣、民生改善的关键环节。通过学习这门课程，学生能深入理解物流行业在国家经济发展中的战略地位，增强“四个意识”、坚定“四个自信”、做到“两个维护”，为实现中华民族伟大复兴中国梦贡献自己的力量。其次，物流行业需要大量的信息化技术支撑，涉及物联网、大数据、云计算等前沿技术。培养学生掌握这些先进技术，不仅有利于提升物流行业的信息化水平，也将推动整个国家科技创新事业的进步。最后，物流活动贯穿生产、流通、消费的全过程，影响着广大人民群众的生产生活，体现了物流行业的强烈社会责任感。通过课程学习，学生能树立正确的职业价值观，坚持以人民为中心的发展理念，在未来的工作中为人民群众提供优质高效的物流服务。

1. 总体思路

高职院校积极心理学范式下物流信息与物联网技术课程思政应从把握立德树人根本任务、深度融入思政元素、创新课程教学模式、提升教学评价实效、凝练育人典型案例、加强教学资源建设、预期成果及成果使用推广计划及预期效果（如 SPOC、MOOC 计划）等方面建设。

（1）结合专业特色深入挖掘课程思政结合点。

物流专业前置课程物流信息技术已经挖掘出一定的课程思政结合点，但与冷链物流结合不够紧密。冷链物流在乡村振兴战略下将发挥重大支持作用，在面向冷链物流专业的物流信息与物联网技术课程中，团队将从乡村振兴、食品安全、疫苗储运等多个角度深入挖掘专业知识与思政教育元素的结合点，进一步强化学生社会责任、工匠精神的培养。

（2）理顺各个思政结合点的内在逻辑联系。

在挖掘出课程思政结合点之后，需要将这些零散的结合点进行归类，挖掘其内在联系，进一步形成本课程的思政教育框架体系，使课程思政的实施在整体设计下有步骤地进行。

（3）丰富课程思政教学案例与素材。

在提炼出课程思政结合点基础上，通过搜集整理、自编自制等途径丰富课程思政教学所需的案例素材，使素材和思政目标有机契合，做到“润物细无声，育人有温度”，将专业教学目标和课程思政目标有机结合。

（4）探索课程思政教学效果评价。

课程思政目标作为课程教学的三大目标之一，也需要对实施效果进行有效测评，目前课程思政教学效果的评价是课程评价的难点。课程团队拟根据课程思政具体目标构建科学的指标体系，探索建立过程性评价和终结性评价相结合、主观评价和客观评价相结合的思政效果评价形式。

（5）建设课程在线教学平台。

以学习通为平台，丰富线上教学资源，扩大课程思政教学阵地，构建线上线下相结合的混合式教学模式，逐步形成具有思政特色、立德树人效果鲜明的在线开放课程，推广应用到其他院校。

2. 教学设计思路

高职院校积极心理学范式下物流信息与物联网技术课程思政应根据教学内容，以积极心理学的理论为指导，深入挖掘课程思政结合点。教学设计思路，见表6-21。

表6-21　教学设计思路

项目	教学内容	思政主题	形式	素材	目标
项目一：物流信息技术概述	了解物流信息技术的发展和应用	我国智能物流技术领跑全球与中国速度	视频播放与点评	视频《京东智能无人仓》	增强国家荣誉感，树立专业理想
项目二：物流信息采集技术	条码编码原理	前缀码与“一个中国立场”	拓展讲授	主要国家和地区前缀码代码表	养成准确用词习惯
	二维码的应用	中国电子支付领先全球（拓展到移动互联网发展领先全球）	拓展讲授；视频播放	统计数据《世界主要国家电子支付使用情况》；李光耀发言视频	培养国家荣誉感
	二维码的应用	食品溯源与核心价值观	讨论与点评：技术是否是根治造假的良药	二维码食品溯源案例	社会主义核心价值观
项目三：物流跟踪定位技术	全球四大卫星定位导航系统	北斗系统与国家安全	视频播放与点评；讨论——已有GPS，中国为什么要建设北斗系统；拓展阅读	视频《大国荣耀——中国北斗系统》；资料《240项技术可能被“卡脖子”，中国离创新强国还有多远?》	培养国家荣誉感、民族危机感
	GIS 系统应用	卫星图看中国发展	理论课拓展讲授;实践体验	GIS软件操作演示与体验	增强“四个意识”、坚定“四个自信”、做到“两个维护”

表6-21（续）

项目	教学内容	思政主题	形式	素材	目标
项目四：物流信息传输技术	互联网信息安全基本知识	网络监管与国家安全	拓展讲授；错误观念抵制	论文《全球主要国家网络监管“大揭秘”》；《中华人民共和国网络安全法》；反面案例视频	社会主义核心价值观
项目五：物流信息存储与处理技术	数据库的使用	数据库严谨性与工匠精神	数据库操作实践	数据库操作实践案例	通过案例实践培养一丝不苟、严谨认真的工匠精神

（五）积极心理学应用于物流信息与物联网技术课程思政的策略

将积极心理学融入物流信息与物联网技术课程教学，是实现课程思政的有效路径，有利于培养学生的全面发展意识，为行业发展和社会进步贡献力量。职业院校将积极心理学理念应用于物流信息与物联网技术课程，实现课程思政的目标，需要采取以下策略：

（1）厘清课程思政的目标定位。明确以培养学生的积极品质、爱国情怀和社会责任感为主要目标，将积极心理学理念融入课程教学全过程，做到“润物无声”。

（2）创新教学内容和教学方法。在保证专业知识传授的前提下，设计与积极心理学相关的教学内容和教学活动，如讨论典型案例、分析优秀人物事迹、组织志愿服务等，让学生在实践中感受积极品质的重要性。同时，采用启发式、探究式、体验式等教学方法，激发学生的主动性和创造力。

（3）发挥教师的主导作用。教师在课程思政中起着关键作用。他们不仅要熟悉专业知识，还要深入学习和掌握积极心理学的理论和方法，提高运用积极心理学理念指导教学实践的能力。同时，教师要注重发挥自身的育人价值，以身作则，用真诚感染学生，让学生在潜移默化中受到正面影响。

（4）建立健全评价机制。除了专业知识和技能的考核，职业院校还要将对学生积极品质、社会责任感等的评价纳入考核体系，通过多元化的评价方式，如学生自评、同伴互评、教师评价等，全面客观地反映学生的发展进步。

（5）营造课程思政的校园文化氛围。职业院校要高度重视并支持课程思政工作，将其纳入教学改革的整体规划。同时，在校园文化建设中，职业院校要营造积极向上、重视育人的良好氛围，让课程思政理念深入人心。

成都工业职业技术学院在物流信息与物联网技术课程思政的推行过程中积极融入积极心理学的理念与方法，取得了良好的教学效果。体现如下：

（1）在课程内容设计方面。教师在讲授物流信息系统建设时，专门设置了“用户体验设计”的模块，要求学生从客户角度出发，设计人性化、友好型的界面和交互功能，提升用户的满意度和使用体验。在讲授仓储管理知识时，教师着重强调“员工安全与职业幸福”的理念，让学生了解提升员工积极情绪、增强组织凝聚力的重要性。

（2）在教学方法方面。教师采用了丰富多样的教学手段。他们充分发挥学生的主体作用，组织小组讨论、头脑风暴等互动式教学方式，激发学生的参与热情和创新思维。同时，教师还为每个学生制订个性化的学习计划，采取一对一辅导的方式，帮助他们找到学习兴趣点，提高学习效率。此外，教师还会定期评估学生的学习情况，给予积极、及时的反馈，增强学生的自信心和成就感。

（3）在课程考核方面。该课程采用过程性考核与终结性考核相结合的方式，注重对学生的全面评价。除了考核知识掌握程度还高度重视学生的创新能力、实践技能及团队协作精神等。同时，课程还设置了多项奖励机制，如优秀学习之星、创新项目大赛等，激发学生的积极性和主动性。

通过以上实践探索，该门课程在课程思政的推进中，有效地将积极心理学理念融入教学全过程，培养了学生的积极心理品质，提高了教学质量和人才培养成效。学生不仅掌握了专业知识和技能，更树立了正确的价值观和职业操守，为未来投身物流行业打下了坚实基础。

总体来说，积极心理学为职业教育注入了新的活力，为实现课程思政的有效落地提供了有益启示。应用性强、实践性强的职业院校专科课程在课程思政的推行过程融入积极心理学理念，不仅提升了学生的专业技能，更培养了他们的积极心态、创新精神和社会责任感，实现了知识传授与价值塑造的有机结合。未来，职业院校要应进一步加强对积极心理学在教学中的应用研究，丰富教学方法，创新考核机制，努力培养德智体美劳全面发展的社会主义建设者和接班人。

第三节　积极心理学在职业院校思政课中的应用

随着时代的发展和教育理念的不断更新，职业院校的思政课也需要与时俱进，不断创新和完善。积极心理学作为一门新兴的心理学分支，其理论和实践对于提高学生的思想政治教育效果具有重要意义。如何将积极心理学的理念融入职业院校思政教育，是当前职业院校思政课改革与发展值得深入探索的新方向。

一、积极心理学在职业院校思政课中的应用价值

将积极心理学的理念融入职业院校思政课，有助于增强学生的积极情绪，激发他们的内在动力，提高思政课的教学质量，为培养德智体美劳全面发展的社会主义建设者和接班人贡献力量。

（一）积极心理学理念有助于增强学生的积极情绪

积极心理学强调关注人的积极品质和美好体验，旨在帮助个体发掘自身的潜能，增强积极情绪，提高生活质量。在职业院校的思政课中引入积极心理学的理念，有助于改变传统思政课的说教模式，激发学生的积极情绪，提高他们对思政课的兴趣和参与度。

通过积极心理学视角下的思政课教学，教师可以引导学生关注自身的正面情绪和良好品质，培养他们的乐观精神、责任意识和进取心。比如，在讲授爱国主义教育时，教师可以帮助学生认识到爱国主义是一种美好的情感体验，是实现个人价值的重要源泉，而非单纯的道德要求。同时，教师还可以组织学生分享自己为国家、民族做出贡献的经历和感受，激发他们的获得感和自豪感，强化他们的爱国情怀。

（二）积极心理学理念有助于增强学生的内在动力

积极心理学强调个体的内在动力是激发其积极发展的关键。在职业院校思政课中引入积极心理学的理念，有助于帮助学生建立正确的人生观和价值观，增强他们的内在动力，使其主动参与到思政学习和实践中来。

比如，在学习社会主义核心价值观时，教师可以引导学生从个人、家庭、社会等多个层面认识到这些价值观的重要性，并帮助他们将这些价值观内化为自己的信仰和追求。通过增强学生对社会主义核心价值观的认同

感和内在向往，可以进一步激发他们在思想、学习和生活中的主动性，使其主动践行社会主义核心价值观，为构建美好社会贡献自己的力量。

（三）积极心理学理念有助于提高思政课的教学效果

积极心理学强调从积极的角度看待人的心理特征和行为，注重培养个体的正面情绪和品性。在职业院校思政课的教学中引入积极心理学的理念，有利于改善传统思政课的教学效果，增强学生的学习兴趣和获得感。

一方面，积极心理学强调以欣赏、支持、鼓励的方式对待学生，而非单纯的说教和批评。教师可以充分发掘学生的闪光点，赞赏他们的良好品质和进步，增强他们的自信心和自我认同感。另一方面，积极心理学注重培养学生的正念、同理心、感恩等品性，这些品性的养成恰恰是思政课教育的重点。通过积极心理学视角下的思政课教学，教师可以帮助学生内化这些品德，提高他们的思想道德修养，从而提高思政课的教学效果。

二、积极心理学在思政课中的实施建议

积极心理学作为一门新兴的心理学分支，其核心理念是关注人类积极因素的培养与发展，强调人的主观幸福感、正向情绪、个人优势等，在近年来备受关注。将积极心理学理念融入思政课建设，有利于提升课程的针对性和实践性，帮助学生树立正确的世界观、人生观和价值观，养成积极向上的心理品质，为学生未来的职业发展奠定良好的心理基础。

首先，在思政课的教学目标设计中，要明确将积极心理学的相关理念纳入其中。思政课的主要目标是帮助大学生树立正确的世界观、人生观和价值观，增强社会主义核心价值观的认同，培养学生的政治素养和思想品德。而积极心理学的核心在于培养人的主观幸福感、正向情绪和个人优势，这与思政课的目标高度契合。因此，职业院校在制定教学目标时，可以将“培养学生的积极心态”“增强学生的自我效能感”“提升学生的主观幸福感”等具体目标纳入其中，为后续的教学实施提供明确的方向。

其次，在课程内容的选择与设计上，要充分融入积极心理学的相关理论与实践。思政课的内容涵盖十分广泛，包括马克思主义基本原理、党的路线方针政策、社会主义核心价值观、职业发展规划等诸多方面。在这些内容中，职业院校都可以适当渗透积极心理学的相关理论与实践。例如，在讨论马克思主义基本原理时，可以引入积极心理学的自我实现论，帮助学生认识到自我实现的重要性；在分析党的路线方针政策时，可以结合积

极心理学的乐观主义理论，激发学生对社会主义制度的信心和热情；在探讨社会主义核心价值观时，可以借助积极心理学的正念理论，培养学生的自我觉知能力和同理心；在设计职业发展规划时，可以应用积极心理学的个人优势理论，帮助学生确立自身的优势特质，增强职业竞争力。总之，通过将积极心理学的理念和方法有机融入思政课的各个教学环节，可以使课程内容更加丰富、生动，切合学生的实际需求。

最后，在教学方法的选择上，要充分利用积极心理学的相关技术与手段。思政课向来被认为是一门较为枯燥和乏味的课程，学生的学习积极性往往不高。而积极心理学提供了诸多互动式、体验式的教学方法，如团队合作、角色扮演、情景模拟等，能够有效调动学生的参与热情，增强他们的获得感和成就感。同时，积极心理学还强调以学生为中心的教学理念，鼓励教师采取启发式、探究式的教学方法，引导学生主动思考、自主学习，从而增强其主体性和自主意识。此外，积极心理学还重视教师的榜样力量，要求教师以积极向上的态度和情绪状态带动学生，这也为思政课的教学实践提供了有益启示。

三、积极心理学在思政课中的具体应用

（一）正念理论在思政课中的应用

正念是积极心理学的核心概念之一，它强调个体以开放、接纳、专注的态度对待当下的体验，以培养积极、平和的心理状态。在职业院校思政课中引入正念理论，可以帮助学生培养专注力和自我觉察能力，增强他们对思政学习的投入度。例如，在学习马克思主义中国化的理论成果时，教师可以引导学生运用正念的方法，以开放、包容的心态认真聆听教师的讲解，并主动思考这些理论对个人成长和社会发展的意义。通过正念练习，学生可以培养专注力，避免因外界干扰而分心，从而更好地理解和内化思政课的核心内容。此外，正念练习还能帮助学生增强自我觉察能力，及时发现自身在思政学习中存在的问题和困惑，主动向教师或同学寻求帮助，提高思政课的学习效果。

（二）感恩理论在思政课中的应用

感恩是积极心理学强调的另一个重要概念，它指个体对生活中的美好事物、他人的帮助以及自身所拥有的事物表示感谢和珍惜的心理状态。在职业院校思政课中引入感恩理论，有助于培养学生的社会责任感和奉献精

神。例如，在学习社会主义核心价值观中“富强、民主、文明、和谐”的内容时，教师可以引导学生思考国家富强、人民幸福背后的艰辛历程，感恩先辈为民族复兴所做出的牺牲和贡献。通过感恩教育，学生不仅能认识到幸福生活的来之不易，也能增强对国家、对社会的责任感，主动为实现中华民族伟大复兴贡献自己的一点力量。

同时，教师还可以设计感恩实践活动，引导学生感恩家人、老师乃至社会各界人士的帮助和关怀，培养他们的奉献精神。例如，可以组织学生参加社区服务、敬老院探访等公益活动，让他们实际感受到社会各方面的关爱与支持，激发他们回馈社会的内在动力。通过感恩实践，学生不仅能增强社会责任感，也能提高自身的同理心和道德修养。

（三）积极情绪理论在思政课中的应用

积极心理学强调积极情绪对个体的身心健康以及行为表现都有着重要影响。在职业院校思政课中引入积极情绪理论，有助于帮助学生建立积极向上的人生观和价值观。例如，在学习中国特色社会主义理论体系时，教师可以帮助学生认识到中国特色社会主义事业的光明前景，增强他们对社会主义事业的信心和希望。通过感受我国取得的发展成就，学生会产生自豪感和获得感，从而主动投入到社会主义事业的建设中。

同时，教师还可以组织学生分享学习思政课的正面情绪体验，鼓励他们用积极乐观的心态看待思政课程。例如，让学生分享在学习社会主义核心价值观时感受到的内心平静与喜悦，或是在参加社会实践活动时感受到的成就感和幸福感。通过交流积极情绪体验，学生不仅能增强对思政课的兴趣，也能强化正确的价值取向，在思政学习和实践中获得更多的正能量。

（四）自我决定理论在思政课中的应用

自我决定理论强调个体的自主性、胜任力和归属感是激发其内在动机的关键要素。在职业院校思政课中引入这一理论，有助于增强学生的内在动力，使其主动参与到思政学习和实践之中。例如，在学习关于社会主义民主政治建设的内容时，教师可以引导学生认识到自身作为公民的权利和责任，增强他们参与社会事务的主动性。同时，教师还可以为学生创设自主决策的机会，让他们在一定范围内自主确定思政学习的目标和方式，或是参与社会实践活动的内容和形式。通过满足学生的自主性需求，他们会产生更强烈的内在动机，主动投身到思政学习和实践之中，从而提高思政课的教学效果。

此外，教师还可以通过设计合作学习任务，满足学生的归属感需求。例如，组织学生小组讨论思政课的重点内容，鼓励他们相互交流、相互帮助，培养学生之间的团队合作意识。同时，教师也可以适时给予适当的反馈和支持，帮助学生增强自我胜任感，从而进一步激发他们的内在动力。

（五）心理资本理论在思政课中的应用

心理资本理论强调个体内在的四种积极心理品质，即自我效能感、乐观主义、希望和韧性。在职业院校思政课中引入这一理论，有助于提高学生的思想政治素质和行为能力。例如，在学习理想信念教育时，教师可以引导学生认识到自身的自我效能感，增强他们实现理想的信心和决心。同时，教师还可以鼓励学生培养乐观的心态，乐观地看待理想信念的实现过程，增强他们的坚韧性。通过培养学生的心理资本，他们不仅能树立正确的理想信念，也能在实现理想的道路上保持坚定的决心和勇气，为党和国家的事业贡献自己的力量。

此外，教师还可以通过设计切合实际的思政实践活动，帮助学生积累希望感和韧性。例如，组织学生参与社区义工服务、支援脱贫攻坚等活动，让他们亲身感受到自身行为对他人和社会的积极影响，增强他们的获得感和社会责任感。通过实践历练，学生不仅能培养坚韧的品格，也能充分发挥自身的长处，更好地完成思政实践任务。

总之，在职业院校思政课中融入积极心理学的理念与方法，不仅有助于增强学生的积极情绪、内在动力，也能提高思政课的教学质量，为培养德智体美劳全面发展的社会主义建设者和接班人贡献力量。教师应结合学生的实际情况和思政课的特点，有针对性地运用积极心理学的相关理论，让学生在积极向上的情感体验中，更好地内化思政知识、养成良好品德，为实现中华民族伟大复兴中国梦不懈奋斗。

四、积极心理学融入思政课的具体策略

将积极心理学理念融入职业院校思政课建设，需要从多个层面采取具体的实施策略，以确保方案的可行性和有效性。

（一）建立积极心理学理论与实践相结合的课程体系

思政课的内容涉及面广、知识点繁杂，想要在有限的教学时间内，有效融入积极心理学的相关理念，需要进行系统化的课程体系设计。首先，

要梳理思政课的核心知识点，分析其中蕴含的积极心理学理论基础，如自我实现论、正念理论、优势理论等；其次，要根据不同知识点设计对应的积极心理学实践环节，如情景模拟、团队合作、行为训练等，使理论知识与实践应用相结合；最后，要科学规划课程结构，合理分配理论授课和实践环节的教学时间，确保两者能够有机融合，充分发挥协同效应。只有建立起富有针对性和实践性的课程体系，才能确保积极心理学理念在思政课中得到有效落地。

（二）创新积极心理学元素的教学资源开发

教学资源的质量和丰富程度，直接影响着教学效果的发挥。在融入积极心理学理念的思政课建设，职业院校要主动开发符合课程特点的多样化教学资源。一方面，要积极探索将积极心理学相关的视频、案例、动画等多媒体素材融入课堂教学，增强知识传授的直观性和吸引力；另一方面，要鼓励教师结合自身教学实践，开发针对性强的教学 PPT、教学讲义、拓展阅读等资源，为学生提供更加丰富、系统的学习材料。同时，还可以邀请积极心理学领域的专家学者参与教学资源的开发与优化，确保其理论性和实用性。只有重视教学资源的建设与更新，才能确保积极心理学元素在思政课教学中的全面渗透。

（三）建立以学生为中心的教学模式

积极心理学强调以学生为中心的教学理念，这与思政课强调的主体性教学有着高度契合。因此，职业院校在融入积极心理学理念的思政理论课建设中，要坚持以学生为中心的教学模式。具体来说，职业院校可以采取启发式、探究式教学方法，引导学生主动思考、积极参与，充分调动其学习积极性；同时，重视师生互动，鼓励学生就相关问题与教师进行交流探讨，增强课堂的生动性；此外，还可以采取小组合作的教学方式，促进学生之间的团队协作，培养他们的社交能力和沟通技巧。

（四）加强教师队伍建设，提升教学水平

教师是课程实施的关键，他们的专业素质和教学能力直接影响着积极心理学理念在思政课中的落地效果。因此，职业院校要重视教师队伍建设，提升他们的整体素质。一方面，要加强对思政课教师的培训力度，帮助他们全面掌握积极心理学的相关理论与方法，并将其融会贯通到具体的教学实践中；另一方面，要建立健全教师考核机制，将积极心理学理念的融入情况纳入考核范畴，激励教师不断提升教学水平；此外，还要鼓励教师自主学习、开展教学研究，不断探索积极心理学在思政课中的更多应用方式。只有建设一支专业能力强、教学水平高的教师队伍，才能确保积极心理学理念在思政课中的有效落地。

（五）建立多方协同的课程建设机制

将积极心理学理念融入思政课建设，需要学校、教师、学生等多方主体的密切配合与协同。一方面，学校层面要建立健全课程建设制度，为教师提供充足的教学资源、经费支持和培训机会，确保积极心理学理念能够得到有效落实；另一方面，教师要充分发挥主导作用，深入研究积极心理学理论，设计出贴合学生需求的教学方案，并与学生进行良性互动，共同推动课程建设；同时，学生也要主动参与，积极配合教师的教学活动，为积极心理学在思政理论课中的应用贡献力量。只有建立起学校—教师—学生之间的良性互动机制，才能确保积极心理学理念真正落地生根。

积极心理学理念融入职业院校思政课建设，需要从多个层面采取系统化的实施策略，包括建立理论与实践相结合的课程体系、创新积极心理学元素的教学资源开发、建立以学生为中心的教学模式、加强教师队伍建设，以及建立多方协同的课程建设机制等。只有通过全方位的系统推进，才能确保积极心理学在思政课中的有效应用，推动课程建设再上新台阶。

五、积极心理学在思政课中的实践与反馈

成都工业职业技术学院在思政课的改革过程中，引入积极心理学相关内容，积极尝试将积极心理学的精髓融入其中。这一创新举措不仅丰富了课程的理论基础，还极大地增强了其实践性和趣味性，取得了一定成效。

以毛泽东思想和中国特色社会主义理论体系概论课程为例，教师在授课过程中融入积极心理学的元素。一方面，通过讲述中国人民在抗日战争、解放战争等历史时期的英勇抗争和伟大胜利，激发学生的爱国情感和民族自豪感；另一方面，引导学生思考这些历史事件背后的精神力量，如不屈不挠的奋斗精神、团结协作的集体主义精神等，这些正是积极心理学所倡导的积极品质。具体而言，在案例分析环节，教师可选取一系列贴近学生生活、具有代表性的社会现象和人物故事，引导学生从积极心理学的视角进行剖析，探讨其中的积极因素与成长动力，让学生从中汲取正能量，感受成功带来的喜悦与满足。这些案例不仅贴近学生实际，更激发了他们的思考与共鸣，使他们在学习过程中能够自然而然地融入积极情绪，

提升自我认知与价值观塑造。教师也可通过组织学生进行小组讨论、角色扮演等教学方式，让学生置身于模拟情景中，在互动中亲身体验积极向上的心理状态。角色扮演活动为学生提供了一个展示自我、体验情感的舞台。通过扮演不同的社会角色，学生们能够更加深入地理解他人的处境与感受，培养同理心与包容性。同时，这种活动形式也极大地调动了学生的参与热情与创造力，让他们在轻松愉快的氛围中感受幸福、体验成功的同时加深对历史的理解和对积极品质的认识，深刻理解幸福感的来源与构建。

近两年，成都工业职业技术学院探索将积极心理专题纳入思政课的开学第一课，系统讲授积极心理学的基本理论，如福流理论、自我实现理论、幸福感理论等；同时，结合马克思主义基本原理、社会主义核心价值观等知识点，设计了一系列积极心理学实践活动，如情景模拟、团队合作等，帮助学生将理论知识内化为行动。同时，探索在思政课堂上邀请积极心理学专家进行专题讲座，与学生互动交流，激发他们的正向情绪和自我认知。此外，成都工业职业技术学院将积极心理学融入思政课的实践教学环节，组织学生开展自我评估、情绪管理等训练，提升他们的自我认知和情绪调节能力。

通过实践探索，我们可以看到积极心理学在思政课中的应用，对学生的思想政治教育产生了积极影响。首先，将积极心理学融入思政课，有助于增强学生对马克思主义、社会主义核心价值观等理论知识的认同感和内化程度。由于积极心理学强调正向情绪和主观幸福感，在结合这些理论时，能够激发学生的积极情绪，使他们对相关知识产生更多的兴趣和认同。其次，积极心理学在思政课中的应用，有助于培养学生的良好心理素质。通过开展自我评估、情绪管理等实践活动，学生不仅掌握了相关的心理知识，而且能够提高自我认知、调节情绪等能力，为未来的职业发展奠定基础。最后，将积极心理学融入思政课，也有助于增强学生的社会责任感和集体认同。在小组合作、角色扮演等活动中，学生能够体验到团队协作的重要性，增强对集体的认同感，为未来更好地融入社会奠定良好基础。

总体来说，成都工业职业技术学院在思政课建设中积极探索将积极心理学理念与方法相融合，取得了一定的成效，但仍需要进一步优化和完善。首先，要加强对积极心理学理念在思政课中的融合深度。目前我们还停留在理论讲授和简单实践活动层面，未能真正将积极心理学的核心理念与思政课的教学内容和方法深度融合，这需要教师投入更多的教学研究与实践探索。其次，要提高积极心理学在思政课中应用的系统性。目前我们的实践还比较零散和单一，缺乏完整的课程体系设计，这需要学校建立健全课程建设机制，系统推进积极心理学在思政课中的全面应用。最后，要重视对学生应用效果的跟踪与评估。目前我们的实践还缺乏对学生学习效果的全面评估，需要通过数据来进行有效支撑，这些都将成为我们努力的方向。

我们相信，在未来的教学实践中，这一创新举措将继续发挥积极作用，为培养更多具有积极心态、良好品德和社会责任感的优秀人才贡献力量。

参考文献

一、著作教材类

［1］习近平. 习近平谈治国理政［M］. 北京：外文出版社，2017.

［2］马克思，恩格斯. 马克思恩格斯全集［M］. 中共中央编译局，译. 北京：人民出版社，1982.

［3］曾光，赵昱鲲. 幸福的科学：积极心理学在教育中的应用［M］. 北京：人民邮电出版社，2018.

［4］梁津安，杜敏. 幸福心理学［M］. 西安：西安电子科技大学出版社，2012.

［5］肖永春. 幸福心理学［M］. 上海：复旦大学出版社，2014.

［6］弗雷德里克森. 积极情绪的力量［M］. 王珺，译. 北京：中国纺织出版社，2021.

［7］岳晓东. 登天的感觉［M］. 北京：北京联合出版公司，2016.

［8］崔景贵. 职校生心理健康教育模式研究［M］. 北京：知识产权出版社，2014.

［9］曾光. 积极教育［M］. 北京：北京师范大学出版社，2021.

［10］赵昱鲲，彭凯平. 清华积极心理学十六讲［M］. 北京：清华大学出版社，2024.

［11］彭凯平. 生活中的情绪心理学［M］. 北京：清华大学出版社，2024.

［12］彭凯平，闫伟. 吾心可鉴：跨文化沟通［M］. 北京：清华大学出版社，2021.

［13］彭凯平. 活出心花怒放的人生［M］. 北京：中信出版集

团，2021.

［14］王薇华．幸福力教育［M］．北京：清华大学出版社，2024.

［15］王孝哲．马克思主义人学概论［M］．合肥：安徽大学出版社，2009.

［16］张耀灿，郑永廷，吴潜涛．现代思想政治教育学［M］．北京：人民出版社，2009.

［17］塞利格曼．真实的幸福［M］．洪兰，译．沈阳：万卷出版公司，2010.

［18］彼得森．打开积极心理学之门［M］．侯玉波，等译．北京：机械工业出版社，2016.

［19］契克森米哈赖．心流：最优体验心理学［M］．张定绮，译．北京：中信出版集团，2017.

［20］诺丁斯．学会关心：教育的另一种模式［M］．于天龙，译．北京：教育科学出版社，2014.

二、期刊论文类

［1］张景雷．基于积极心理学视角的课程思政模式探索［J］．中学政治教学参考，2024（14）：83.

［2］王麟．高职院校心理学课程思政改革探赜［J］．中学政治教学参考，2023（39）：104.

［3］王健．积极心理学课程思政教育初探［J］．合肥学院学报（综合版），2023，40（2）：139-144.

［4］侯宇晨．谈课程思政：积极心理学视角下的大学通识教育改革［J］．科学咨询（教育科研），2021（6）：71-72.

［5］柳欢．积极心理学在高职院校思政课教学中的应用研究［J］．散文百家（新语文活页），2018（9）：174-175.

［6］陈永涌，甄宸．“新文科”背景下课程思政的积极育人体系建构［J］．青海民族大学学报（社会科学版），2024，50（2）：160-168.

［7］刘建军．课程思政：内涵、特点与路径［J］．教育研究，2020，41（9）：28-33.

［8］王瑞．构建全课程育人的高校思想政治教育大格局［J］．思想理论教育导刊，2019（3）：122-126.

[9] 贺锦，汤路平. 积极心理学视角下人物传记类语篇的育人价值及其实现 [J]. 教学与管理，2024（28）：42-46.

[10] 齐道喜，李然. 积极心理学视角下大学生积极人格培养问题探究 [J]. 黑龙江高教研究，2022，40（8）：112-116.

[11] 余婕，吴波. 积极心理学视域下的思想政治教育创新研究 [J]. 中学政治教学参考，2022（10）：92.

[12] 刘惠娟，黄强. 积极心理学视角下的高职心理健康教育课程建设 [J]. 教育与职业，2021（9）：99-103.

[13] 姚尧. 积极心理学视域下教学实践的反思与建构 [J]. 教学与管理，2019（36）：99-102.

[14] 闫莉. 盘活传统文化资源 深化思政课教育教学效果 [J]. 淮南师范学院学报，2019，21（1）：123-126.

[15] 吴鸣. 传统文化入课堂：高校思政教学的新思路 [J]. 教育现代化，2015（12）：194-195.

[16] 张运萍. 传统文化传承与高职院校思政教学的创新研究 [J]. 传承，2014（10）：66-67.

[17] 王威威. 中国传统文化与思想政治教育：思想政治教育研究的新方向 [J]. 华北电力大学学报（社会科学版），2011（4）：121-125.

[18] 刘静洋. 中华优秀传统文化融入高校思想政治教育的路径 [J]. 沈阳大学学报（社会科学版），2017（5）：609-613.

[19] 刘清生. 新时代高校教师“课程思政”能力的理性审视 [J]. 江苏高教，2018（12）：91-93.

[20] 潘雪义. 立德树人视角下高校“课程思政”改革研究 [J]. 文化创新比较研究，2019（36）：111-112.

[21] 高德毅，宗爱东. 从思政课程到课程思政：从战略高度构建高校思想政治教育课程体系 [J]. 中国高等教育，2017（1）：43-46.

[22] 吕琳. “课程思政”融入专业课教学的探索 [J]. 课程教育研究，2019（37）：52.

[23] 万力. “课程思政”研究的三重逻辑综述 [J]. 天津市教科院学报，2019（4）：36-41.

[24] 方圆妹，陈喜华，毛大龙. 课程思政视角下高校思想政治教育的原则、核心内容与要求 [J]. 宁波职业技术学院学报，2019，23（4）：

64-68.

［25］邱仁富．“课程思政”与“思政课程”同向同行的理论阐释［J］．思想教育研究，2018（4）：109-113.

［26］陆道坤．课程思政推行中若干核心问题及解决思路：基于专业课程思政的探讨［J］．思想理论教育，2018（3）：64-69.

［27］董杰，徐丛璐．课程思政下高职院校育人工作融入专业教学路径研究［J］．浙江纺织服装职业技术学院学报，2020（1）：1-4.

［28］王振雷．论高校课程思政改革的三维进路［J］．思想理论教育，2019（10）：72-75.

［29］叶澜．社会教育力：概念、现状与未来指向［J］．课程．教材．教法，2016，36（10）：3-10，57.

［30］石书臣．正确把握“课程思政”与思政课程的关系［J］．思想理论教育，2018（11）：57-61.

［31］詹鹏，邵献平．论课程德育与德育课程的融合：构建高校德育教学共同体［J］．华北电力大学学报（社会科学版），2018（1）：135-140.

［32］于昆．高校思想政治理论课“隐性逃课”归因与课堂秩序重构：基于北京市部分高校的调查与思考［J］．思想教育研究，2014（6）：55-58.

附录　课程思政建设的相关文件

附录 A　教育部关于印发《高等学校课程思政建设指导纲要》的通知（全文）

教高〔2020〕3 号

各省、自治区、直辖市教育厅（教委），新疆生产建设兵团教育局，有关部门（单位）教育司（局），部属各高等学校、部省合建各高等学校：

《高等学校课程思政建设指导纲要》已经教育部党组会议审议通过，现印发给你们，请结合实际认真贯彻执行。

教育部

2020 年 5 月 28 日

高等学校课程思政建设指导纲要

为深入贯彻落实习近平总书记关于教育的重要论述和全国教育大会精神，贯彻落实中共中央办公厅、国务院办公厅《关于深化新时代学校思想政治理论课改革创新的若干意见》，把思想政治教育贯穿人才培养体系，全面推进高校课程思政建设，发挥好每门课程的育人作用，提高高校人才培养质量，特制定本纲要。

一、全面推进课程思政建设是落实立德树人根本任务的战略举措

培养什么人、怎样培养人、为谁培养人是教育的根本问题，立德树人成效是检验高校一切工作的根本标准。落实立德树人根本任务，必须将价

值塑造、知识传授和能力培养三者融为一体、不可割裂。全面推进课程思政建设，就是要寓价值观引导于知识传授和能力培养之中，帮助学生塑造正确的世界观、人生观、价值观，这是人才培养的应有之义，更是必备内容。这一战略举措，影响甚至决定着接班人问题，影响甚至决定着国家长治久安，影响甚至决定着民族复兴和国家崛起。要紧紧抓住教师队伍“主力军”、课程建设“主战场”、课堂教学“主渠道”，让所有高校、所有教师、所有课程都承担好育人责任，守好一段渠、种好责任田，使各类课程与思政课程同向同行，将显性教育和隐性教育相统一，形成协同效应，构建全员全程全方位育人大格局。

二、课程思政建设是全面提高人才培养质量的重要任务

高等学校人才培养是育人和育才相统一的过程。建设高水平人才培养体系，必须将思想政治工作体系贯通其中，必须抓好课程思政建设，解决好专业教育和思政教育“两张皮”问题。要牢固确立人才培养的中心地位，围绕构建高水平人才培养体系，不断完善课程思政工作体系、教学体系和内容体系。高校主要负责同志要直接抓人才培养工作，统筹做好各学科专业、各类课程的课程思政建设。要紧紧围绕国家和区域发展需求，结合学校发展定位和人才培养目标，构建全面覆盖、类型丰富、层次递进、相互支撑的课程思政体系。要切实把教育教学作为最基础最根本的工作，深入挖掘各类课程和教学方式中蕴含的思想政治教育资源，让学生通过学习，掌握事物发展规律，通晓天下道理，丰富学识，增长见识，塑造品格，努力成为德智体美劳全面发展的社会主义建设者和接班人。

三、明确课程思政建设目标要求和内容重点

课程思政建设工作要围绕全面提高人才培养能力这个核心点，在全国所有高校、所有学科专业全面推进，促使课程思政的理念形成广泛共识，广大教师开展课程思政建设的意识和能力全面提升，协同推进课程思政建设的体制机制基本健全，高校立德树人成效进一步提高。

课程思政建设内容要紧紧围绕坚定学生理想信念，以爱党、爱国、爱社会主义、爱人民、爱集体为主线，围绕政治认同、家国情怀、文化素养、宪法法治意识、道德修养等重点优化课程思政内容供给，系统进行中国特色社会主义和中国梦教育、社会主义核心价值观教育、法治教育、劳

动教育、心理健康教育、中华优秀传统文化教育。

——推进习近平新时代中国特色社会主义思想进教材进课堂进头脑。坚持不懈用习近平新时代中国特色社会主义思想铸魂育人，引导学生了解世情国情党情民情，增强对党的创新理论的政治认同、思想认同、情感认同，坚定中国特色社会主义道路自信、理论自信、制度自信、文化自信。

——培育和践行社会主义核心价值观。教育引导学生把国家、社会、公民的价值要求融为一体，提高个人的爱国、敬业、诚信、友善修养，自觉把小我融入大我，不断追求国家的富强、民主、文明、和谐和社会的自由、平等、公正、法治，将社会主义核心价值观内化为精神追求、外化为自觉行动。

——加强中华优秀传统文化教育。大力弘扬以爱国主义为核心的民族精神和以改革创新为核心的时代精神，教育引导学生深刻理解中华优秀传统文化中讲仁爱、重民本、守诚信、崇正义、尚和合、求大同的思想精华和时代价值，教育引导学生传承中华文脉，富有中国心、饱含中国情、充满中国味。

——深入开展宪法法治教育。教育引导学生学思践悟习近平全面依法治国新理念新思想新战略，牢固树立法治观念，坚定走中国特色社会主义法治道路的理想和信念，深化对法治理念、法治原则、重要法律概念的认知，提高运用法治思维和法治方式维护自身权利、参与社会公共事务、化解矛盾纠纷的意识和能力。

——深化职业理想和职业道德教育。教育引导学生深刻理解并自觉实践各行业的职业精神和职业规范，增强职业责任感，培养遵纪守法、爱岗敬业、无私奉献、诚实守信、公道办事、开拓创新的职业品格和行为习惯。

四、科学设计课程思政教学体系

高校要有针对性地修订人才培养方案，切实落实高等职业学校专业教学标准、本科专业类教学质量国家标准和一级学科、专业学位类别（领域）博士硕士学位基本要求，构建科学合理的课程思政教学体系。要坚持学生中心、产出导向、持续改进，不断提升学生的课程学习体验、学习效果，坚决防止“贴标签”“两张皮”。

公共基础课程。要重点建设一批提高大学生思想道德修养、人文素质、科学精神、宪法法治意识、国家安全意识和认知能力的课程，注重在潜移默化中坚定学生理想信念、厚植爱国主义情怀、加强品德修养、增长知识见识、培养奋斗精神，提升学生综合素质。打造一批有特色的体育、美育类课程，帮助学生在体育锻炼中享受乐趣、增强体质、健全人格、锤炼意志，在美育教学中提升审美素养、陶冶情操、温润心灵、激发创造创新活力。

专业教育课程。要根据不同学科专业的特色和优势，深入研究不同专业的育人目标，深度挖掘提炼专业知识体系中所蕴含的思想价值和精神内涵，科学合理拓展专业课程的广度、深度和温度，从课程所涉专业、行业、国家、国际、文化、历史等角度，增加课程的知识性、人文性，提升引领性、时代性和开放性。

实践类课程。专业实验实践课程，要注重学思结合、知行统一，增强学生勇于探索的创新精神、善于解决问题的实践能力。创新创业教育课程，要注重让学生“敢闯会创”，在亲身参与中增强创新精神、创造意识和创业能力。社会实践类课程，要注重教育和引导学生弘扬劳动精神，将“读万卷书”与“行万里路”相结合，扎根中国大地了解国情民情，在实践中增长智慧才干，在艰苦奋斗中锤炼意志品质。

五、结合专业特点分类推进课程思政建设

专业课程是课程思政建设的基本载体。要深入梳理专业课教学内容，结合不同课程特点、思维方法和价值理念，深入挖掘课程思政元素，有机融入课程教学，达到润物无声的育人效果。

——文学、历史学、哲学类专业课程。要在课程教学中帮助学生掌握马克思主义世界观和方法论，从历史与现实、理论与实践等维度深刻理解习近平新时代中国特色社会主义思想。要结合专业知识教育引导学生深刻理解社会主义核心价值观，自觉弘扬中华优秀传统文化、革命文化、社会主义先进文化。

——经济学、管理学、法学类专业课程。要在课程教学中坚持以马克思主义为指导，加快构建中国特色哲学社会科学学科体系、学术体系、话语体系。要帮助学生了解相关专业和行业领域的国家战略、法律法规和相关政策，引导学生深入社会实践、关注现实问题，培育学生经世济民、诚信服务、德法兼修的职业素养。

——教育学类专业课程。要在课程教学中注重加强师德师风教育，突出课堂育德、典型树德、规则立德，引导学生树立学为人师、行为世范的职业理想，培育爱国守法、规范从教的职业操守，培养学生传道情怀、授业底蕴、解惑能力，把对家国的爱、对教育的爱、对学生的爱融为一体，自觉以德立身、以德立学、以德施教，争做有理想信念、有道德情操、有扎实学识、有仁爱之心的“四有”好老师，坚定不移走中国特色社会主义教育发展道路。体育类课程要树立健康第一的教育理念，注重爱国主义教育和传统文化教育，培养学生顽强拼搏、奋斗有我的信念，激发学生提升全民族身体素质的责任感。

——理学、工学类专业课程。要在课程教学中把马克思主义立场观点方法的教育与科学精神的培养结合起来，提高学生正确认识问题、分析问题和解决问题的能力。理学类专业课程，要注重科学思维方法的训练和科学伦理的教育，培养学生探索未知、追求真理、勇攀科学高峰的责任感和使命感。工学类专业课程，要注重强化学生工程伦理教育，培养学生精益求精的大国工匠精神，激发学生科技报国的家国情怀和使命担当。

——农学类专业课程。要在课程教学中加强生态文明教育，引导学生树立和践行绿水青山就是金山银山的理念。要注重培养学生的“大国三农”情怀，引导学生以强农兴农为己任，“懂农业、爱农村、爱农民”，树立把论文写在祖国大地上的意识和信念，增强学生服务农业农村现代化、服务乡村全面振兴的使命感和责任感，培养知农爱农创新人才。

——医学类专业课程。要在课程教学中注重加强医德医风教育，着力培养学生“敬佑生命、救死扶伤、甘于奉献、大爱无疆”的医者精神，注重加强医者仁心教育，在培养精湛医术的同时，教育引导学生始终把人民群众生命安全和身体健康放在首位，尊重患者，善于沟通，提升综合素养和人文修养，提升依法应对重大突发公共卫生事件能力，做党和人民信赖的好医生。

——艺术学类专业课程。要在课程教学中教育引导学生立足时代、扎根人民、深入生活，树立正确的艺术观和创作观。要坚持以美育人、以美化人，积极弘扬中华美育精神，引导学生自觉传承和弘扬中华优秀传统文化，全面提高学生的审美和人文素养，增强文化自信。

高等职业学校要结合高职专业分类和课程设置情况，落实好分类推进相关要求。

六、将课程思政融入课堂教学建设全过程

高校课程思政要融入课堂教学建设，作为课程设置、教学大纲核准和教案评价的重要内容，落实到课程目标设计、教学大纲修订、教材编审选用、教案课件编写各方面，贯穿于课堂授课、教学研讨、实验实训、作业论文各环节。要讲好用好马工程重点教材，推进教材内容进人才培养方案、进教案课件、进考试。要创新课堂教学模式，推进现代信息技术在课程思政教学中的应用，激发学生学习兴趣，引导学生深入思考。要健全高校课堂教学管理体系，改进课堂教学过程管理，提高课程思政内涵融入课堂教学的水平。要综合运用第一课堂和第二课堂，组织开展“中国政法实务大讲堂”“新闻实务大讲堂”等系列讲堂，深入开展“青年红色筑梦之旅”“百万师生大实践”等社会实践、志愿服务、实习实训活动，不断拓展课程思政建设方法和途径。

七、提升教师课程思政建设的意识和能力

全面推进课程思政建设，教师是关键。要推动广大教师进一步强化育人意识，找准育人角度，提升育人能力，确保课程思政建设落地落实、见功见效。要加强教师课程思政能力建设，建立健全优质资源共享机制，支持各地各高校搭建课程思政建设交流平台，分区域、分学科专业领域开展经常性的典型经验交流、现场教学观摩、教师教学培训等活动，充分利用现代信息技术手段，促进优质资源在各区域、层次、类型的高校间共享共用。依托高校教师网络培训中心、教师教学发展中心等，深入开展马克思主义政治经济学、马克思主义新闻观、中国特色社会主义法治理论、法律职业伦理、工程伦理、医学人文教育等专题培训。支持高校将课程思政纳入教师岗前培训、在岗培训和师德师风、教学能力专题培训等。充分发挥教研室、教学团队、课程组等基层教学组织作用，建立课程思政集体教研制度。鼓励支持思政课教师与专业课教师合作教学教研，鼓励支持院士、长江学者、“杰青”、国家级教学名师等带头开展课程思政建设。

加强课程思政建设重点、难点、前瞻性问题的研究，在教育部哲学社会科学研究项目中积极支持课程思政类研究选题。充分发挥高校课程思政教学研究中心、思想政治工作创新发展中心、马克思主义学院和相关学科专业教学组织的作用，构建多层次课程思政建设研究体系。

八、建立健全课程思政建设质量评价体系和激励机制

人才培养效果是课程思政建设评价的首要标准。建立健全多维度的课程思政建设成效考核评价体系和监督检查机制，在各类考核评估评价工作和深化高校教育教学改革中落细落实。充分发挥各级各类教学指导委员会、学科评议组、专业学位教育指导委员会、行业职业教育教学指导委员会等专家组织作用，研究制订科学多元的课程思政评价标准。把课程思政建设成效作为“双一流”建设监测与成效评价、学科评估、本科教学评估、一流专业和一流课程建设、专业认证、“双高计划”评价、高校或院系教学绩效考核等的重要内容。把教师参与课程思政建设情况和教学效果作为教师考核评价、岗位聘用、评优奖励、选拔培训的重要内容。在教学成果奖、教材奖等各类成果的表彰奖励工作中，突出课程思政要求，加大对课程思政建设优秀成果的支持力度。

九、加强课程思政建设组织实施和条件保障

课程思政建设是一项系统工程，各地各高校要高度重视，加强顶层设计，全面规划，循序渐进，以点带面，不断提高教学效果。要尊重教育教学规律和人才培养规律，适应不同高校、不同专业、不同课程的特点，强化分类指导，确定统一性和差异性要求。要充分发挥教师的主体作用，切实提高每一位教师参与课程思政建设的积极性和主动性。

加强组织领导。教育部成立课程思政建设工作协调小组，统筹研究重大政策，指导地方、高校开展工作；组建高校课程思政建设专家咨询委员会，提供专家咨询意见。各地教育部门和高校要切实加强对课程思政建设的领导，结合实际研究制定各地、各校课程思政建设工作方案，健全工作机制，强化督查检查。各高校要建立党委统一领导、党政齐抓共管、教务部门牵头抓总、相关部门联动、院系落实推进、自身特色鲜明的课程思政建设工作格局。

加强支持保障。各地教育部门要加强政策协调配套，统筹地方财政高等教育资金和中央支持地方高校改革发展资金，支持高校推进课程思政建设。中央部门所属高校要统筹利用中央高校教育教学改革专项等中央高校预算拨款和其他各类资源，结合学校实际，支持课程思政建设工作。地方高校要根据自身建设计划，统筹各类资源，加大对课程思政建设的投入力度。

加强示范引领。面向不同层次高校、不同学科专业、不同类型课程，持续深入抓典型、树标杆、推经验，形成规模、形成范式、形成体系。教育部选树一批课程思政建设先行校、一批课程思政教学名师和团队，推出一批课程思政示范课程、建设一批课程思政教学研究示范中心，设立一批课程思政建设研究项目，推动建设国家、省级、高校多层次示范体系，大力推广课程思政建设先进经验和做法，全面形成广泛开展课程思政建设的良好氛围，全面提高人才培养质量。

附录 B 教育部办公厅关于开展课程思政示范项目建设工作的通知

教高厅函〔2021〕11 号

各省、自治区、直辖市教育厅（教委），新疆生产建设兵团教育局，有关部门（单位）教育司（局），部属各高等学校、部省合建各高等学校，国家开放大学、教育部考试中心：

为深入贯彻落实习近平总书记关于教育的重要论述和全国教育大会精神，贯彻落实中共中央办公厅、国务院办公厅《关于深化新时代学校思想政治理论课改革创新的若干意见》，深入实施《高等学校课程思政建设指导纲要》（以下简称《纲要》），经研究，决定开展课程思政示范课程、教学名师、教学团队和教学研究示范中心建设工作。现将有关事项通知如下。

一、指导思想

以习近平新时代中国特色社会主义思想为指导，贯彻落实党的十九大和十九届二中、三中、四中、五中全会精神，坚持立德树人，发挥教师队伍“主力军”、课程建设“主阵地”、课堂教学“主渠道”作用，强化示范引领，强化资源共享，全面推进课程思政高质量建设，将思政工作体系贯通人才培养体系全过程，构建全员全程全方位育人大格局。

二、建设目标

面向职业教育、普通本科教育、研究生教育和继续教育，选树一批课程思政示范课程、教学名师和团队、教学研究示范中心，全面推进不同类型学校的课程思政建设理论研究和教学实践，探索创新课程思政建设方法路径，构建全面覆盖、类型丰富、层次递进、相互支撑的课程思政体系，加快形成“校校有精品、门门有思政、课课有特色、人人重育人”的良好局面。

三、申报条件

（一）示范课程、教学名师和教学团队

（1）课程已纳入人才培养方案或专业考试计划，实施学分管理，并至少经过两个学期或两个教学周期的建设和完善。

（2）课程准确把握“坚定学生理想信念，教育学生爱党、爱国、爱社会主义、爱人民、爱集体”主线，结合所在学科专业、所属课程类型的育人要求和特点，深入挖掘蕴含的思政教育资源，优化课程思政内容供给。

（3）课程注重体现学校办学定位和专业特色，注重价值塑造、知识传授与能力培养相统一，科学设计课程目标和教案课件，将思政教育有机融入课程教学，达到润物无声的育人效果。

（4）课程注重课程思政建设模式创新，教学内容体现思想性、前沿性与时代性，教学方法体现先进性、互动性与针对性，形成可供同类课程借鉴共享的经验、成果和模式。

（5）课程可由一名教师讲授，也可由教学团队共同讲授。入选示范课程相应授课教师、团队自动认定为课程思政教学名师和教学团队，教学名师和教学团队不需单独申报。

（6）课程授课教师政治立场坚定，师德师风良好。课程负责人具有高级职称，能够准确把握本课程开展课程思政建设的方向和重点，并融入课程教学全过程。课程教学团队人员结构合理，任务分工明确，集体教研制度完善且有效实施，经常性开展课程思政建设教学研究和交流，课程思政建设整体水平高。

（7）课程考核方式和评价办法完善，育人效果显著，学生评教结果优秀，校内外同行专家评价良好，形成较高水平的课程思政展示成果，具有良好的示范辐射作用。

（8）职业教育课程要体现职业教育类型特征，注重德技并修、育训结合，有机融入劳动教育、工匠精神、职业道德、职业精神和职业规范等内容；普通本科课程要坚持以本为本，聚焦专业特点和育人要求，适应创新型复合型应用型人才培养需要，推动专业教育与思政教育紧密融合；研究生课程要以培养高层次创新人才为核心，突出科研育人；继续教育课程要充分考虑成人在职学习的特点，注重发挥信息技术优势，面向终身学习，培养学习者立足岗位的创新意识与责任担当。

（二）教学研究示范中心

（1）中心聚焦课程思政教学实践和理论研究，发展定位准确，育人理念先进，工作规划清晰，任务职责明确，运行机制完备，建设特色鲜明。

（2）中心负责人政治立场坚定，师德师风良好，对如何结合本校办学定位和专业特色开展课程思政建设有深刻理解，具有丰富的课程思政建设实践经验和理论研究成果。中心人员配备科学合理，具有相应的课程思政建设实践经验和理论研究基础。

（3）中心积极探索创新课程思政建设方法路径，形成具有推广价值的经验做法和高质量的研究成果，能够有效指导和有力推进学校、院系、教师不同层面的课程思政建设，并在校内外形成示范辐射效应。

（4）中心支持指导不同学科专业、不同类型课程，立足专业特色和课程育人特点开展课程思政建设，建成一批课程思政优质资源，建有宣传展示数字化平台，并开展推广共享。

（5）中心开展经常性的课程思政建设教师交流、观摩和培训活动，汇聚专业课和思政课教师合力，积极推动教师课程思政建设能力整体提高。

（6）中心探索建立课程思政建设质量评价体系和激励机制，推动学校将课程思政建设成效纳入院系、教师的绩效考核内容，不断提高教师开展课程思政建设的积极性主动性。

（7）中心在政策、经费和条件等方面保障有力，具有开展课程思政教学设计、分享、展示、培训、研讨等活动的良好基础和支撑能力。

四、报送办法

（一）职业教育项目

（1）申报工作原则上实行属地化管理，省级教育部门负责 4 组织本省职业院校的推荐工作，申报材料由省级教育部门初评审核并公示无异议后统一汇总报送。全国行业职业教育教学指导委员会、教育部职业院校教学（教育）指导委员会（以下统称行指委）初评推荐的课程，经课程申报单位所在省份省级教育部门会同党委宣传部门复核并公示无异议后，与该省组织初评推荐的课程统一报送。

（2）实行限额推荐。受理申请初评的省级教育部门或行指委在限额范围内择优推荐。其中，每省推荐课程不超过 9 门、教学研究中心不超过 1 个，各行指委推荐课程不超过 6 门。各地应根据本地区各层次各类型职业教育，统筹考虑推荐名额，中等职业教育和高等职业教育（含专科层次和本科层次）原则上按照1∶2比例推荐。

（3）报送课程应尽可能覆盖不同专业、不同形式课程。同一学校申报的课程原则上不超过3门。

（4）请各省级教育部门以电子邮件和纸质公文两种形式报送有关材料（包括申报表、汇总表，含word版和加盖公章扫描件），截止时间为2021年4月5日。其中，电子邮件主题及文件名请使用单位名称，发送地址为jxjc@moe.edu.cn。可在申报表后附有关佐证材料目录，具体内容可提供网站链接，并确保能够正常打开。纸质公文版材料邮寄地址为：北京市西城区西单大木仓胡同35号教育部职成司教学与质量处（100816）。

（5）联系人及电话：许世建、董振华，010-66096266、66092162。

（二）普通本科教育和研究生教育项目

（1）中央部门所属高校、部省合建高校每校推荐普通本科课程不超过2门、研究生课程不超过1门、普通高等教育教学研究中心不超过1个。教育部直属高校材料由学校审核并公示无异议后，直接报送教育部；其他中央部门所属高校、部省合建高校材料由学校审核并公示无异议后，经其主管部门审核盖章后由学校报送教育部。

（2）省级教育部门负责组织本省地方高校的推荐工作，每省推荐普通本科课程不超过6门、研究生课程不超过2门、普通高等教育教学研究中心不超过1个。申报材料由省级教育部门审核并公示无异议后统一汇总报送。

（3）报送课程应尽可能覆盖不同学科专业、不同类型课程。

（4）请省级教育部门、中央部门所属高校、部省合建高校于2021年3月18日前以电子邮件形式报送联系人信息（含word版和加盖公章扫描件），以获取报送平台“高校课程思政建设工作平台”（网址：kcsz.chinaooc.cn）的登录账号及密码，邮件主题及文件名请使用单位名称，发送地址为xuzhj@crct.edu.cn。

（5）报送材料须以电子平台和纸质公文版两种形式报送，截止时间为2021年4月5日。其中报送平台自2021年3月23日起可登录报送，汇总表由平台自动生成，其纸质版由报送单位下载打印并盖章后与其他材料一并报送。纸质公文版6邮寄地址为：北京市西城区西单大木仓胡同35号教育部高教司人文社科教育处（100816）。

（6）普通本科教育项目联系人及电话：高教司闫志威、杨华杰，010-66097823；研究生教育项目联系人及电话：研究生司刘帅，010-66097896。平台登录信息联系人及电话：徐珠君，010-58581031；技术支持联系人及电话：陈老师，18612096969。

（三）继续教育项目

（1）继续教育课程申报范围为函授、业余、成人脱产班、网络教育、开放教育及各类非学历教育课程。申报工作采用属地和系统报送相结合的方式进行。

（2）中央部门所属高校、部省合建高校每校推荐课程不超过1门、教学研究中心不超过1个。教育部直属高校材料由学校审核并公示无异议后，直接报送教育部；其他中央部门所属高校、部省合建高校材料由学校审核并公示无异议后，经其主管部门审核盖章后由学校报送教育部。

（3）省级教育部门负责组织本省地方高校的推荐工作，每省推荐课程不超过5门、教学研究中心不超过1个。申报材料由省级教育部门审核并公示无异议后统一汇总报送。

（4）国家开放大学负责开放大学系统推荐工作，其中课程不超过20门、教学研究中心不超过2个。申报材料由国家开放大学审核并公示无异议后统一汇总报送。

（5）教育部考试中心负责自考系统的教学研究中心推荐工作，不超过2个。申报材料由教育部考试中心审核并公示无异议后统一汇总报送。

（6）报送课程应尽可能覆盖不同学科专业、不同层次、不同办学类型，并鼓励适用范围广、共享范围大的课程申报。

（7）请各省级教育部门、中央部门所属高校、部省合建高校、国家开放大学、教育部考试中心以电子邮件和纸质公文版两种形式报送有关材料（包括申报表、汇总表，含word版和加盖公章扫描件），截止时间为2021年4月5日。其中，电子邮件主题及文件名请使用单位名称，发送地址为dce@moe.edu.cn。可在申报表后附有关佐证材料目录，具体内容可提供网站链接，并确保能够正常打开。纸质公文版材料邮寄地址为：北京市西城区西单大木仓胡同35号教育部职成司高等继续教育处（100816）。

（8）联系人及电话：范大军、徐璐，010-66096459。

五、组织管理

（1）构建三级示范体系。各地各高校要及时总结课程思政建设经验，发掘课程思政建设典型做法，持续深入抓示范、树标杆，推动建设国家、省级、高校多层次课程思政建设示范体系。

（2）强化支持保障。各地各高校要切实落实主体责任，加强课程思政建设政策、经费、人员等方面的支持保障，建立有效的考核评价和激励机制，把课程思政建设成效纳入学校、院系、教师的绩效考评内容。

（3）广泛宣传共享。大力推广课程思政建设好经验好做法，国家级示范课程资源将在爱课程网、“智慧职教”网、新华网“新华思政”等平台展示，支持省级、高校的示范课程资源推送至相关平台展示，推动课程思政建设优质资源更大范围共享。

教育部办公厅

2021 年 3 月 11 日

附录 C　中共中央办公厅 国务院办公厅印发《关于深化新时代学校思想政治理论课改革创新的若干意见》

为深入贯彻落实习近平新时代中国特色社会主义思想和党的十九大精神，贯彻落实习近平总书记关于教育的重要论述，特别是在学校思想政治理论课教师座谈会上的重要讲话精神，全面贯彻党的教育方针，解决好培养什么人、怎样培养人、为谁培养人这个根本问题，坚持不懈用习近平新时代中国特色社会主义思想铸魂育人，现就深化新时代学校思想政治理论课（以下简称思政课）改革创新提出如下意见。

一、重要意义和总体要求

（1）重要意义。教育是国之大计、党之大计，承担着立德树人的根本任务。思政课是落实立德树人根本任务的关键课程，发挥着不可替代的作用。党的十八大以来，以习近平同志为核心的党中央高度重视思政课建设，作出一系列重大决策部署，各地区各部门和各级各类学校采取有力措施认真贯彻落实，思政课建设取得显著成效。同时也要看到，面对新形势新任务新挑战，有的地方和学校对思政课重要性认识还不够到位，课堂教学效果还需提升，教材内容不够鲜活，教师选配和培养工作存在短板，体制机制有待完善，评价和支持体系有待健全，大中小学思政课一体化建设需要深化，民办学校、中外合作办学思政课建设相对薄弱，各类课程同思政课建设的协同效应有待增强，学校、家庭、社会协同推动思政课建设的合力没有完全形成，全党全社会关心支持思政课建设的氛围不够浓厚。办好思政课，要放在世界百年未有之大变局、党和国家事业发展全局中来看待，要从坚持和发展中国特色社会主义、建设社会主义现代化强国、实现中华民族伟大复兴的高度来对待。思政课建设只能加强、不能削弱，必须切实增强办好思政课的信心，全面提高思政课质量和水平。

（2）指导思想。全面贯彻党的教育方针，坚持马克思主义指导地位，贯彻落实习近平新时代中国特色社会主义思想，坚持社会主义办学方向，落实立德树人根本任务，坚持教育为人民服务、为中国共产党治国理政服务、为巩固和发展中国特色社会主义制度服务、为改革开放和社会主义现代化建设服务，扎根中国大地办教育，同生产劳动和社会实践相结合，加快推进教育现代化、建设教育强国、办好人民满意的教育，努力培养担当民族复兴大任的时代新人，培养德智体美劳全面发展的社会主义建设者和接班人。

（3）基本原则。一是坚持党对思政课建设的全面领导，把加强和改进思政课建设摆在突出位置。二是坚持思政课建设与党的创新理论武装同步推进，全面推动习近平新时代中国特色社会主义思想进教材进课堂进学生头脑，把社会主义核心价值观贯穿国民教育全过程。三是坚持守正和创新相统一，落实新时代思政课改革创新要求，不断增强思政课的思想性、理论性和亲和力、针对性。四是坚持思政课在课程体系中的政治引领和价值引领作用，统筹大中小学思政课一体化建设，推动各类课程与思政课建设形成协同效应。五是坚持培养高素质专业化思政课教师队伍，积极为这支队伍成长发展搭建平台、创造条件。六是坚持问题导向和目标导向相结合，注重推动思政课建设内涵式发展，全面提升学生思想政治理论素养，实现知、情、意、行的统一。

二、完善思政课课程教材体系

（4）整体规划思政课课程目标。在大中小学循序渐进、螺旋上升地开设思政课，引导学生立德成人、立志成才，树立正确世界观、人生观、价值观，坚定对马克思主义的信仰，坚定对社会主义和共产主义的信念，增强中国特色社会主义道路自信、理论自信、制度自信、文化自信，厚植爱国主义情怀，把爱国情、强国志、报国行自觉融入坚持和发展中国特色社会主义事业、建设社会主义现代化强国、实现中华民族伟大复兴的奋斗之中。大学阶段重在增强使命担当，引导学生矢志不渝听党话跟党走，争做社会主义合格建设者和可靠接班人。高中阶段重在提升政治素养，引导学生衷心拥护党的领导和我国社会主义制度，形成做社会主义建设者和接班人的政治认同。初中阶段重在打牢思想基础，引导学生把党、祖国、人民装在心中，强化做社会主义建设者和接班人的思想意识。小学阶段重在启蒙道德情感，引导学生形成爱党、爱国、爱社会主义、爱人民、爱集体的情感，具有做社会主义建设者和接班人的美好愿望。

（5）调整创新思政课课程体系。加强以习近平新时代中国特色社会主义思想为核心内容的思政课课程群建设。在保持思政课必修课程设置相对稳定基础上，结合大中小学各学段特点构建形成必修课加选修课的课程体系。全国重点马克思主义学院率先全面开设“习近平新时代中国特色社会主义思想概论”课。博士阶段开设“中国马克思主义与当代”，硕士阶段开设“中国特色社会主义理论与实践研究”，本科阶段开设“马克思主义基本原理概论”“毛泽东思想和中国特色社会主义理论体系概论”“中国近现代史纲要”“思想道德修养与法律基础”“形势与政策”，专科阶段开设“毛泽东思想和中国特色社会主义理论体系概论”“思想道德修养与法律基础”“形势与政策”等必修课。各高校要重点围绕习近平新时代中国特色社会主义思想，党史、国史、改革开放史、社会主义发展史，宪法法律，中华优秀传统文化等设定课程模块，开设系列选择性必修课程。高中阶段开设“思想政治”必修课程，围绕学习习近平总书记最新重要讲话精神开设“思想政治”选择性必修课程。初中、小学阶段开设“道德与法治”必修课程，可结合校本课程、兴趣班开设思政类选修课程。

（6）统筹推进思政课课程内容建设。坚持用习近平新时代中国特色社会主义思想铸魂育人，以政治认同、家国情怀、道德修养、法治意识、文化素养为重点，以爱党、爱国、爱社会主义、爱人民、爱集体为主线，坚持爱国和爱党爱社会主义相统一，系统开展马克思主义理论教育，系统进行中国特色社会主义和中国梦教育、社会主义核心价值观教育、法治教育、劳动教育、心理健康教育、中华优秀传统文化教育。遵循学生认知规律设计课程内容，体现不同学段特点，研究生阶段重在开展探究性学习，本专科阶段重在开展理论性学习，高中阶段重在开展常识性学习，初中阶段重在开展体验性学习，小学阶段重在开展启蒙性学习。

（7）加强思政课教材体系建设。国家教材委员会统筹大中小学思政课教材建设，科学制定教材建设规划，注重提升思政课教材的政治性、时代性、科学性、可读性。国家统一开设的大中小学思政课教材全部由国家教材委员会组织统编统审统用，在教材中及时融入马克思主义中国化最新成果、坚持和发展中国特色社会主义最新经验、马克思主义理论学科最新研究进展。地方或学校开设的思政课选修课教材，由各地负责组织审定。研究编制习近平新时代中国特色社会主义思想进课程教材指导纲要，研究编制中华优秀传统文化、革命文化、社会主义先进文化、科技创新文化及总体国家安全观等进课程教材指南，编制中华民族古代历史和革命建设改革时期英雄人物、先进模范进课程教材图谱，分课程组织编写高校思政课专题教学指南，组织专家编写深度解读教材体系的示范教案，实施思政课优秀讲义出版工程，开列马克思主义经典著作、当代中国马克思主义理论著作、中华优秀传统文化典籍书单，建设思政课网络教学资源库。

三、建设一支政治强、情怀深、思维新、视野广、自律严、人格正的思政课教师队伍

（8）加快壮大学校思政课教师队伍。各地在核定编制时要充分考虑思政课教师配备要求。高校要严格按照师生比不低于1∶350的比例核定专职思政课教师岗位，在编制内配足，且不得挪作他用，并尽快配备到位。制定关于加强新时代中小学思政课教师队伍建设的意见，加强中小学专职思政课教师配备。各地要统筹解决好思政课教师缺口问题。各高校可在与思政课教学内容相关的学科选择优秀教师进行培训后充实思政课教师队伍，可探索胜任思政课教学的党政管理干部转岗为专职思政课教师机制和办法，积极推动符合条件的辅导员参与思政课教学。高校要积极动员政治素质过硬的相关学科专家转任思政课教师。采取兼职的办法遴选相关单位的骨干支援高校思政课建设。各地应对民办学校指派思政课教师或组建专门讲师团。制定新时代高校思政课教师队伍建设规定。

（9）切实提高思政课教师综合素质。以培育一大批优秀马克思主义理论教育家为目标，制定思政课教师队伍培养培训规划，在中央党校（国家行政学院）及地方党校（行政学院）面向思政课教师举办学习习近平新时代中国特色社会主义思想专题研修班，办好“周末理论大讲堂”、骨干教师研修班，实施好思政课教师在职攻读马克思主义理论博士学位专项计划。建强高校思政课教师研修基地，依托首批全国重点马克思主义学院所在高校重点开展理论研修，依托高水平师范类院校重点开展教学研修，全面提升每一位思政课教师的理论功底、知识素养。建立一批“新时代高校思想政治理论课教师研学基地”，组织思政课教师在国内考察调研，在深入了解党和人民伟大实践中汲取养分、丰富思想。组织思政课骨干教师赴国外调研，拓宽国际视野，在比较分析中坚定“四个自信”。完善国家、省（自治区、直辖市）、学校三级培训体系。本科院校按在校生总数每生每年不低于40元，专科院校按每生每年不低于30元的标准提取专项经费，用于思政课教师的学术交流、实践研修等，并逐步加大支持力度。中央和

地方主流媒体的政论、时政节目要积极推出优秀思政课教师传播理论成果，展示综合素质，增强社会影响力。

（10）切实改革思政课教师评价机制。严把政治关、师德关、业务关，明确与思政课教师教学科研特点相匹配的评价标准，进一步提高评价中教学和教学研究占比。各高校在专业技术职务（职称）评聘工作中，要单独设立马克思主义理论类别，校级专业技术职务（职称）评聘委员会要有同比例的马克思主义理论学科专家。按教师比例核定思政课教师专业技术职务（职称）各类岗位占比，高级专业技术职务（职称）岗位比例不低于学校平均水平，指标不得挪作他用。要将思政课教师在中央和地方主要媒体上发表的理论文章纳入学术成果范畴。实行不合格思政课教师退出机制。

（11）加大思政课教师激励力度。增强教师的职业认同感、荣誉感、责任感，把思政课教师和辅导员中的优秀分子纳入各类高层次人才项目，在“长江学者奖励计划”“四个一批”等人才项目中加大倾斜支持力度。各地要因地制宜设立思政课教师和辅导员岗位津贴，纳入绩效工资管理，相应核增学校绩效工资总量。要把思政课教师作为学校干部队伍重要来源，学校党政管理干部原则上应有思政课教师、辅导员或班主任工作经历。党和国家设立的荣誉称号要注重表彰优秀思政课教师，教育部门要大力推选思政课教师年度影响力人物等先进典型。对立场坚定、学养深厚、联系实际、成果突出的思政课教师优秀代表加大宣传力度，发挥示范引领作用。

（12）大力加强思政课教师队伍后备人才培养工作。注重选拔培养高素质人才从事马克思主义理论学习研究和教育教学，统筹推进马克思主义理论学科本硕博一体化人才培养，构建完善马克思主义理论学科本硕博学科体系和课程体系。全国重点马克思主义学院通过提前批次录取或综合考核招生等方式招收马克思主义理论专业本科生，给予推免政策倾斜鼓励优秀马克思主义理论专业本科生攻读硕士学位，采取硕博连读或直接攻读博士学位的方式加强培养。深入实施“高校思想政治理论课教师队伍后备人才培养专项支持计划”，专门招收马克思主义理论学科研究生，并逐步按需增加招生培养指标。加强思政课教师队伍后备人才思想政治工作，加大发展党员力度，提高党员发展质量。

四、不断增强思政课的思想性、理论性和亲和力、针对性

（13）加大思想性、理论性资源供给。进一步建强马克思主义理论学科，进入世界一流大学建设的高校应将马克思主义理论学科设为重点建设学科，为思政课建设提供坚实学科支撑。深入研究坚持和发展中国特色社会主义的重大理论和实践问题，为增强思政课的思想性、理论性提供多角度学术支持。充分发挥马克思主义理论学科的领航作用，大力推进中国特色社会主义学科体系建设。根据需求逐步增加马克思主义理论学科博士学位授权点，支持有关高校联合申报马克思主义理论学科博士学位授权点。组织思政课教师及时学习习近平总书记最新重要讲话精神，及时学习相关文件精神，全面理解和准确把握党中央重大决策部署。

（14）加大思政课教研工作力度。建立健全大中小学思政课教师一体化备课机制，普遍实行思政课教师集体备课制度，全面提升教研水平。遴选学科带头人担任各门课集体备课牵头人，学校领导干部要积极支持和主动参与。建立思政课教师“手拉手”备课机制，发挥思政课建设强校和高水平思政课专家示范带动作用。加强“全国高校思想政治理论课教师网络集体备课平台”建设，完善思政课教师网络备课服务支撑系统。建立纵向跨学段、横向跨学科的交流研修机制，深入开展相邻学段思政课教师教学交流研讨。推动建立思政课教师与其他学科专业教师交流机制。大力推进思政课教学方法改革，提升思政课教师信息化能力素养，推动人工智能等现代信息技术在思政课教学中应用，建设一批国家级虚拟仿真思政课体验教学中心。

（15）切实加强思政课课题研究和成果交流。国家社科基金规划项目、教育部人文社科研究项目等设立思政课教师研究专项，开展思政课教学重点难点问题和教学方法改革创新等研究，逐步加大对相关课题研究的支持力度。各地要参照设立相关项目并给予经费投入。加强马克思主义理论教学科研成果学术阵地建设，首批重点建设 10 家学术期刊和若干学术网站，支持新创办一定数量的思政课研究学术期刊。制定思政课教师发表文章的重点报刊目录，将《人民日报》《求是》《解放军报》《光明日报》《经济日报》等中央媒体及地方党报党刊列入其中。委托高校马克思主义学院分片建立高校思政课教学创新中心，设立一批思政课教学质量监测基地。在国家级教学成果奖中单列思政课专项，每 2 年开展 1 次全国思政课教学展示

活动，定期开展优秀思政课示范课巡讲活动。打造一批思政课国家精品在线开放课程，探索建设融媒体思政公开课，推动优质教学资源共享。

（16）全面提升高校马克思主义学院建设水平。强化“马院姓马、在马言马”的鲜明导向，把思政课教学作为高校马克思主义学院基本职责，将马克思主义学院作为重点学院、马克思主义理论学科作为重点学科、思政课作为重点课程加强建设，在发展规划、人才引进、公共资源使用等方面给予马克思主义学院优先保障。建好建强一批全国重点马克思主义学院和示范性马克思主义学院，依托有条件的高校马克思主义学院建设一批习近平新时代中国特色社会主义思想研究院。建立和完善马克思主义理论学科体系，实施马克思主义理论学科领航工程，在马克思主义理论学习研究宣传上发挥引领带动作用。全面推动各地宣传、教育等部门共建所在地区高校马克思主义学院。实施马克思主义学院院长培养工程，加强马克思主义学院领导班子建设。

（17）整体推进高校课程思政和中小学学科德育。深度挖掘高校各学科门类专业课程和中小学语文、历史、地理、体育、艺术等所有课程蕴含的思想政治教育资源，解决好各类课程与思政课相互配合的问题，发挥所有课程育人功能，构建全面覆盖、类型丰富、层次递进、相互支撑的课程体系，使各类课程与思政课同向同行，形成协同效应。建成一批课程思政示范高校，推出一批课程思政示范课程，选树一批课程思政教学名师和团队，建设一批高校课程思政教学研究示范中心。

五、加强党对思政课建设的领导

（18）严格落实地方党委思政课建设主体责任。地方各级党委要把思政课建设作为党的建设和意识形态工作的标志性工程摆上重要议程，党委常委会每年至少召开 1 次专题会议研究思政课建设，抓住制约思政课建设的突出问题，在工作格局、队伍建设、支持保障等方面采取有效措施。建立和完善省（自治区、直辖市）党委领导班子成员联系高校和讲思政课特别是“形势与政策”课制度，各省（自治区、直辖市）党委和政府主要负责同志每学期结合学习和工作至少讲 1 次课。各地要把民办学校、中外合作办学院校纳入思政课建设整体布局。思政课建设情况纳入各级党委领导班子考核和政治巡视。

（19）推动建立高校党委书记、校长带头抓思政课机制。加强和改进高校领导干部深入基层联系学生工作，推动高校领导干部兼任班主任等工作，建立健全高校党委书记、校长及职能部门力量深入一线了解学生思想动态、服务学生发展的制度性安排。高校党委书记、校长作为思政课建设第一责任人，要结合自身学科背景和工作经历，带头走进课堂听课讲课，带头推动思政课建设，带头联系思政课教师。高校党委常委会每学期至少召开 1 次会议专题研究思政课建设，高校党委书记、校长每学期至少给学生讲授 4 个课时思政课，高校领导班子其他成员每学期至少给学生讲授 2 个课时思政课，可重点讲授“形势与政策”课。开学典礼、毕业典礼讲话等要鲜明体现党的教育方针、积极传播马克思主义科学理论、弘扬社会主义核心价值观。要把思政课建设情况纳入学校党的建设工作考核、办学质量和学科建设评估标准体系。

（20）积极拓展思政课建设格局。中央教育工作领导小组要把思政课建设纳入重要议事日程，教育部、中央宣传部等部门要牵头抓好思政课建设，中央军委政治工作部要指导抓好军队院校思政课建设。教育部成立大中小学思政课一体化建设指导委员会，加强对不同类型思政课建设分类指导。有关部门和各地要保证思政课管理人员配备，确保事有人干、责有人负。强化中考、高考、研究生招生考试对学生学习思政课的指挥棒作用，将思政课学习实践情况等作为重要内容纳入综合素质评价体系，探索记入本人档案，作为学生评奖评优重要标准，作为加入中国少年先锋队、中国共产主义青年团、中国共产党的重要参考。坚持开门办思政课，推动思政课实践教学与学生社会实践活动、志愿服务活动结合，思政小课堂和社会大课堂结合，鼓励党政机关、企事业单位等就近与高校对接，挂牌建立思政课实践教学基地，完善思政课实践教学机制。制定关于加快构建高校思想政治工作体系的意见，汇聚办好思政课合力。加大正面宣传和舆论引导力度，推动形成全党全社会努力办好思政课、教师认真讲好思政课、学生积极学好思政课的良好氛围。

后记

积极心理学与课程思政的深度融合，可以实现知识传授与价值引领的有机统一，使思政教育更加贴近学生的生活实际，更具亲和力与感染力。同时，积极心理学与课程思政的深度融合，也有助于提升学生的心理素质，增强学生的抗压能力与适应能力，为学生的职业发展与个人成长奠定坚实的基础。

积极心理学的理念与方法可以通过多种方式融入职业院校的课程思政实践。例如，在教学内容上，可以挖掘专业课程中的积极元素，如工匠精神、敬业精神、团队合作精神等，将其与思政教育内容有机结合，使学生在学习专业知识的同时，感受到积极心理品质的重要性。在教学方法上，可以采用案例分析、小组讨论、角色扮演等互动式教学方法，激发学生的学习兴趣与参与热情，培养学生的积极思维与解决问题的能力。在教学评价上，可以建立多元化的评价体系，不仅关注学生的知识掌握程度，更注重学生的心理品质的发展、社会责任感和创新能力的培养。

本书具有重要的理论意义与实践价值。从理论层面来看，本书深入探讨了积极心理学与职业院校课程思政的内在联系与融合路径，丰富了课程思政的理论内涵与实践模式，为职业院校的教育教学改革提供了新的理论支撑。同时，本书也为积极心理学在职业教育领域的应用提供了实践案例与经验总结，拓展了积极心理学的应用范围与研究领域。从实践层面来看，本书通过大量的实践案例分析，展示了积极心理学在职业院校课程思政实践中的应用效果与经验教训，为职业院校的教师提供了具体的实践指导与参考。通过积极心理学与课程思政的融合实践，职业院校可以有效提升学生的综合素质与心理品质，促进学生的全面发展，为社会培养更多具有积极心态、健康心理品质和社会责任感的高素质技术技能人才。

在研究方法上，本书综合运用了文献研究法、案例分析法、调查研究法以及行动研究法等多种研究方法。笔者广泛查阅国内外相关文献资料，深入分析积极心理学与课程思政的理论基础与研究现状，为本书提供了坚实的理论支撑。笔者通过对成都工业职业技术学院等多所职业院校的实践案例进行深入分析，总结了积极心理学在职业院校课程思政实践中的应用经验与成效，为理论研究提供了丰富的实践依据。同时，笔者通过问卷调查、访谈等方式，了解职业院校学生与教师对课程思政的认知与需求，为本书提供了第一手资料。此外，本书还结合教学实践，采用行动研究法，不断优化教学设计与实施策略，以提高研究的实践价值与应用效果。

经过深入研究与实践探索，本书取得了一定的研究成果。首先，系统阐述了积极心理学与职业院校课程思政的理论基础与内在联系，提出了基于积极心理学范式的职业院校课程思政实践框架，为职业院校的课程思政改革提供了理论指导与实践路径。其次，通过大量的实践案例分析，展示了积极心理学在职业院校课程思政实践中的应用效果与经验教训，为职业院校教师提供了具体的实践指导与参考。最后，提出了完善教学评价、融入积极考核元素、营造积极校园文化等策略，以提升职业院校课程思政的实践效果，为职业院校的教学改革与发展提供了有益的借鉴。

然而，本书也存在一些不足之处。由于研究时间与精力的限制，本书对部分实践案例的分析还不够充分和深入，对积极心理学在职业院校课程思政实践中的长期影响还需要进一步跟踪研究。未来，笔者将进一步深化对积极心理学与课程思政融合机制的探讨与研究，例如，通过长期的纵向研究，观察学生在不同阶段的心理变化和行为表现，以更全面地评估积极心理学对课程思政效果的持续影响。同时，探索如何更有效地将积极心理学的理念融入课程设计、教学方法和评价体系，使课程思政更具针对性和实效性。此外，还可以开展跨学科的研究，结合教育学、心理学、社会学等多学科的理论和方法，为课程思政的理论发展和实践应用提供更丰富的视角和策略。通过这些后续研究，我们期待能够不断完善积极心理学与课程思政融合的理论体系，为职业院校培养更多具有积极心态、健康心理品质和社会责任感的高素质技术技能人才提供更有力的支持。

李泽虹　刘勇

2025 年 5 月